戦国大名武田氏の家臣団

信玄・勝頼を支えた家臣たち

丸島和洋

教育評論社

戦国大名武田氏の家臣団

信玄・勝頼を支えた家臣たち

丸島和洋

教育評論社

はしがき

日本の歴史において、一般の方に人気を博しているのは戦国時代と幕末だろう。戦国であれば戦国武将、幕末といえば維新の志士や新選組といった個性的な「英雄」たちが活躍をした時代というイメージが強いように感じる。これは司馬遼太郎に代表される歴史小説や、NHKの大河ドラマ、果てはビデオゲームの影響が大きいだろう。かくいう筆者も、これらをとっかかりにして歴史に興味関心を抱いたひとりである。

数ある戦国武将のなかでも、江戸時代から人気があったのが、甲斐（現在の山梨県）の戦国大名武田信玄である。これは徳川家康が武田旧臣を広く登用し、武田流の軍学が『甲陽軍鑑（こうようぐんかん）』という書物をテキストにして広まったことが大きい。現在でも、織田信長・豊臣秀吉・徳川家康という三人の天下人を除けば、ライバル上杉謙信と並んで、あまり歴史に馴染みのない方でも知っている戦国大名の筆頭にあがるのではないか。

武田信玄の家臣団は、「武田二十四将」という名で知られている。しかしこの二十四人の活動時期は信玄の父信虎（のぶとら）から、信玄の後継者勝頼（かつより）まで、三代にわたる。つまり、同時に二十四人が勢揃いしたことはない。武田家中（かちゅう）における身分や役割もばらばらである。さらにいうと、山梨県内の各地域になじみが深い人物（いわば郷土の偉人）がランクインすることもあり、メンバーすら実は一定していない。

本書は、武田氏の家臣団を取り上げることで、戦国大名の家臣団とはどのような存在であったかを検討することを第一の目的とする。武田氏を取り上げる理由は、筆者が専門に研究している大名であるだけではない。天下人を除けば、大河ドラマの題材に二度もなった数少ない戦国大名だからである（一九八八年「武田信玄」、二〇〇七年「風林火山」）。ようするに、家臣の名前も耳にしたことがある人が、他大名より多いだろうと考えたわけだ。

実は戦国大名のなかで、もっとも研究が進んでいるのは、相模（現在の神奈川県）の小田原北条氏である。初代早雲（正しくは伊勢盛時（いせもりとき）、出家して早雲庵宗瑞（そううんあんそうずい））が明応二年（一四九三）に伊豆に侵攻したことにはじまり、五代氏直（うじなお）が天正一八年（一五九〇）に豊臣秀吉に降伏するまで、一〇〇年の間関東に覇を唱えた。その支配を事実上引き継いだ江戸幕府は、早い段階で北条氏の本国相模・武蔵において古文書（こもんじょ）の調査を行った。このため、他の地域であれば失われたであろう村落宛の古文書が、写の形で現在に伝わっている。そうした豊富な史料に支えられたこともあり、北条氏研究は戦国大名研究をリードし続けた。そして、大名の基盤や政策の研究だけではなく、家臣団機構の研究も着実に積み重ねがなされていった。

武田氏は、北条氏と長年同盟関係にあったためか、領国支配機構の整備に際し、多くの影響を受けている（もうひとつの同盟国今川氏からの影響も無視できないが）。また研究の蓄積そのものも北条氏に比肩する。本書が課題とする家臣団研究についても、服部治則氏・早川春仁氏・秋山敬氏・平山優氏らの堅実な業績がある。さらに一九九〇年代から二〇〇〇年代にかけて、『山梨県史』『戦国遺文武田氏編』（東京堂出版）が刊行されたことで、確実な前進をみた。そして何よりも、先行する北条氏研究に学びつつ研究が進められたから、武田氏家臣団の研究は、少なくとも北条氏と比較し、共通点と相違点をあぶり出すことができるのである。だから武田氏家臣団研究の成果を披瀝することで、戦国大名家臣団論にある程度普遍化することができると思うのだ。もちろん、戦国時代は「地方の時代」であり、大名ごとに個性がある。しかし少なくとも北条氏と摺り合わせた成果を示すことは、他の大名の家臣団を考える上で、ひとつの参考になるだろう。

だから、本書は「武田二十四将列伝」といった形はとらない。すでにこのような形の本は、平山優氏によって上梓されている（『新編武田二十四将正伝』、武田神社、二〇〇九年）。同書は史料を博捜した最新の成果であり、それを上回る知見を提示することは難しい。また、本書の目的とも少しずれがある。

そもそも、武田氏の重臣として活動した人物は、何も「武田二十四将」だけではない（平山氏も前掲書で適宜重臣を補っている）。「武田二十四将」とは江戸時代の人々が物語として歴史を愉しんだ産物であり、それぞれの立場や役割は、実在の人物とは異なる。個々の武田家臣が、戦国大名の家臣としてどのような立場にいて、どのような役割を担ったのか。その歴史的背景を探ることが本書の課題のひとつである。

同時に、「武田二十四将」という枠組みにとらわれず、武田家臣団を知ってもらいたいという思いもある。なお武田家臣団の辞典としては、東京堂出版から『武田氏家臣団人名辞典』が二〇一五年に刊行され、筆者も編者のひとりとして執筆している。同書には二五〇〇人以上の家臣が立項されており、武田家臣を幅広く知りたいという方は、あわせてご参照願いたい。

詳しくは本書のなかで解説していくことになるが、戦国大名の家臣団は、江戸時代の大名家臣団とは性格が異なる。戦国大名に従っているのは、古くから仕えてきた譜代の家臣だけではない。自己の領国の自治支配権を保持したまま、大名に仕えた外様の「国衆」が多く見出せるのである。つまり戦国大名は領国すべてを直接支配した権力ではなく、大名領国には国衆の自治領が散在していた。

かつての研究においては、戦国大名は国衆（当時は室町時代と同様に国人領主と呼んでいた）を家臣化し、その支配領域を直轄化しようとしたはずだと考えられており、その進展度合いで大名権力の強弱が評価されてきた。この視点に転換を迫った素材こそ、実は甲斐武田氏なのである。甲斐国はおおまかに武田氏が直接支配する国中、穴山武田氏が支配する河内、小山田氏が大半を支配する郡内という三地域に区分され、武田・穴山・小山田三氏の権力の質には差異がない、ということが一九七〇年代に指摘された。これはその後多くの反論を呼んだが、一九九〇年代以降に大きく進んだ「国衆論」により、戦国大名と国衆の権力構造はほぼ同じで、かつ大名は基本的に国衆領に干渉する意図がなかったことが明らかにされた。この発想の転換が、戦国大名研究に新たな地平を切り開いたといえるだろう。

しかし国衆は、豊臣秀吉が天下一統を成し遂げた際に、①独立大名として取り立てられるか、②自治権を奪われて従属先大名の家臣になるか、③最悪の場合は改易された。

だから国衆という「大名に従っている自治領主」は、基本的に戦国時代にしか存在しない。戦国大名権力を象徴する存在なのである。国衆については、本書第二部のなかで適宜掘り下げた説明をしていくが、それに先立つ第一部においても言及せざるを得ないため、簡単に触れた次第である。

このように戦国大名の家臣団構造は、室町時代とも江戸時代とも異なる独自のものであった。そこで本書では、武田家臣団を検討することで、戦国大名権力について考える材料を提供したい。これが第二の目的である。戦国大名というと、強大な武力を背景に支配と戦争を行った専制君主というイメージがある。こうしたイメージの背景には、戦国大名研究が、大名だけにスポットライトを当てる傾向にあったことが大きい。これは、研究するための史料が大名の滅亡や江戸時代の改易・転封などによって全国各地に散らばってしまい、ひとりの研究者が家臣の史料まで調査することが困難だったためである。しかし、現在その状況は改善され、特に南関東と中部地方の大名については、家臣に関する史料も含めて活字化がなされている。研究状況は大幅に変わったのだ。

いうまでもないことだが、戦国大名というのはひとつの大きな組織である。私を含めた一部の研究者は、戦国時代を列島が複数の小国家に分裂した時代と捉え、戦国大名を「地域国家」と評価している。そのような巨大な組織を検討する際に、大名の動向だけトレースすればいいわけはないだろう。家臣の動きを押さえることで、大名の政策が明らかになってくるという場面もあるし、各大名の組織の特徴も浮き彫りになってくるはずだ。

問題は、史料状況が改善されたとはいえ、家臣研究がまだはじまったばかりという点にある。手がかりとなる史料が少ないばかりか、江戸時代と違って、役職名が名前に併記されることは皆無に等しい。だから、その家臣がどの立場で文書(もんじょ)を出しているのかがなかなかわからないのである。多くの役職名は、研究者によって概念化されたものである。実をいうと、家臣の名前そのものも間違って伝わっていることが少なくない。江戸時代の系図や軍記物に出てくる戦国武将の名前は疑ってかかったほうがよいというのが実情だ。古文書に出てくるこの人物はいったい誰なのかから考えねばならないことは珍しくない。

しかし近年の戦国大名研究を前進させたのは、家臣団を含めた総体的な考察である。だから、本書では家臣のほうにスポットライトを当ててみたいのだ。そうすることで、新たな戦国大名像が浮かんで来ると考えるからである。この点、本書で扱う武田氏は堅実な研究の蓄積と史料集の刊行により、取り上げるに適切な素材といえる。

ただ武田家臣団について考える上では、まず武田氏とはどのような大名であったのかという政治史を説明する必要があるだろう。そこでまず第一部において、武田信玄の曾祖父と祖父の間で起こった御家騒動から、信玄の後継者勝頼の代に滅亡するまでの武田氏の歴史について概説する。

そして本論となる第二部では、武田氏における様々な役職や身分について、代表的な家臣を選んで述べていくこととしたい。

これにより、「家臣団から考える戦国大名像」というのを描き出すというのが、本書の最終的な目的である。それがどこまで達成できるかわからないが、しばらくおつきあい願いたい。

戦国大名武田氏の家臣団——信玄・勝頼を支えた家臣たち——　目次

はしがき　3

第一部　戦国大名武田氏の興亡

第一章　戦国大名武田氏の確立——信虎の時代——　19

武田信昌・信縄の御家騒動とその背景／明応の大地震と御家騒動の終結／武田信虎の甲斐統一／信虎の戦線拡大／同盟関係の再編と信虎追放

第二章　大大名への成長——信玄の時代——　35

武田晴信の諏方郡侵攻／甲駿相三国同盟の成立／信濃攻略と二度の苦杯／川中島の戦い／西上野侵攻／今川氏との同盟破棄と駿河侵攻／越相同盟と甲越和与／「西上作戦」と信玄の死

第三章　武田氏の滅亡——勝頼の時代——　63

勝頼の家督相続と「三年秘喪」／高天神城攻略／長篠の戦い／外交関係の変転——御館の乱の勃発／甲越同盟と甲佐同盟／「高天神崩れ」の衝撃／武田氏滅亡／滅亡後の武田氏

第二部　武田氏の家臣団と身分・役職

第四章　筆頭家老と「両職」——板垣氏と甘利氏——　85
ナンバー2としての筆頭家老／「家宰」という存在／下克上と「上克下」／武田氏における上克下／武田氏における「両職」／『甲陽軍鑑』の記す「しょく」／治安維持と法の護持／実名からみた家臣の家格差／大名が生み出す「筆頭家老」／「君ハ船、臣ハ水」

第五章　一門の創出——御一門衆と親類衆——　111
『朝倉宗滴話記』の記す血縁関係の重要さ／「甲州武田法性院信玄公御代惣人数事」／御一門衆と親類衆／内乱の歴史と一門の意味／武田典厩家の成立／武田典厩家の発展と滅亡／一門の長老としての武田逍遥軒／松尾武田氏／勝頼期に成人した仁科信盛（盛信）と安田信清／親類衆の活動／「甲斐歌壇」の形成／奉公衆武田氏の甲斐下向／信玄の「迷障」

第六章　地方支配の責任者——馬場・内藤・山県・春日氏——　143
郡司の設置／郡司の権限／行政権を持たない城代／小山田備中守の誕生／馬場信春の抜擢／内藤昌秀の抜擢／山県昌景の抜擢とその兄飯富虎昌／春日（香坂）虎綱の大抜擢／秋山虎繁と岩村城／原昌胤の起用／今福長閑斎の起用／曾禰昌世の出世／郡司・城代に与えられる定書／御備えの談合

第七章　甲府の吏僚と側近たち——駒井・土屋・跡部氏——　193
トラブルの解決者としての戦国大名／戦国時代の印判使用／武田氏の朱印状／奉書式朱印状／武田氏における吏僚職／勘定奉行と公事奉行／甲府在住の主な吏僚／「出頭人」の登場／

新たな側近の出現と派閥形成

第八章　側近を育てる――三枝氏――　219
将来を嘱望された四人の側近／三枝昌貞の来歴と厚遇／信玄の勘気と厚遇／輝かしい出世／山県苗字の授与／江戸時代での変化

第九章　甲斐本国の自治領主――穴山氏と小山田氏――　231
武田氏と穴山・小山田氏の相克／国衆という存在／穴山武田氏の成立／穴山氏の武田氏従属／穴山信友と「酒」／穴山氏の朱印状使用開始／郡内の国衆小山田氏／小山田氏の武田氏従属／小山田氏の朱印使用／忘れ去られていた当主／小山田氏と富士山御師／小山田領の裁判権／本国の国衆と分国の国衆／国衆か家臣か

第一〇章　服属してきた外様国衆――信濃の国衆、それぞれの命運――　261
「先方衆」という外様国衆／前山伴野氏への厚遇と浮沈／岩村田大井氏の「改易」／小諸大井氏の「転封」／笠原清繁の悲劇／木曾義昌の謀叛／国衆たちの選択

第一一章　先方衆から譜代家臣へ――真田幸綱・信綱から昌幸へ――　283
もっとも人気のある一族／由緒の主張と実際の出自／幸綱の武田氏仕官／砥石城攻略と国衆としての復帰／上野吾妻郡攻略と岩櫃城将／武藤昌幸の誕生／長篠合戦と昌幸の家督継承の意味／「北上野郡司」真田昌幸／武田氏の政策に学ぶ

第一二章　新設された武田水軍――小浜・向井・伊丹氏と岡部一族――　303
駿河領国化と武田水軍の成立／「陸の家臣」岡部氏に委ねられた水軍編成／岡部元信の高天神城将抜擢の背景／末期の武田水軍
第一三章　戦巧者足軽大将――新参者と足軽――　313
ふたつの意味を持つ足軽大将／武道の儀に優れたる名人五人／「足軽」とは何ものか／「甲州武田法性院信玄公御代惣人数事」と武田信玄陣立書
第一四章　軍師はいたのか――山本菅助――　331
あなどれない大河ドラマ／何をもって「軍師」とするか／軍学者たちの時代／『三国志演義』と近松門左衛門／三顧の礼と徐庶の母／三国時代の「軍師」／『甲陽軍鑑』に記された菅助の仕官／城取りの名手と軍配者／山本菅助の実像とは／山本菅助と「山本勘助」
終　章　戦国大名と家臣団　359
家臣の変遷と忠誠心／家臣に奉戴される大名／外様国衆という存在
あとがき　370
【主要参考文献】　374

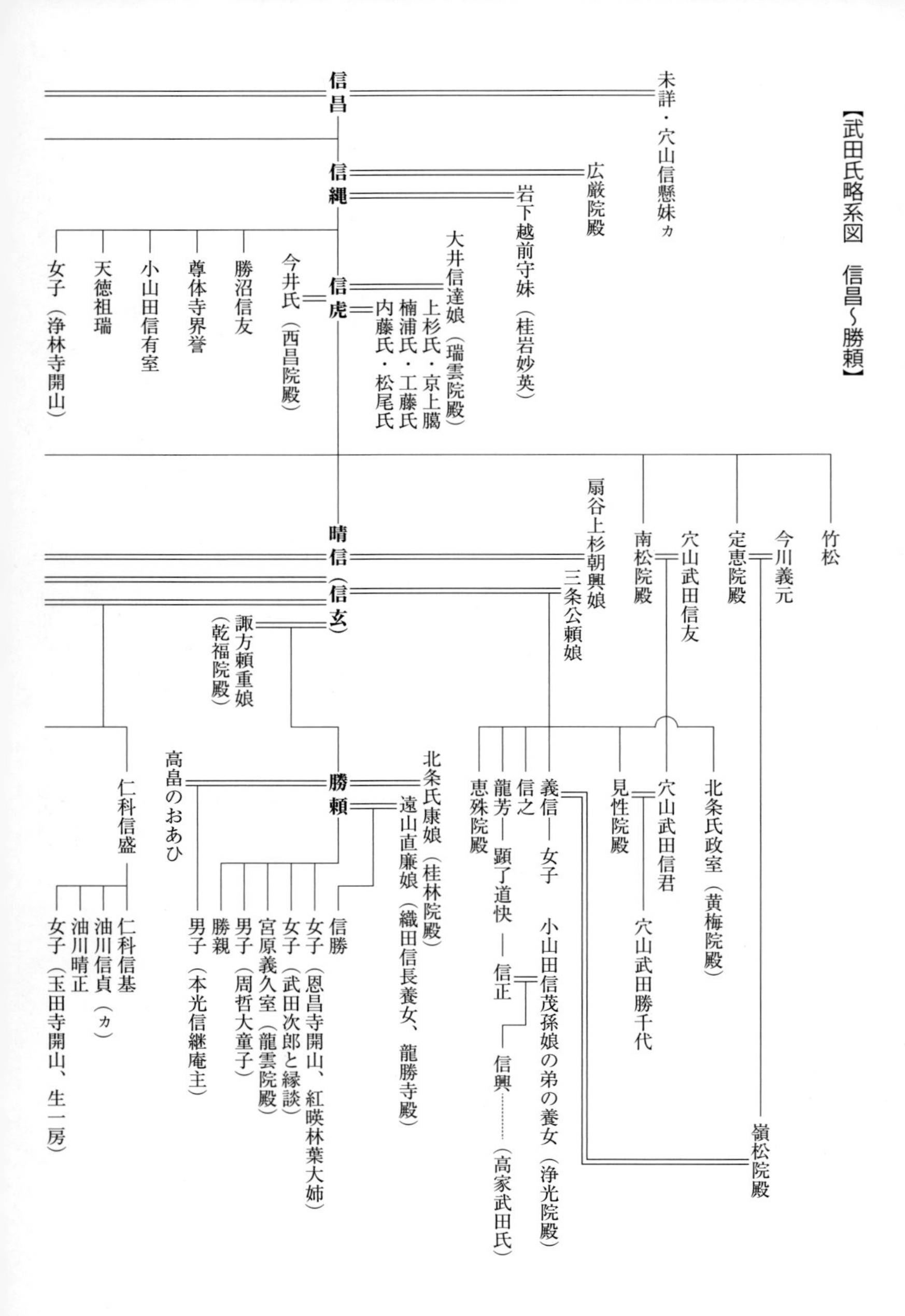
【武田氏略系図　信昌～勝頼】
未詳・穴山信懸妹ヵ
信昌
広厳院殿
岩下越前守妹（桂岩妙英）
信縄
大井信達娘（瑞雲院殿）
上杉氏・京上臈
楠浦氏・工藤氏
内藤氏・松尾氏
信虎
今井氏（西昌院殿）
勝沼信友
尊体寺界誉
小山田信有室
天徳祖瑞
女子（浄林寺開山）
竹松
今川義元
定恵院殿
穴山武田信友
南松院殿
扇谷上杉朝興娘
三条公頼娘
晴信（信玄）
諏方頼重娘（乾福院殿）
北条氏政室（黄梅院殿）
穴山武田信君
穴山武田勝千代
見性院殿
義信
女子
小山田信茂孫娘の弟の養女（浄光院殿）
嶺松院殿
信之
龍芳
顕了道快
信正
信興
（高家武田氏）
恵殊院殿
北条氏康娘（桂林院殿）
遠山直廉娘（織田信長養女、龍勝寺殿）
勝頼
信勝
女子（恩昌寺開山、紅暎林葉大姉）
女子（武田次郎と縁談）
宮原義久室（龍雲院殿）
男子（周哲大童子）
勝親
高畠のおあひ
男子（本光信継庵主）
仁科信盛
仁科信基
油川信貞（ヵ）
油川晴正
女子（玉田寺開山、生一房）

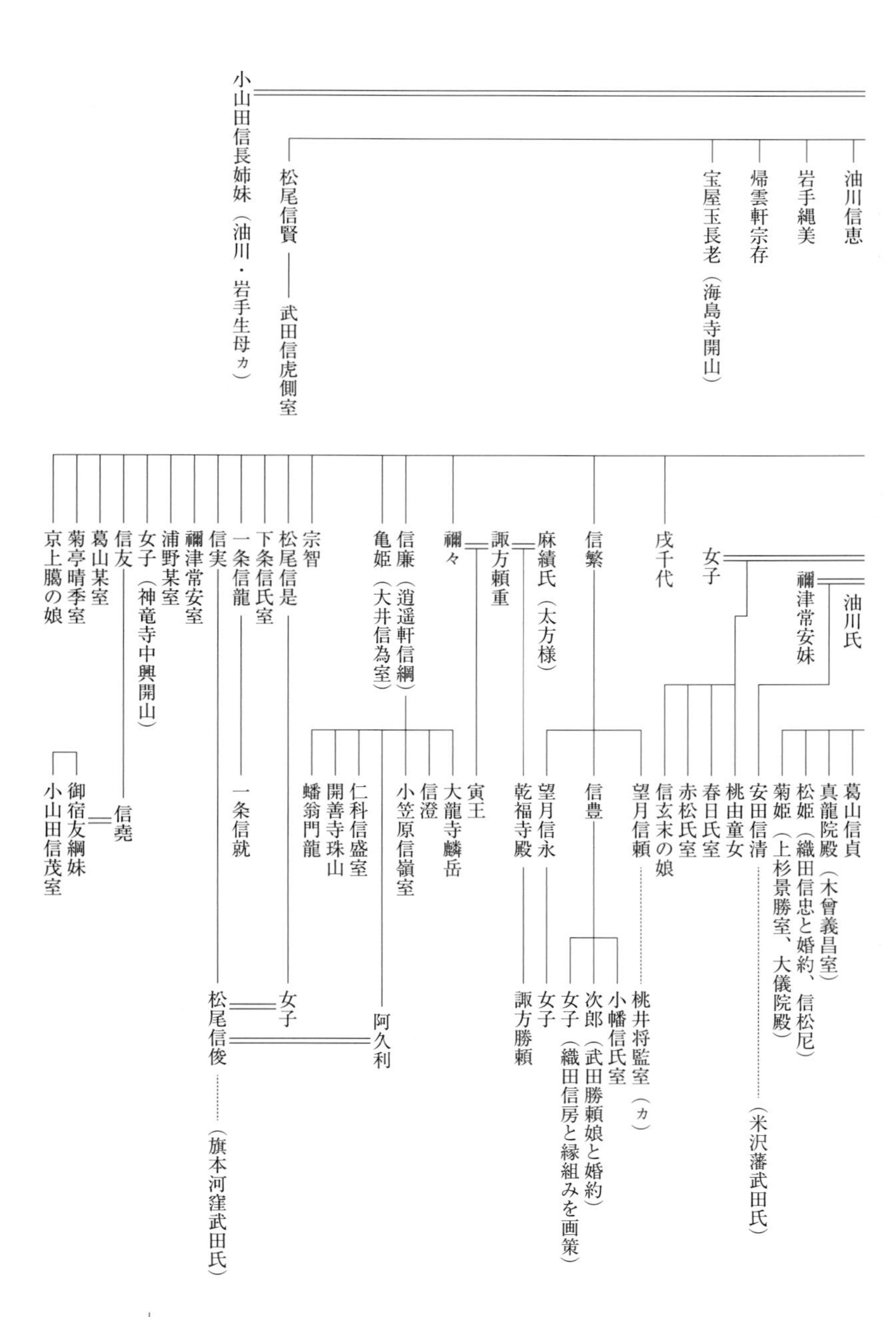

油川信恵
岩手縄美
帰雲軒宗存
宝屋玉長老（海島寺開山）
松尾信賢
武田信虎側室
小山田信長姉妹（油川・岩手生母ヵ）
油川氏
禰津常安妹
女子
戊千代
信繁
麻績氏（太方様）
諏方頼重
禰々
信廉（逍遥軒信綱）
亀姫（大井信為室）
宗智
松尾信是
下条信氏室
一条信龍
信実
禰津常安室
浦野某室
女子（神竜寺中興開山）
信友
葛山某室
菊亭晴季室
京上臈の娘
葛山信貞
真龍院殿（木曾義昌室）
松姫（織田信忠と婚約、信松尼）
菊姫（上杉景勝室、大儀院殿）
安田信清
（米沢藩武田氏）
桃由童女
春日氏室
赤松氏室
信玄末の娘
望月信頼
桃井将監室（ヵ）
信豊
小幡信氏室
次郎（武田勝頼娘と婚約）
女子（織田信房と縁組みを画策）
望月信永
女子
乾福寺殿
諏方勝頼
寅王
大龍寺麟岳
信澄
小笠原信嶺室
仁科信盛室
開善寺珠山
蟠翁門龍
阿久利
女子
一条信就
松尾信俊
（旗本河窪武田氏）
信堯
御宿友綱妹
小山田信茂室

第一部　戦国大名武田氏の興亡

第一章　戦国大名武田氏の確立——信虎の時代——

武田信昌・信縄の御家騒動とその背景

本論に入る前に、第一部として戦国大名武田氏の歴史を概観しておきたい。

甲斐武田氏が戦国大名化を果たしたのは、武田信玄の父信虎の代のことである。大名権力自体は、信虎の祖父信昌の代に確立させていたが、明応元年（一四九二）六月から内乱状態に陥った。『勝山記』という郡内（都留郡）の日蓮宗僧侶が書き継いだ年代記には、「甲州乱国ニ成リ始テ候也」と記されている。これは具体的には、守護武田信昌とその嫡男信縄が対立する御家騒動であった。信昌は信縄を廃嫡し、次男油川信恵に家督を譲ることを望んだのである。

もっとも、これはただの御家騒動ではなく、スケールの大きい動乱に巻き込まれてのものであった。この一年前の延徳三年（一四九一）、伊豆を支配する堀越公方足利政知が死去した。足利政知は、室町幕府八代将軍足利義政の庶兄である。室町幕府は、関東（現在の関東地方に甲斐国＝山梨県と、伊豆国＝静岡県伊豆半島を加えた領域）を直接統治することはせず、初代将軍足利尊氏の四男基氏の子孫を「鎌倉公方」に任命し、統治を委ねていた。ところが歴代の鎌倉公方は、みずから征夷大将軍になることを望んで不穏な動きを繰り返した。それを諫めたのが、鎌倉公方の補佐役である関東管領上杉氏である。しかし第四代鎌倉公方足利持氏は、関東管領上杉憲実の制止を振り切って謀叛を起こし、永享一一年（一四三九）に幕府軍によって滅ぼされた。これを永享の乱という。その後、幕府は関東の統治を関東管領上杉氏に委ねる形になったが、鎌倉時代以来の伝統的豪

武田信虎像（大泉寺蔵）

族層は鎌倉公方の復活を求め、持氏の遺児成氏が第五代鎌倉公方に就任することを許された。

しかし足利成氏からすれば、関東管領上杉氏は実父の仇である。両者の関係はあっけなく破綻し、成氏は関東管領上杉憲忠（憲実の子）を謀殺して、鎌倉を離れて下総古河に本拠を移した。これは、上杉氏が鎌倉のある相模を含め、関東西部（上野・武蔵・相模・伊豆）の守護職を保持していたのに対し、成氏を支持する伝統的豪族層の多くは関東東部（下野・常陸・下総）に拠点を置いていたからである。古河は、渡良瀬川の河川流通の拠点でもあり、鎌倉公方の直轄領も周辺に多く存在する要地であった。成氏は古河に拠点を構え、補佐役であるはずの関東管領上杉氏と対立することになる。したがってこれ以後の鎌倉公方を、古河公方と呼ぶ。ここに、享徳の乱という内乱が始まった。

この事態に、八代将軍足利義政は、庶兄足利政知を新たに鎌倉公方に任じて関東に派遣した。しかし関東の内乱の本格化を恐れ、すぐに考えを改めた。政知の鎌倉入りを許さず、関東の入り口である伊豆にとどめたのである。政知は伊豆堀越（伊豆の国市）に御所を構えたため、堀越公方と呼ぶ。同地が選ばれたのは、もともと鎌倉幕府執権北条氏の屋敷があった由緒ある場所であったためであろう。そして最終的に義政が足利成氏との和睦を受け入れたため、政知は公式には鎌倉公方の地位を失い、伊豆一国の国主という処遇に甘んじることになった。

この状況に不満を抱いた政知は、独自に箱根を越えて軍勢を動かし、鎌倉を制圧しようと計画したらしい。もちろん最終的な目標は、古河公方足利成氏と決戦し、みずからが正式な鎌倉公方になることである。しかし計画が動き出す前に政知が病死し、すべては白紙撤回された。

政知は死去にあたり、後妻との間に生まれた末子潤童子（じゅんどうじ）を家督に据えるようにとの遺言を残したとされる。しかし庶長子足利茶々丸（ちゃちゃまる）が謀叛を起こし、潤童子とその生母円満院殿（えんまんいんでん）を殺害し、実力で第二代堀越公方に就任した。

一見すると、継母と継子の争いにみえるが、どうもそのような単純な話ではなかったらしい。その後の動きからみて、茶々丸の背後には関東管領山内（やまのうち）上杉氏が存在していたようだ。山内上杉氏は、三〇年にわたる古河公方足利成氏との戦争を終えたばかりであり（享徳の乱）、戦争再開を望んでいなかった。そもそも、政知を伊豆国主に押しとどめたのは山内上杉顕定（あきさだ）と古河公方足利成氏の和睦の結果だったからである。

ここに古河公方への主戦論を継続することになるであろう潤童子派と、非戦論を唱える茶々丸＝山内上杉氏派に堀越公方府が分裂し、茶々丸がクーデターを起こすことになったと思われる。

武田氏の本国甲斐は鎌倉府の管轄下にあり、地理的にも伊豆に近い。このため、武田氏は堀越公方府の有力な構成員であった。武田氏の内紛勃発はまさにこの翌年であり、武田信昌は反茶々丸派、信縄は茶々丸派として活動をしている。つまり信昌と信縄の争いは単なる御家騒動ではなく、堀越公方府の内乱と密接に関連するものであった可能性が高い。

明応の大地震と御家騒動の終結

堀越公方府の内乱は、明応二年（一四九三）に伊勢宗瑞（盛時、いわゆる北条早雲）が伊豆に討ち入ることで第二幕を迎える。従来、宗瑞の伊豆討ち入りは茶々丸クーデター直後で、茶々丸はすぐに切腹に追い込まれたとされてきたが、近年の研究で誤りであるとわかった。宗瑞が伊豆に討ち入った明応二年は、京で「明応の政変」と呼ばれる細川政元のクーデターが起きた年である。細川政元はこのクーデターで、将軍足利義稙を廃し、新たな将軍に足利義澄を就任させた。実はこの義澄は、足利政知と円満院殿の間に生まれた子で、京で僧籍に入っていた人物である。また宗瑞の出自も、幕府重臣伊勢氏の一門で、奉公衆（直轄軍）・申次（将軍側近）であることが明らかになった。母方の伯父にいたっては、応仁の乱の原因を作ったひとりである室町幕府政所執事伊勢貞親という大物である。

これにより宗瑞の伊豆討ち入りは、細川政元の要請を受け、新将軍足利義澄の生母と実弟の仇である足利茶々丸を討つというものであることが判明したのである。京と関東の政治情勢が連動した動乱であった。

茶々丸は宗瑞の攻撃により伊豆を追われるが、山内上杉氏の支援を得て頑強に抵抗した。この陣営に、武田信縄も加わったようである。したがって武田信縄は、伊勢宗瑞および駿河守護今川氏親（母が宗瑞の姉）も敵に回すこととなった。戦国初期の武田氏が、山内上杉氏と結び、伊勢（北条）・今川氏と戦うという構図は、こうしてできあがったのである。以後伊勢（北条）・今川氏は、たびたび甲斐に侵攻するようになる。

信縄方の戦況は芳しくなく、明応二年には連敗を重ねた。しかし明応三年（一四九四）三月の合戦で大勝を収め、勢力の挽回に成功した。

そして明応七年（一四九八）八月二五日、明応の大地震と呼ばれる地震が列島を襲った。震源地は遠州灘で、推定マグニチュードは八・二から八・四。津波の高さは一〇メートルに達する大規模なものであったという。

この年、ふたつの事件が起きている。まず八月に足利茶々丸が滅亡し、年内に武田親子の間で和睦が成立している。両者は明応の大地震と関連づけて考えられており、大地震を神慮と考えた武田父子が和睦に転じたというのが通説である。また茶々丸も、大地震の混乱のなか、ついに滅亡に追い込まれたと理解されている。これにより、武田氏の内紛はひとまず収束を迎えた。

武田信虎の甲斐統一

しかし永正二年（一五〇五）に武田信昌が、同四年（一五〇七）に信縄が相次いで死去すると、武田家中の状況は再度流動化した。信縄嫡男信虎は明応三年（一四九四）生まれで、いまだ一四歳と若年であったからである。これにより、油川信恵が再び家督を望み、弟岩手縄美（いわでつなみつ）とともに挙兵したのである。しかし永正五年（一五〇八）一〇月の合戦は信虎の圧勝に終わり、油川信恵・岩手縄美は子息もろとも討ち死にした。油川氏に荷担していた郡内の国衆小山田弥太郎は、報復のために出陣するが、信虎は一二月にこれも撃破し、弥太郎までも戦死に追い込んだ。問題は残党が伊豆の伊勢宗瑞のもとに逃げ込んだ点で、甲斐の内紛が隣国の介入を招きかねないものであったことがわかる。

信虎はそのまま郡内に進軍したが、和睦成立は永正七年（一五一〇）春にまでずれ込む。その際、信虎の姉が小山田信有（法名涼苑）に嫁いだと考えられている。以後、小山田氏は武田氏の従属国衆となる。

永正一二年（一五一五）、今度は国中西郡の雄・大井信達が背いた。信虎は敵をあなどって大敗。さらに今川勢が大井氏を支援するために甲斐に侵入し、勝山城（甲府市上曽根町）を橋頭堡とした。このことは、信虎の甲斐統一が遅れるほど、隣国諸大名の介入を招くという懸念を現実化させた。それ以上に問題なのは、今川氏が甲斐に侵攻するルートを確保していた点である。この時通ったのは、穴山領と考えられ、河内（西八代郡・南巨摩郡の一部）の穴山武田氏も今川方に属していた。つまり甲斐南西部は、今川領であったといっても過言ではない。今川勢の攻勢を前に、信虎は一時恵林寺に避難するという窮地に陥った。

しかし永正一三年（一五一六）に入ると、大井信達は今川氏への相談抜きで信虎に降伏し、逆に勝山城が孤立した。今川氏親は今度は郡内方面から甲斐に侵攻し、小山田勢と衝突している。今川氏との和睦は翌永正一四年、駿府を訪れた連歌師宗長の斡旋によって行われ、同年三月に今川勢は帰国した。この後、大井信達の娘が信虎に嫁ぎ、和睦を強固なものとしたとされる。とはいえ今川氏との戦争はまだ続いており、正式な和睦成立は永正一五年（一五一八）五月のことであった。

永正一六年（一五一九）、信虎は甲府に躑躅ヶ崎館を築き、従来の守護所川田から本拠地を移した。以後、この地が天正九年（一五八一）の新府城（韮崎市）築城までの武田三代の本拠地となる。そしてその際に、甲府に家臣・国衆の屋敷を構えさせた。ところが、これが国衆の反発を招いた。

翌年五月、栗原・今井・大井氏が甲府を退去し、信虎に背いたのである。信虎は一日に三ヶ所で合戦をするという強引な軍事作戦でこれに勝利している。同時に国衆謀叛に不安を抱いたためか、躑躅ヶ崎館の詰めの城（軍事防衛用の城郭）として積翠寺城（丸山城とも呼ばれる）の築城を開始する。

翌大永元年（一五二一）、信虎は幕府を通じて従五位下左京大夫に叙された。しかしこの年、今川勢が再度甲斐に侵攻し、信虎は敗北を重ねた。危機感を募らせた信虎は、正室大井夫人を完成したばかりの積翠寺城に退避させた。一〇月一六日、甲府に迫った今川勢に対し、信虎は飯田河原で決戦を挑んで大勝した。信虎は続く合戦でも勝利を重ね、翌大永二年正月に今川勢を撤退に追い込んだ。この戦争の最中の大永元年一一月三日、大井夫人は積翠寺城で男子を出産した。戦勝を祝って、「勝千代」と命名されたと伝わるこの男子こそ、後の武田晴信（信玄）である。この間の戦勝により、穴山氏も信虎に服属した。ここに信虎は、甲斐の統一に成功したのである。旧来の守護権によらない領国支配を確立させた武田氏は、戦国大名として新たな一歩を歩み出すことになる。問題は、周辺諸国との関係であった。

信虎の戦線拡大

信虎も父信縄同様、山内上杉氏と同盟を結んでいた。さて上杉氏には、扇谷上杉氏という有力な分家が存在し、当初は伊勢宗瑞と結んで山内上杉氏と対立していた。しかし伊勢宗瑞の勢力は扇谷上杉氏の予想を超えて拡大した。このままではかえって脅威になると判断した扇谷上杉氏は、山内上杉氏と同盟して、伊勢氏討伐を目標に定めた。外交方針の一八〇度転換である。

問題の伊勢宗瑞は永正一六年（一五一九）に死去したが、事態はより一層複雑化した。跡を嗣いだ嫡男氏綱が、大永三年（一五二三）に苗字を「北条」に改めたからである。本拠地も、伊豆韮山から相模小田原に移転させた。小田原北条氏の誕生である。両上杉氏が、宗瑞・氏綱父子に「他国之逆徒」（よそ者の謀叛人）というレッテルを貼って、味方を募ったことに対抗し、氏綱は鎌倉幕府執権と同じ「北条」苗字を名乗ることで、関東における「執権」にみずからをなぞらえたのである。

こうして北条氏綱対山内・扇谷上杉両氏という対立軸が固まった。当時の山内上杉氏の本拠は上野であったため、北条氏の攻勢にさらされたのは、武蔵を拠点とする扇谷上杉氏である。したがって、信虎は山内上杉氏だけでなく、扇谷上杉氏とも同盟を結んだ。大永四年（一五二四）には、両上杉氏の要請を受けて武蔵岩付城（さいたま市岩槻区）攻撃に参加している。戦国大名武田氏にとって、初めての遠征といってよい。しかしこれは双方にとって負担が大きかったようで、まもなく武田・北条間で和睦交渉がはじまった。この交渉は今川氏親（宗瑞の甥）が反対を表明して難航したが、何とか実現に至る。しかし信虎はあっさり和睦を破棄し、結局「合戦暇無し」と記録される事態に陥った。信虎の攻勢は主として相模津久井領（相模原市緑区）に向かったようで、領国が隣接する郡内小山田氏が同地に勢力を延ばしている。当然北条氏綱も反撃に出て、都留郡が戦場となった。

大永七年（一五二七）、信虎は信濃佐久郡の有力国衆伴野貞慶（前山城主）から救援を求められ、佐久郡に出兵した。この年、近江に亡命中であった将軍足利義晴から上洛の要請があったが、北条・今川両氏を背後に抱える信虎は身動きがとれなかった。しかし新しく今川氏の家督を嗣いだ氏輝（氏親の子）が信虎との和睦を受け入れ、当面の敵は北条氏綱に絞られた。信虎は和睦の成立を国内に触れ回り、外交成果を宣伝して回った。

信虎という人物の問題は、折角の和睦を活かすことができなかった、という点にある。享禄元年

（一五二八）、信虎は矛先を替えて信濃諏方郡に出兵した。数年前に甲斐に亡命してきた諏訪大社下社大祝金刺昌春の帰還を大義名分とするものであったが、重臣荻原備中守を討ち死にさせるという敗北を喫した。これ以降、今度は諏方頼満が甲斐介入を試みるようになる。享禄四年（一五三一）、飯富・栗原・今井氏が謀叛を起こした際には、諏方頼満に援軍を仰いでいる。信虎は河原部合戦でこれを打ち破ったが、無用な敵を増やしてしまったことは否めない。

そこで信虎は、両上杉氏との同盟強化を図った。享禄三年、扇谷上杉朝興の仲介により、山内上杉憲房の後室（未亡人）が信虎に嫁いだ。彼女は上杉朝興の叔母だから、実質的には扇谷上杉氏との姻戚関係の構築を意味するものであった。次いで天文二年（一五三三）には、嫡子晴信（信玄）の室に扇谷上杉朝興の娘を迎えた。晴信一二歳の時である。これにより、武田氏と扇谷上杉氏は重縁で結ばれることとなった。ただし朝興の娘は、翌年一一月の初産に体が耐えきれず、赤子とともに死去してしまった。

さらに信虎は、古河公方の御家騒動によって分立した小弓公方足利義明と手を結んだ。足利義明は伊勢宗瑞と結んでいたが、両上杉氏が築き上げた北条氏綱包囲網を前に、反北条方に転じていたのである。

当然、北条氏綱も事態を座視せず、甲斐侵攻を繰り返した。注目すべきは天文三年（一五三四）の軍事行動で、今川氏輝も同時に甲斐に攻め込んでいる。信虎があれほど宣伝した今川氏との和睦は既に破綻しており、武田領国は北条・今川・諏方と三方から包囲されてしまったことになる。翌天文四年、信虎は扇谷上杉氏と連合して反攻に出るが、甲斐・駿河国境で今川勢に撃退されてしまった。逆に北条勢の都留郡侵攻を許し、小山田氏を支援するために配置していた実弟勝沼(かつぬま)武田信友(のぶとも)が討ち死にするという大損害を蒙ってしまう。信友は、信虎にとって数少ない一門であったから、この打撃は大きなものがあった。

同盟関係の再編と信虎追放

信虎はことここに及んで、ようやく自身の外交政策の失敗を悟ったらしい。天文四年（一五三五）九月、諏方頼満と和睦を結んだ。これにより、西方の情勢は安定する。

そして周辺諸大名を驚愕させたのが、天文六年（一五三七）の今川氏との同盟である。天文五年四月一〇日、駿府で今川氏輝・彦五郎(ひこごろう)兄弟が急死した。その後継者をめぐって、ふたりの弟が争い、北条氏綱の支援を得た梅岳承芳(せんがくしょうほう)が家督を嗣いだ。還俗して、今川義元(よしもと)を名乗る。しかしこの北条氏の援軍派遣を、義元は苦々しい思いでみていたらしい。北条勢が、義元の希望よりも奥深くまで進軍したか、伊勢宗瑞以来ゆかりが深かった駿河東部での振舞に問題があったかのいずれかであるようだ。そこで義元は外交政策の転換に乗り出した。

この御家騒動で、義元のライバル玄広恵探(げんこうえたん)を支持した重臣福島(くしま)氏は、大永元年（一五二一）に甲斐に侵攻した今川勢の総大将である。したがって武田信虎にとって、今川氏との関係を改善しやすい状況が整ったといえる。同盟交渉を聞いた北条氏綱は猛烈に反対したが、義元は耳を貸さなかった。天文六年（一五三七）二月、武田信虎の娘定恵院殿が義元に嫁ぎ、甲駿同盟（甲斐と駿河の同盟）が成立した。

面目が丸つぶれとなった北条氏綱は激怒し、今川氏との同盟（駿相同盟、駿河と相模の同盟）を破棄して今川領に侵攻した。そして駿河のうち、富士川以東の「河東」地域を占領した。義元からすれば、北条氏がここまで強硬な対応をとるとは思っていなかったのではないか。これにより、河東地域の領有権をめぐって、今川・北条両氏の間で戦争が勃発することになった。この時、信虎が今川氏と結んだのは、今までの和睦とはわけが違う。明確な軍事同盟であった。したがって信虎は河東地域駿東郡に出陣し、今川義元を支援した。これを第一次河東一乱という。

ここに武田・今川同盟対北条氏というまったく新たな対立軸が出現した。北条氏綱も逆に甲斐に侵攻したが、今度は北条氏が周辺諸大名に包囲されてしまっていた。氏綱から和睦の申し出があり、いったんは戦乱が終息する。

この時期、同盟国扇谷上杉朝興が没し、扇谷上杉氏は北条氏に本拠地河越城を占領される事態に陥っていた。さらに小弓公方足利義明も敗死し、信虎が関東で構築していた同盟国は総崩れになっていた。したがって信虎としても、北条氏綱といったん手打ちをする必要があったと思われる。しかしこれは、今川義元からすると、不快な行動といえなくはない。

天文九年（一五四〇）、信虎は一転して信濃佐久郡に出陣した。一日で三六もの城を落としたと当時の記録にあるから、大軍による圧力で敵を降伏させていったのであろう。これにより、信虎ははじめて国外に領土を得た。信虎の軍事行動には、ようやく成果がみえはじめていた。そして同年一一月、娘の禰々を諏方頼満の孫頼重に嫁がせ、同盟関係を強化した。

翌天文一〇年、同盟国諏方頼重、および北信濃最大の有力者である村上義清と連合し、小県郡海野平に侵攻した。海野・禰津・真田といった滋野一族は大軍を相手になすすべもなく、禰津・矢沢氏は降伏し、海野・真田氏は上野に亡命した。信虎は二年続けて、戦果を挙げたことになる。

しかし天文八年、九年と二年連続で甲斐は凶作に見舞われ、天文一〇年春には一〇〇年に一度という規模の餓死者を出していた。信虎の軍事行動はたしかに成果を出しはじめていたし、今川・諏方両氏との同盟成立は甲斐の安定のために大きな意味を有したが、彼は自分の足下をみていなかったのである。そこで、水面下で事態が動いた。

六月四日に甲府に帰陣した信虎は、一四日に娘婿今川義元と会談するために駿河に出立した。その時、嫡男晴信がクーデターを起こし、足軽を派遣して国境を封鎖したのである。晴信がもっとも信頼する側近となる駒井高白斎すら知らされていない、極秘の行動であった。

晴信は一七日に躑躅ヶ崎館に入って信虎追放を公表し、二八日に家督相続の儀式を行った。ここに甲斐を統一し、武田氏を戦国大名として確立させた信虎は、あっけなく追放されたのである。

以後信虎は、今川義元のもとで食客として過ごし、娘の定恵院殿が死去した後は上洛して将軍足利義輝（よしてる）に仕えた。幕府では甲斐守護として相応の礼を持って処遇され、元亀四年（一五七三）に足利義昭（よしあき）が織田信長を討とうと挙兵した際には、近江で兵を集めるよう命じられている。

信玄が死去した後の天正二年（一五七四）、孫の勝頼に甲斐帰国を求めたが、無用な混乱を恐れる家臣によって阻止され、信濃伊那郡高遠城（伊那市）に留められて同地で死去した。享年は八一。故国甲斐への帰国は、死後になってようやく許され、葬儀は甲府大泉寺（だいせんじ）で執り行われている。

第二章　大大名への成長
——信玄の時代——

武田晴信の諏方郡侵攻

天文一〇年（一五四一）六月、無血クーデターによって家督を嗣いだとき、晴信は二一歳。前途洋々たる青年大名であった。すでに天文五年（一五三六）、父信虎は自分の官位を嫡男太郎に譲ること、太郎に対して将軍足利義晴から「晴」字の偏諱を賜ることを要請していた。偏諱とは、身分の高い人物が家臣に対して、自分の実名から一字を与える行為を指す。これにより、主従関係を強化したり、偏諱を与えられた側の社会的地位を高めるのである。戦国時代の幕府権力は衰退していたが、将軍から偏諱を賜ること、将軍を通じて朝廷の官位を正式に与えられることは、諸大名にとってひとつのステータスであった。

信虎の望みは叶えられ、太郎は「晴」字が与えられて晴信と名乗り、従五位下左京大夫に任官した。なお信虎は、従四位下陸奥守に転任している。また扇谷朝興娘の死後、晴信は転法輪三条公頼の娘を正室に迎えた。転法輪三条氏は太政大臣にまで昇進することが可能な家柄であり、この時公頼は正二位権大納言の官位にあった。のち内大臣・右大臣を経て従一位左大臣にまで昇進するが、大内氏の政変に巻き込まれ、周防で横死する。長女は管領細川晴元に嫁いでおり、末の娘はのちに本願寺顕如に嫁ぐ。信虎の一連の活動により、甲斐守護武田氏の家格は室町期よりも向上したことになる。

したがって、晴信が信虎の後継者であることが、周知の事実となっていたことは間違いない。武田氏の歴史を記した軍記物『甲陽軍鑑』は、親子の不仲を繰り返し記すが、実際には晴信は後継者としての地位を確実に固めていた。だからこそ、クーデターに際しても家臣の支持を得ることができたのであろう。

晴信はまず今川義元と追放後の信虎の処遇を打ち合わせ、同盟関係継続を再確認した。しかしその他の周辺諸大名との同盟関係について、そのままにはしておけない事情が生じた。

事の発端は、海野棟綱（むねつな）の亡命を受け入れた関東管領山内上杉憲政（のりまさ）が、信濃に軍勢を派遣したことにある。憲政からすると、クーデターで武田氏が混乱している隙に、滋野一族の本領復帰を実現させようと考えたものと思われる。なかなか機敏な対応だが、そもそも武田氏と山内上杉氏は同盟関係にある。クーデターを起こした晴信との間には、同盟関係の再確認をするという手続きが必要であったから、これは同盟破棄と取られかねない危険な行動であった。まずここに、山内上杉氏との関係に暗雲が垂れ込める。

最大の問題となったのが、諏方頼重の行動であった。頼重は山内上杉氏の軍事行動に迅速に対処し、佐久郡に出兵した。山内上杉勢はまさか敵が反撃に出てくるとは思っていなかったから、これをみてすぐに撤兵した。しかし頼重はここで大きなミスをおかした。迎撃に出ることを、武田・村上両氏に連絡しておらず、かつ山内上杉氏と単独講和を結んだのである。さらに頼重は、この機に乗じて佐久郡国衆蘆田依田（あしだよだ）氏を降伏させ、領国を拡大した。この行為を、晴信は同盟協定違反の抜け駆けとみなしたらしい。諏訪大社の神官も、頼重の行動を不安視する記録を書き残している。

天文一一年（一五四二）六月、晴信は諏方庶流家高遠諏方頼継と結んで、諏方頼重を急襲した。当時、大名が同盟を破棄する際には、「手切の一札」という文書を相手大名だけでなく、関係諸氏に送付し、みずからの正当性を示して輿論を味方につけるという行為がしばしば行われたが、晴信は敢えてそれを無視した。頼重はまともな防戦をすることもできず、降伏して甲府に護送され、自害に追い込まれた。頼重には晴信妹禰々との間に生まれたばかりの嫡男寅王がいたが、成人後に晴信を暗殺しようとして殺害されたという伝承が残る。ここに名族諏方氏はいったん滅亡を遂げる。

その際、頼重の娘を側室に迎えたことは著名であろう。いわゆる諏方御寮人である。この女性について由布姫、湖衣姫という名前が伝わるが、前者は井上靖が『風林火山』を執筆した際に大分の湯布院温泉に泊まったことから付けた名前、後者は新田次郎が『武田信玄』執筆時に付けた名前で、いずれも創作である。両作品ともＮＨＫ大河ドラマになったため、誤解を招くことが多い。

諏方領は武田氏と高遠諏方氏で分割されたが、諏方頼継は自身の取り分に不満を抱き、挙兵した。晴信はただちに出兵して頼継を破り、天文一四年（一五四五）に降伏させた。そして頼継の跡継ぎとして、後に天文一六年（一五四六）に諏方御寮人との間に生まれた四男勝頼を養子入りさせ、諏方氏の惣領の座につけている。諏方頼継は天文二一年（一五五二）に不穏な動きをみせて甲府に出頭を命じられるが、一命は許され、同年中に没した。

甲駿相三国同盟の成立

次に晴信が打った手が、北条氏綱の子・氏康（うじやす）との関係改善である。氏綱は晴信が家督を奪取した天文一〇年（一五四一）に死去しており、両国の間には関係を刷新する余地が生じた。天文一三年（一五四四）、晴信は北条氏と外交交渉を開始し、一気に軍事同盟締結にこぎ着けた。翌年には北条氏の援軍が、今川勢とともに晴信の信濃攻めに参加している。

これに不快感を示したのが今川義元である。そもそも甲駿同盟の目的は、北条氏と戦うことにあるのに、晴信が一方的に北条氏と同盟を結んだのだから、当然だろう。そこで天文一四年（一五四五）、今川義元は北条氏に占領された駿河河東地域奪還のために出陣するので、援軍を派遣してもらいたいと晴信に要請した（第二次河東一乱）。同盟条件を履行させることで、北条氏との関係を裂こうというなかなか手の込んだ戦略である。

これにより、北条氏康は窮地に追い込まれた。今川勢が河東地域に出陣してきただけではない。武蔵では、山内・扇谷両上杉勢が河越城（川越市）を包囲したのである。扇谷上杉氏からすれば、悲願の本拠地奪還に向けての軍事行動である。さらにこの当時、北条氏が名目上の主君として奉戴していた古河公方足利晴氏（はるうじ）も、氏康を見限って両上杉方として参陣した。北条氏は敵国の包囲下に置かれてしまっていたのである。

晴信も今川・北条両大名の板挟みになった形であったが、打開策を見出した。それは武田氏が今川・北条・山内上杉・扇谷上杉という全大名と同盟を結んでおり、中立な立場で和睦を仲介することができるというものである。晴信はただちに今川・北条・山内上杉三氏に和睦斡旋を打診した。追い詰められていた北条氏康はただちにこれを受け入れ、駿河河東地域から全軍を撤退させて、同地を今川氏に返還することを約束した。今川義元は北条氏康を信頼できないと渋り、何度も交渉は挫折しかけたが、晴信みずから訪問しての説得が実り、今川・北条間で和睦が成立した。山内上杉憲政も和睦に同意し、晴信が目指した「三和」が成立したのである。

それでも今川義元は氏康への不信感を払拭できずにいたが、氏康が全軍撤退を実施したため、北条氏の誠意を認めざるを得なくなった。ここに、今川・北条間の緊張は一気に緩和する。

問題は、山内上杉氏の動向であった。上杉憲政は晴信の提案した和睦に同意したものの、河越城は落城寸前とみなしており、撤退しようとはしなかった。つまり、和睦を無視する行動に出たのである。そこに、背後が安全となった北条氏康が急襲をかけた。北条勢の攻撃はすさまじく、包囲陣を打ち破っただけではない。扇谷上杉朝定（ともさだ）を討ち取り、後継者不在となった扇谷上杉氏を事実上滅亡に追い込んだ。いわゆる「河越夜戦」だが、実際に夜中に戦闘が行われたかはわからない。なお、古河公方足利晴氏は再度北条氏康と手を結んだ。しかしこの失態で完全に発言力を失い、傀儡（かいらい）化の道をたどっていく。

上杉憲政の和睦無視は、武田晴信をも怒らせるものであった。和睦を仲介した晴信の面目を潰す行為であったからである。これにより、武田・山内上杉同盟は事実上破棄された。東国の政治情勢は、一変したのである。

ここに、「甲駿相三国同盟」への道が開かれることになった。武田・今川間、武田・北条間では既に同盟が結ばれていたから、後は今川・北条間の同盟復活を進めればよい。それに加えて関係をより強化すべく、互いの嫡男に、娘を嫁がせて姻戚関係を結ぶという交渉が進められた。婚姻は、天文二一年（一五五二）から同二三年（一五五四）にかけて行われた。今川義元の娘が晴信の嫡男義信に、北条氏康の娘が今川義元の嫡男氏真に、晴信の娘が北条氏康の嫡男氏政に、それぞれ嫁いだのである。なお、駿河善得寺で三大名が一同に会して同盟を結んだという伝承があり、「善得寺の会盟」という俗称があるが、そのような事実は存在しない。いずれにせよ、三大名は背後を安定させただけでなく、相互に支援を行いながら、領国の拡大に乗り出すこととなる。武田氏の場合、その目標は信濃であった。

この間の天文一六年（一五四七）、晴信は「甲州法度之次第」全五五ヶ条を制定した。天文二三年に条文を追加し、五七ヶ条の分国法が確立する。

信濃攻略と二度の苦杯

三国同盟締結と併行して、晴信は信濃における勢力を拡大していった。天文一六年（一五四七）に佐久郡志賀城（佐久市）を攻めた際には、山内上杉憲政の援軍を小田井原（おたいはら）（長野県御代田町）で撃破しており、山内上杉氏との同盟破棄を確認できる。この時の晴信は、上杉憲政と戦う北条氏康を支援する立場になっていた。

晴信は信濃守護小笠原氏への攻勢を強めていた。なお、晴信は家督相続後、従来の官途左京大夫を辞し、新たに大膳大夫（だいぜんのだいぶ）に任官し直した上で、さらに後になって信濃守（しなののかみ）を兼官している。このうち、大膳大夫遷任には複数の意味がある。ひとつは、父信虎の路線との決別表明である。次に、左京大夫は北条氏当主が名乗る官途となっていたから、同盟国に配慮する意味があったろう。また大膳大夫は若狭武田氏当主の名乗る官途だから、京都政界への影響力が甲斐武田氏より強い若狭武田氏に並ぶ意図があったかもしれない。しかしより注目したいのは、大膳大夫・信濃守がともに信濃守護小笠原氏歴代の官途・受領であったことである。したがって大膳大夫任官が、信濃侵攻の意思表明となりえたのである。

晴信は小笠原長時（ながとき）を攻撃する一方で、佐久郡・小県郡に勢力を広げ、北信濃の雄村上義清と国境を接した。しかし天文一七年（一五四八）二月一四日、上田原で村上勢と戦い、大敗を喫した。宿老（しゅくろう）板垣信方・甘利虎泰ら重臣が多く討ち死にするという惨状である。衝撃を受けた晴信はなかなか撤退を受け入れず、生母大井夫人の説得によりようやく帰国した。

この敗戦により、武田氏に圧倒されていた信濃国衆が一斉に蜂起した。諏方郡でも謀叛が起きているから、事態は深刻である。なかでも積極的に反撃に出たのが、信濃守護小笠原長時であった。しかし晴信は、七月一九日の塩尻峠の戦いで小笠原勢を打ち破り、態勢を立て直すことに成功した。天文一九年（一五五〇）、武田勢は小笠原長時の本拠筑摩郡に侵攻、長時は居城林城（松本市）を放棄して京に亡命した。晴信は余勢をかって村上方の拠点である小県郡砥石城（上田市）を攻撃するが、堅い守りに阻まれたため、撤退を決断する。しかし援軍として駆けつけた村上勢の猛烈な追撃を受け、足軽大将横田高松をはじめ、多くの戦死者を出した。「砥石崩れ」と呼ばれる二度目の敗戦である。

ところが翌天文二〇年（一五五一）、真田幸綱が謀略で砥石城をあっさり攻略し、武田・村上間の軍事的均衡は崩れた。晴信は勢いに乗って村上領に侵攻し、村上義清は本拠葛尾城（長野県坂城町）を捨てて越後に逃亡した。

南信濃でも武田氏は順調に勢力を拡大していた。天文二三年（一五五四）八月、武田氏の攻撃に晒された伊那郡の国衆たちは次々に従属を申し出た。これを受け、木曾郡の有力国衆木曾義康も従属した。晴信は義康嫡男義昌に息女真龍院殿を嫁がせ、厚遇を以て木曾氏に対した。

この影響は、信濃一国に留まらなかった。遅くとも翌弘治元年（一五五五）までに、木曾郡・伊那郡に隣接する東美濃恵那郡の国衆遠山氏が、武田氏に従属を申し出たのである。岩村・苗木の両遠山氏は尾張の織田信秀と姻戚関係を結んで、美濃国主である斎藤道三と距離をとっていた。しかし織田信秀が嫡男信長に斎藤道三の娘を娶らせ、同盟を結んだため、織田・斎藤氏との距離感を図りかねていたらしい。そうした状況下で、武田晴信が南信濃を制圧し、国境を接したのである。遠山氏としては武田氏の存在を脅威に感じ、自発的に従属を申し出るしかなかったのだろう。

当然のことだが、これは斎藤道三をおおいに刺激した。弘治元年八月、斎藤・織田連合軍が遠山領に侵攻し、遠山氏は武田氏に援軍を仰いだ。晴信は木曾義康に出陣を要請するとともに、道三に和睦を打診したが、拒絶されてしまう。

しかし大戦国大名に成長しつつあった武田氏との敵対という道三の選択は、家中の支持を得なかったらしい。弘治二年（一五五六）、嫡男斎藤義龍がクーデターを起こし、道三は敗死した（長良川の戦い）。以後、遠山氏は姻戚関係にある織田信長と密接な関係を再構築して織田氏に従属しつつ（信長はこの後美濃を制圧する）、武田氏にも従属するという「両属」という立場にたった。これにより、武田領は南信濃どころか東美濃にまで拡大したのである。

川中島の戦い

小笠原長時・村上義清の亡命により、武田氏の信濃制圧は目前であるかにみえた。しかし村上義清は亡命先の越後において、守護代長尾景虎（後の上杉謙信）に援軍を要請した。実は越後守護上杉氏は、文明年間（一四六九～八七）に信濃の半国守護のような立場にあったことがあり（実際に守護職を得たわけではない）、北信濃の国人たちと密接な関係を構築していた。特に守護代長尾氏は、北信濃国衆高梨氏と姻戚関係を結んでおり、同地への関心はもともと深いものがあった。実際北信濃国衆は、越後の内乱に際し軍事動員されている。長尾景虎にとってみれば、北信濃は分国同前という意識があったろう。その上、同地を武田氏に占領されてしまうと、山ひとつ越えれば本拠春日山城（上越市）への攻撃を許しかねないという領国防衛上の懸念も存在した。

そこで天文二二年（一五五三）、長尾景虎は村上義清ら北信濃国衆の本領復帰を旗印に掲げ、信濃に出陣した。北信濃善光寺平の南に千曲川と犀川に挟まれた一帯がある。地形から「川中島」と呼ばれ、北信濃四郡（更級・埴科・高井・水内）を指す広域名称ともなっている。長尾・武田両軍は、この川中島を舞台に以後五度にわたる対戦を繰り広げることとなる。川中島合戦のはじまりであった。晴信からすれば、まさに想定外の事態であり、これが東美濃における戦線拡大を避けようとした原因である。

第一次川中島合戦は、長尾方が旧村上領に進出したものの、撤退後に武田氏が直ちに奪回した。弘治二年（一五五六）の第二次川中島合戦は、二〇〇日にも及ぶにらみ合いになり、今川義元の調停によって和睦が成立した。晴信は和睦をあっさり破棄して勢力拡大を続け、弘治三年（一五五七）に第三次合戦となるが、武田氏の北信濃領国化という流れは揺るがなかった。

永禄元年（一五五八）、晴信は将軍足利義輝から信濃守護に任ぜられた。これは義輝が守護職の保持者と各国支配の実情の整合性を取ろうとしたものともみられるが、義輝としては長尾景虎との停戦命令の一環のつもりであった。信濃守護に任じるから、これ以上の戦争はするな、という含意である。しかし晴信はこれを逆用し、自分が信濃守護である以上、長尾勢こそ信濃から撤退すべきだという論理を展開して和睦を拒絶した。激怒した義輝は、景虎に信濃出陣を許可するとともに、旧守護小笠原長時の復帰支援を命じるが、晴信の信濃支配は揺るがなかった。

この年一二月、晴信は出家して法性院（ほっしょういん）信玄と号している。

さて、関東では北条氏の攻勢が続き、天文二一年（一五五二）に関東管領山内上杉憲政が越後に亡命した。憲政から支援要請を受けた長尾景虎は上野に出陣するが、大した戦果を挙げることができなかった。しかし永禄二年に上洛した景虎は、足利義輝から上杉憲政の処遇を一任され、信濃国衆への助言も許された。前者は事実上、山内上杉氏の家督相続を承認されたに等しい。

そして永禄三年（一五六〇）、初めての本格的な関東侵攻を行った。三国（みくに）峠を越える出陣のため、史料上「越山（えつざん）」と記される。景虎の攻勢を前に、北条氏に従っていた国衆は次々と従属を表明した。北条氏康は武田・今川両氏に援軍を要請し、河越を拠点に抵抗をしつつも、無理な対戦は避け、本拠である小田原城籠城を選択した。

景虎も小田原攻略は困難と判断し、永禄四年（一五六一）に鎌倉に入り、鶴岡八幡宮で山内上杉氏の家督と関東管領職を継承する儀式を行った。その際、上杉憲政から「政」字を与えられ、政虎（まさとら）と改名する。さらに年末には、足利義輝から「輝」字を拝領し、輝虎（てるとら）に改名した。出家して不識庵（ふしきあん）謙信（けんしん）と号するのは、元亀元年（一五七〇）のことである。ただし煩雑であるため、以下では上杉謙信に統一して記す。

さて、北条氏康から援軍要請を受けた信玄は、一度都留郡まで出陣した。しかし方針を転換し、直接の援軍は小山田信有ら郡内勢に留め、信玄自身は北信濃の上杉領を攻撃することにした。謙信の留守を突くことで、間接的に北条氏を支援しようというものである。さらに本願寺に依頼して越中一向一揆（いっこういっき）を扇動し、上杉氏の後方を攪乱した。

一方謙信は、関東管領に就任したことで関東での軍事行動に区切りをつけ、越後に帰国した。その上で、ただちに北信濃に出陣した。そこで行われたのが、著名な第四次川中島合戦である。九月一〇日早朝、濃霧の中両軍は激突し、武田方は信玄実弟信繁（のぶしげ）をはじめ、室住虎光（むろずみとらみつ）・山本菅助（かんすけ）ら錚々たる重臣が討ち取られた。しかし相当な混戦に陥ったようで、大名である上杉謙信自身が太刀を振るって戦うという異例の事態になり、上杉方の損害も決して少なくはなかったと思われる。

合戦後、信玄は家臣の戦功を認定する「感状（かんじょう）」を一通も出していない（現存するものはすべて偽文書である）。これほどの合戦で感状がないことは、この時期の武田氏では珍しく、弟信繁を失った痛手などから、信玄はこれを敗戦と認識したものと思われる。しかし武田氏は川中島に拠点城郭として海津城（近世の松代城、長野市）を築城しており、防衛体制は万全なものとなっていた。このため苦戦はしたものの、川中島の確保には成功したのである。

一方の上杉謙信は「血染めの感状」を家臣に与えており、即座に感状を配ったことが明らかになるが、川中島攻略という目標自体は完全に失敗に終わった。

このあと、永禄七年（一五六四）の第五次合戦を最後に、川中島合戦は終結する。この合戦で、本格的な戦闘は確認できない。第四次合戦の後、武田・上杉両軍が正面から衝突することはなくなったのである。両大名にとって、本格的な戦国大名同士の主力衝突ははじめての経験であり、その損害の大きさに衝撃を受けたのだろう。謙信は、従属国衆高梨氏の飯山領防衛に方針を転換し、川中島奪還は事実上断念することになる。

西上野侵攻

謙信が撤退した関東では、ただちに北条氏康の反撃が開始されていた。一度上杉氏に寝返った国衆たちは、今度は雪崩をうって北条氏に帰順した。なかには抵抗する国衆もいたが、独力で撃退できるはずもなく、北条氏に滅ぼされていった。

さて武田氏も、第四次川中島合戦終了後、ただちに上野に出兵した。上野は一度北条氏が制圧しかけたものを、謙信が奪還した山内上杉氏の本国である。越後からの距離も近く、謙信も山内上杉氏当主として譲れないものがあった。一方、北条氏はまだ南関東の勢力回復の最中であり、なかなか上野に軍勢を動かせないでいた。したがって上野国衆には、上杉方の者が多く残っていたのである。

　武田氏からしても、北信濃・東信濃の防衛のために西上野はどうしても押さえておきたい地であった。上野が上杉領のままでは、越後から謙信本隊が南進し、上野から別働隊が西進して武田領信濃を挟み撃ちにする危険があったからである。

　信玄の西上野攻略は、北条氏との共同作戦を取りつつ進められた。信玄もその見返りとして、北条氏の武蔵再制圧を支援している。

　上野南西部甘楽郡の有力国衆小幡氏は、早くも天文一七年（一五四八）頃には武田氏に従属していた。謙信の越山により一族に本拠国峰城（群馬県甘楽町）を追われていたが、永禄四年（一五六一）末に実施された武田氏の西上野侵攻で奪回した。以後、小幡氏は西上野最大の国衆として武田氏に従うことになる。

　上野西北部の吾妻郡には、真田氏の同族滋野一族が割拠していたから、真田幸綱・信綱父子が中心となって攻略を進め、家臣を寝返らせることで岩下城主（群馬県東吾妻町）斎藤氏を没落させた。信玄はこの地に新たに岩櫃城（同前）を築き、吾妻郡支配の拠点とする。

西上野侵攻の仕上げは、永禄九年（一五六六）一一月一〇日の箕輪城（高崎市）攻略である。箕輪城は上杉方の拠点である厩橋城（前橋市）の間近に位置し、西上野防衛の最前線を担うとともに、吾妻郡を除く（同郡は北毛地帯に属し、真田氏が軍事指揮権を与えられる）西上野支配の拠点城郭として機能していくこととなる。

この結果、上野は武田・上杉・北条の三大名によって分割支配されることとなった。

今川氏との同盟破棄と駿河侵攻

永禄三年（一五六〇）五月一九日、桶狭間の戦いで今川義元が織田信長に討ち取られるという驚愕の事態が起こった。信玄はただちに義元嫡男氏真に使者を派遣し、同盟継続を確認した。しかし今川領国の混乱は大きく、永禄四年（一五六一）には三河で松平元康（徳川家康、以下徳川家康で統一）が独立してしまう。信玄は氏真の要請を受け、徳川家康討伐に協力する姿勢を示した。永禄五年（一五六二）から六年（一五六三）にかけ、氏真は三河出陣を計画するが、実施には至らなかったらしい。この間に、家康は三河で勢力を拡大する。

永禄六年一二月、今度は遠江国衆が今川氏に叛旗を翻した。これを受け、信玄は外交姿勢を転換したらしい。今川氏との同盟は継続するものの、隙があれば今川領を攻撃しようと考え出したのである。

一方、尾張を統一した織田信長は、舅である斎藤道三の仇を討つという名目で美濃に侵攻し、徐々に勢力を拡大していった。この結果、東美濃遠山領に駐屯していた武田勢が、織田勢の先鋒と神篦（瑞浪市）で衝突するという事件が起きた。これは偶発的なものと思われるが、上杉謙信との戦いに注力していた信玄にとって、東美濃情勢の不安定化は、何としても避けたい出来事であった。

そこで信玄は、織田信長との和睦に乗り出すのである。永禄八年（一五六五）、信長は妹婿苗木遠山直廉の娘を養女とし、武田氏に嫁がせた。相手は、信玄の四男で、高遠諏方氏を嗣いでいた勝頼である。

しかしこれは、今川氏真にとっては裏切り行為に映った。織田信長は、父義元の仇であるから、無理もない。信玄嫡男義信も同様の考えを抱いたらしい。義信は、氏真の妹嶺松院殿を正室に迎えており、武田家中における親今川派の筆頭だったからである。

永禄八年一〇月、義信は重臣飯富虎昌らと示し合わせ、クーデターを計画した。しかし事前に密告者が出て露見し、失敗に終わった。一〇月一五日、飯富虎昌は責任を取る形で処刑または自害となった。これを「義信事件」と呼んでいる。『甲陽軍鑑』によると、信長養女の輿入れは一一月とされるから、それを妨害しようとした可能性が高い。

嫡男の謀叛未遂に衝撃を受けた信玄は、禅僧の仲介もあって義信と話し合いを持ったが、義信は引き下がらず、東光寺に幽閉された。そして二年後の永禄一〇年（一五六七）一〇月に三〇歳の若さで死去した。自害とも、病死とも伝わる。

この直前、永禄一〇年八月に、信玄は家臣および従属国衆から起請文を一斉徴収し、信濃生島足島(いくしまたるしま)神社に奉納した（「下之郷起請文(しものごうきしょうもん)」）。その目的は諸説あるが、義信廃嫡による家中の動揺を抑えようとしたという見解もある。

武田氏の外交姿勢に疑問を抱いた今川氏真は、上杉謙信のもとに使者を派遣し、秘密同盟を求めた。もし武田信玄が駿河に攻めてくるようであれば、背後から攻撃して欲しいというのである。謙信はこれを受け入れたが、信玄は早い段階で今川氏重臣に寝返り工作をしかけていたようで、氏真の動きは筒抜けになっていたらしい。

義信の死を受け、氏真は北条氏康に仲介を依頼する形で、寡婦となった妹嶺松院殿の帰国を要求した。信玄はこの時点ではまだ今川氏との開戦に慎重であり、氏真に同盟関係の継続を誓う起請文を書かせた上で、帰国を許した。

この永禄一〇年に、織田信長は稲葉山城(いなばやま)（岐阜市）を攻略して美濃斎藤氏を滅ぼしている。信長は稲葉山を岐阜と改名して本拠を移し、以前から計画していた足利義昭の上洛準備に着手した。足利義昭は、一三代将軍義輝の弟である。永禄八年に三好(みよし)政権によって兄義輝が殺害された後、朝倉(あさくら)氏を頼って越前に亡命していた。その地で諸大名に自分を奉じて上洛し、一四代将軍義栄(よしひで)を奉じる三好政権を滅ぼすよう求めていた。信長はただちにこれを受諾したが、近江六角(ろっかく)氏が三好方に寝返ったことで頓挫していた。しかし美濃を制圧したことで、永禄一一年（一五六八）に上洛を実施し、義昭を一五代将軍の座につけた。これにより、織田信長と同盟する武田信玄も、義昭を奉じる陣営に参画することとなる。

信玄は今川領侵攻に備え、徳川家康との同盟交渉を開始した。同盟の条件は、今川領のうち駿河を武田領、遠江を徳川領とするものであったが、信玄は敢えて文言を曖昧にし、「川を国境とする」とだけ伝えたらしい。家康はこれを駿河・遠江の境を流れる大井川と解し、同盟を受諾した。

永禄一一年一二月、信玄は今川氏真が上杉謙信と同盟し、武田氏を滅ぼそうとしていると主張する「手切の一札」（同盟破棄通告書）を作成して氏真の非を弾劾し、今川氏との同盟を破棄した。この「手切の一札」は同盟国北条氏康・氏政父子にも送付され、同盟破棄の理由説明がなされた。氏真の秘密外交を逆手に取った形である。今川氏重臣の多くが信玄に内通していたために、氏真は一三日に駿府を放棄し、遠江懸川城（かけがわ）（掛川市）に敗走した。

ところが、この事態に北条氏康が激怒した。氏康は今川氏真妹嶺松院殿の帰国にあたり、武田・今川間の交渉を仲介したという経緯がある。その面目を潰されたと受け止めたのである。さらに信玄が氏真の正室で、北条氏康の娘である早川殿（はやかわどの）の保護に失敗し、早川殿が徒歩で逃げたという話が伝わったことが怒りに油を注いだ。氏康はただちに武田信玄との同盟を破棄し、嫡男氏政・三男氏照に駿河出陣を命じた。北条勢は駿河の重要拠点薩埵山（さったやま）（静岡市清水区）を押さえたため、信玄は駿河西部で孤立する事態に陥った。永禄一二年（一五六九）正月、信玄は駿河攻略を一時中断し、間道を通って甲斐に帰国した。

越相同盟と甲越和与

信玄との同盟を破棄した北条氏康が懸念したのは、上杉謙信の動きであった。上杉謙信は関東管領として北関東の国衆を糾合し、関東出陣を繰り返している。古河公方のもとで関東管領に任じられ、関東制圧を目指す北条氏とは宿敵の関係にあった。したがって、駿河で武田信玄と全面戦争に突入した背後を、上杉謙信に突かれる危険性があったのである。そこで氏康が打った奇手が、上杉謙信に和睦を申し出るというものであった。

利害関係が複雑に入り組んでいたため、交渉は難航したが、永禄一二年（一五六九）五月にはいちおう上杉・北条同盟（越相同盟、越後と相模の同盟）が成立した。信玄は、上杉・北条両大名に挟撃される危機にたたされたのである。

さらに事態を悪化させたのは、信玄が遠江に軍勢を動かしたことであった。実は信玄は、遠江は徳川領とするという約束をしたつもりはなかった。「川を国境とする」の「川」とは、遠江中部を流れる天竜川だ、というのが隠れた主張であったらしい。国衆から勢力を拡大し、戦国大名化した徳川家康を、信玄は完全に侮っていた。

信玄の遠江侵攻を知った家康は激怒し、永禄一二年五月に懸川城の今川氏真と単独講和した。氏真は海路で北条領に亡命し、伊豆に居城を構えることとなる。慌てた信玄は織田信長に家康を諭すように求めたが、家康は独立大名・同盟国であって信長の家臣ではない。織田信長としても、困惑したことだろう。

しかし武田信玄も、事態を座視していたわけではない。同盟国織田信長と、将軍足利義昭に要請し、上杉謙信に和睦を働きかけていたのである。八月、上杉謙信はこれを受諾し、武田・上杉間で停戦が実現した（甲越和与）。これにより、北条氏康が構築した越相同盟は、事実上意味を失った。また信玄は、越相同盟に不満と不信感を抱いていた関東の国衆たちに同盟を呼びかけた。常陸佐竹氏・安房里見氏らはこれに応じ、北条領を挟撃する形が調ったのである。

永禄一二年八月、信玄は駿河に再侵攻し、そのまま軍勢を相模に進めて小田原城を包囲した。これはあくまで示威行動に過ぎず、ただちに撤退するが、追撃してきた北条勢を待ち構えて打ち破り、甲斐に帰国した（三増峠の戦い）。これ以降、駿河の戦局は武田方優勢に転換する。

元亀元年（一五七〇）七月、上杉謙信は徳川家康の要請を受け入れ、武田信玄との和睦を破棄した。既に家康は武田氏に敵対する姿勢を明確化していたのである。これにより、北条・上杉・徳川という武田信玄包囲網が完成するが、何ら実効性はなかった。上杉謙信が武田領を直接攻撃する動きをまったくみせなかったからである。そして元亀二年（一五七一）正月、信玄は駿河で北条方に残った最後の拠点である深沢城（御殿場市）を攻略し、駿河の過半を制圧した。

いっこうに武田領を攻撃しない謙信に対し、北条氏当主氏政の怒りは頂点に達しつつあった。もともと越相同盟は、隠居である父氏康が主導したもので、氏政はあまり乗り気ではなかったらしい。氏政の正室黄梅院殿が信玄の娘であり、同盟破棄に伴って離縁させられた上、帰国した黄梅院殿が早逝してしまったこともあったのだろう。さらに上杉謙信は、同盟に反対する関東の国衆を味方につなぎ止めるために、同盟条件をどんどん積み増していった。北条氏は一方的に譲歩を強いられていたのである。このため謙信が同盟の証として望んだ養子も、氏政子息から氏康子息に変更になった。謙信はこの養子を可愛がり、自分の初名を与えて姪を嫁がせた。上杉景虎の誕生である。しかし養子請取が実現すれば武田領を攻撃するという謙信の約束は、またしても反故にされた。

両国の関係の亀裂が深まっていた元亀二年一〇月、北条氏康が死去した。氏政はこれを機に謙信との連絡を絶ち、秘かに信玄との和睦交渉を開始した。事情を察知した上杉謙信も武田信玄に和睦を求めたが、信玄は家臣レベルの交渉で拒絶した。一二月、北条氏政は謙信に「手切の一札」を送付して同盟破棄を表明し、武田信玄との再同盟に踏み切った。二回目の同盟であるため、第二次甲相同盟と呼んでいる。ここにふたたび、武田・北条両氏が同盟し、上杉謙信と戦うという構図ができあがった。

「西上作戦」と信玄の死

義信の廃嫡により、武田氏の後継者として、四男諏方勝頼が高遠から甲府に呼び戻された。勝頼は北条氏との戦争で軍功を挙げるが、他の重臣との信頼関係構築には時間がかかったらしい。「義信事件」の余波は、それだけ大きかったのである。しかも信玄は、勝頼を後継者として指名はしたものの、隠居はしなかった。戦国時代において、多くの大名家では、嫡男が一定の年齢になると当主が隠居して家督交替が行われ、隠居と当主で役割分担をしたり、隠居が当主を補佐するといったことが行われた。これは大名が死去した後に、御家騒動が勃発するのを避けるためでもある。北条氏でも、生前に家督を譲ることが多かった。ところが武田信玄は、武田氏で頻繁に起きた御家騒動への警戒心が強かったためか、決して隠居しようとはしなかった。別に隠居をしても、政務に携わることに支障はないのだが、家督を手放さなかったのである。その上、信玄は勝頼を有力一門として処遇したが、誰の目にも後継者とわかるほどの別格扱いをした形跡をあまり見出すことができない。この結果、勝頼の立場はなかなか安定しなかったが、信玄はそれに気がつけなかった。

元亀二年（一五七一）、織田信長の養女で、勝頼に嫁いだ龍勝寺殿が死去した。そこで信玄は、新たに信長嫡男織田信忠（のぶただ）に娘松姫を嫁がせたいと申し出て、婚約が成立した。話を聞いた徳川家康は妨害を試みるが、信玄との同盟を重視する信長は耳を貸さなかった。

足利義昭を将軍の座につけた織田信長は、諸大名に上洛し、義昭に従うよう命じていた。武田氏の場合は、名代の派遣で構わないという扱いであり、信長の配慮がうかがえる。一方越前の朝倉義景は反発し、上洛を拒んだ。信長はこれを義昭政権への謀叛と捉え、越前に侵攻した。ところが、北近江の大名で、妹婿の浅井長政が挙兵し、織田勢の退路を断ったのである。信長は何とか帰国に成功するが、さらに摂津大坂を拠点とする本願寺顕如まで挙兵し、苦境に陥った。「元亀争乱」と呼ばれる紛争のはじまりである。一般に「信長包囲網」と呼ばれ、信長と仲違いした将軍義昭が黒幕とされることが多い。しかし実際には、足利義昭は信長との連合政権を維持しており、朝倉氏らの動きは自身に対する謀叛と認識していた。もうひとつ注意したいのは、武田信玄も義昭政権を支持する立場にあったことである。

元亀三年（一五七二）、信玄は足利義昭の命を受け、織田信長と本願寺顕如の和睦斡旋に乗りだした。本願寺顕如の妻が信玄正室円光院殿（三条氏）の妹であり、また従来から同盟関係にあったからであろう。一方織田信長も、義昭の命を受け、信玄と上杉謙信の和睦仲介を進めていた。この和睦に謙信は乗り気であったが、信玄は色よい返事を出していない。

この間、水面下で朝倉義景・本願寺顕如から信玄に同盟の呼びかけがなされていた。元亀三年六月、信玄は比叡山から権僧正位を与えられた。周知のごとく、元亀争乱において比叡山延暦寺は朝倉氏に味方し、信長から焼き討ちにあっている。信玄は、信長との関係を再考し始めた。七月には、徳川方の奥三河国衆を秘かに寝返らせた。

そして一〇月、信玄は突如挙兵し、朝倉義景らと同盟を結んで徳川領に侵攻したのである。この軍事行動は信長にとって寝耳に水であり、信玄を同盟国と信じて戦況を綴った書状を送っていたほどである。激怒した信長は、家康のもとに援軍を送った。ただこれは信玄にとっても計算違いであった可能性がある。上杉謙信は、家康を攻撃することは信長に敵対するのも同前だと状況を分析しており、どうもこの時の信玄は、家康と信長を峻別して考えていたらしい。徳川領侵攻が、ただちに信長との同盟破棄を意味するとは思わなかったようだ。このため、信長に対する「手切の一札」は作成されず、いわば宣戦布告もしない奇襲となった。信長が「侍の義理を知らず、都鄙（京と地方）の嘲弄を顧みず」と厳しく信玄を弾劾しているのは、このせいだろう。一方信玄の書状からは、家康が元亀元年に上杉謙信・北条氏政と武田包囲網を構築したことに報復するという意識が読み取れる。

信玄本隊は、甲斐から駿河に入り、東海道を西進して遠江に入った。信玄の言い分は、かつての同盟時に「天竜川で国境を区切る約束をしたはずなのに、家康がそれを破って（大井川を国境とし）遠江一国を支配した」というもので、ほとんど言いがかりに等しい。信玄は宿老山県昌景・秋山虎繁に別働隊を率いさせ、信濃から三河に進軍させた。

徳川方の国衆は次々と信玄に降伏し、武田軍本隊は遠江で別働隊と合流した上で家康の居城浜松に近づいた。

ところが信玄は、浜松城を横目にみる形で西進した。家康としては、領国を蹂躙する敵軍を無視しては大名としての面目が立たない。家臣の反対を押し切って出陣したところ、武田軍が待ち構えていた。信玄は浜松城攻めに時間を取られることを恐れ、わざと家康を城からおびき出したとされる。三方原の戦いと呼ばれる決戦である。一二月二二日に行われたこの戦いは、数に優る武田方の圧勝に終わった。その上、徳川勢に信長の援軍が含まれていることが明らかとなり、信玄は遅まきながら信長との同盟を破棄する口実を得た。

一方、東美濃の情勢も変化していた。元亀三年五月、苗木（中津川市）・岩村（恵那市）の遠山兄弟が相次いで病死し、跡継ぎが絶えたのである。これを知った信長は、子息御房丸（後の信房、一般に実名勝長と伝わるが誤り）を養子として岩村城に入部させた。しかし遠山氏は、武田・織田氏に両属していた存在である。その上、御房丸入部は遠山一門・家臣の了解を得たものではなかったらしい。一一月、遠山家中の親武田派が挙兵し、岩村城に武田勢を招き入れたのである。これにより、遠山氏は武田方と織田方に分裂した。信玄は岩村を直轄領化して美濃侵攻の橋頭堡を得たが、明確に信長に敵対する姿勢を示すことにもなったのである。

元亀四年（一五七三）正月、信玄は足利義昭に織田信長の非法を訴える上申書を送った。あわせて、比叡山の再興をスローガンに掲げたらしい。すでに遠江の過半は武田方の占領下にあり、三河北部の国衆も信玄に従っていた。

この事態に、ついに足利義昭が信長との絶縁を決断した。義昭は信玄に信長討伐を命じる御内書（ごないしょ）（将軍の出す書状）を送り、立場を明確化させた。美濃でも武田方の圧力は強まり、勢力圏は岐阜城間近に及んだ。信玄の目標は、美濃に移るかにみえた。

しかし、信玄の動きはここまでであった。病気の悪化により、進軍が不可能になったからである。実際、三河における軍事行動は、急速にスピードを落としていた。信玄は二月に三河野田城（新城市）を落とした後、信濃国境に陣を移した。三月一二日に秘かに撤退を開始したが、甲斐にたどり着くことはなく、四月一二日に信濃伊那郡で死去した。享年は五三である。

この信玄の軍事行動は一般に「西上作戦」と呼ばれ、上洛して信長に代わる政権を打ち立てる構想を有していたかどうかが議論になっている。たしかに信玄は比叡山再興をスローガンとしていたようだが、一気に京まで進軍しようと考えていたかはわからない。目標自体も、当初は徳川領侵攻が主眼であった節がある。しかし信長が信玄の軍事行動を同盟破棄と受け取ったことと、遠山氏の支援要請により、美濃に目標が移った。ようするに、戦略が首尾一貫していたとは考えがたい。

おそらく信玄は、岐阜城付近で織田勢と決戦し、その背後を朝倉勢についてもらうというあたりを現実的な目標と軌道修正したのではないか。なお、信玄側近は山城離宮八幡宮（京都府大山崎町）からの禁制（きんぜい）（軍勢の乱暴狼藉を禁止する制札）発給要請について、京都まで進軍する予定は当面ないと断っている。これは信玄発病後とみられるから、いつの時点で定まった方針かは不明だが、ひとつの判断材料にはなるだろう。ただし畿内の国衆には、上洛するという予定を伝えている。反信長勢力をつなぎ止めるために、不可欠な措置であった。

第三章　武田氏の滅亡

――勝頼の時代――

勝頼の家督相続と「三年秘喪」

元亀四年(一五七三)四月、信玄は遺言で、三年間自身の死を隠すように命じた。『甲陽軍鑑』に記された「三年秘喪」として著名なものである。勝頼は同盟国である北条氏政・本願寺顕如に家督相続と信玄の「隠居」を報告した。書状を出す際にも、勝頼が出すだけでなく、信玄の名前を用いた書状を送り続けた。国内には、しばしば「御隠居様」の仰せが伝えられ、信玄の死は偽装された。

『甲陽軍鑑』は、もうひとつの遺言として、家督を譲る対象は勝頼嫡男武王丸(たけおうまる)(信勝(のぶかつ))で、その成人までの間、勝頼が陣代(じんだい)(家督代行)を務めよと定めたとされる。これが事実ならば、勝頼の権威を根底から否定するものとなる。信玄遺言の背景として、勝頼が高遠諏方氏に養子入りし、諏方氏惣領となっていたため、あくまで「諏方勝頼」という眼でみられ続けたという説明が付されることが多い。しかし実際には、勝頼は信玄隠居・勝頼家督と公表しており、たとえ本当に信玄が陣代と遺言していたとしても、勝頼は家督を正式な形で相続している。

ただしその地位は、やはり不安定であった。信玄が死去した直後、宿老内藤昌秀(まさひで)が勝頼に讒言(ざんげん)を聞き入れないよう要求し、勝頼がその旨を誓約する起請文を与えるという事態が生じた。これが内藤だけのことか、あるいは多くの家臣と交わしたものかは定かではないが、異例といえば異例である。勝頼は永禄末期(一五六八〜七〇頃)には信玄と同陣していたが、信玄が取り立てた宿老たちは、すぐに気持ちを切り替えるわけにはいかなかったのであろう。

その上、勝頼は将軍偏諱も官位も与えられてはおらず、まだ仮名(けみょう)「四郎」を称していた。実は信玄は足利義昭に対し、勝頼への偏諱と叙任を求めていたが、実現しなかった。これは織田信長の横やりが原因といわれることが多いが、当時の武田・織田関係は良好であり、信長が邪魔立てをする理由がない。実はこの時、信玄は同時に信長による将軍補佐体制について懸念を伝えており、それが義昭の気分を害したのだろう。義昭と信長は、一般に考えられているものとは異なり、多少ぎくしゃくしつつも連合政権を維持していたからである。なお勝頼は家督相続後、信玄と同じ「大膳大夫」を称しているが、正式な任官ではなく私称に過ぎない(ただし信長に京を逐われた足利義昭からは承認されている)。

勝頼の努力にもかかわらず、「三年秘喪」は四月末にはあっけなく見破られてしまった。上杉謙信や織田信長は、迅速に信玄死去の情報を得ていたのである。北条氏政や本願寺顕如は勝頼からの書状を受け、家督相続を祝う書状を送ったが、彼らも同盟国への儀礼上、形だけ合わせたのではないか。

信長は一気に反撃に討って出て、将軍義昭を京から追放し、朝倉・浅井両氏も相次いで滅亡に追いやった。信玄が死去してから、五ヶ月も経たない間の出来事である。元号も、この間に「天正」と改められた。これにより、勝頼の治世は多くの同盟国を失った状態ではじまった。ただし上杉謙信は、信長・家康と結んで勝頼を包囲する一翼を担っていたが、越相同盟の時と同様、書状では出陣を約束しても、積極的に武田氏と交戦する姿勢は示さなかった。

高天神城攻略

　信玄死去を知り、勇躍したのは信長だけではない。領国を蹂躙された徳川家康も、反撃に出た。信玄はしばらく軍事行動を控えるよう遺言したとも伝わるが、現実はそれを許さなかった。家康は、水軍を使って駿府を攻撃し、陸路では奥三河長篠城（新城市）を包囲下においた。奥三河は、信玄が最後に在陣していた場所である。「山家三方衆（やまがさんぽう）」と呼ばれる作手（つくで）奥平（おくだいら）氏・長篠菅沼（すがぬま）氏・田峯（だみね）菅沼氏は、武田氏に従属して日が浅い上、自然に信玄死去が耳に入る立場にあった。武田氏は信玄死去を隠すよう口止めをしていたが、事実を知る奥平氏は家康の攻勢を前に分裂した。奥平定能（さだよし）・信昌（のぶまさ）父子が作手城（新城市）を脱出して徳川方に身を投じたのである。長篠城も失陥し、武田氏の三河における勢力は後退した。

　この事態に、勝頼は積極策に討って出た。翌天正二年（一五七四）正月、東美濃に出陣した勝頼は、明智城（恵那市）・神篦城（瑞浪市）をはじめとする恵那郡諸城を攻略し、岩村城の守りを固めた。四月には遠江に出陣し、一度降伏したものの、信玄死去を知って離叛した高天神城（掛川市）を包囲した。勝頼の猛攻の前に、城主小笠原氏助（うじすけ）（信興（のぶおき））は降伏し、六月に高天神城を攻略した。

これにより、勝頼の武名は鳴り響いた。天正二年正月に、謙信は「勝頼の経略は名前に劣る」と述べていたが、九月に信長は「勝頼は若いが、信玄の掟を守って謀略があるので油断できない」と高く評価している。

長篠の戦い

天正三年（一五七五）四月一二日、勝頼は信玄の葬儀を執り行い、正式にその死を発表した。この葬儀は、出陣準備の慌ただしい最中で行われた。勢いに乗った勝頼は、先衆（せんしゅう）（先鋒）を三河に出陣させ、自身は三河・尾張攻めを行う意向を示していたのである。

これは決して無計画なものではなかった。この当時、信長が畿内における反織田勢力（本願寺・三好・六角各氏）への攻勢を強めており、勝頼のもとには軍事支援の要請が届けられていた。そしてもうひとつ、無視できない事態が三河で起きた。

それは徳川氏の内紛である。当時、三河岡崎城は家康嫡男信康（のぶやす）が城主で、家臣大岡弥四郎（一般に大賀弥四郎と誤伝される）が奉行となっていた。その弥四郎が勝頼に内通を申し出たのである。勝頼にとって、放置しておける事態ではなかったし、明らかに好機である。

このような背景があるため、この出陣は、あたかも「西上作戦」の再現のようなものとなった。

勝頼本隊は東海道を西進し、山県昌景率いる別働隊が信濃から三河に侵攻するという形が取られたのである。ただし岡崎侵攻は、大岡弥四郎処刑が明らかになったため中止となり、勝頼は東三河攻撃に方針を転換した。勝頼は二連木（にれんぎ）（豊橋市）を攻め、援軍として出陣した家康に痛撃を与えて東三河の拠点である吉田城（同前）に敗走させた。

家康の敗走を確認した勝頼は、再度進路を変え、長篠城奪還に動いた。しかしこの時、織田信長がみずから援軍を率いて三河に着陣したのである。ここに勝頼は、はじめて信長本隊と対陣することになった。

問題は、勝頼が率いてきた兵力である。作戦としては「西上作戦」を再現する形を取ったが、勝頼は信玄とは異なり、対徳川戦のみを想定した兵力しか連れてこなかったらしい。ようするに、信玄のように大軍で圧倒するという戦略をとらなかったのである。このため、率いてきた軍勢は、家康と戦うには充分であっても、信長の主力が加わるとなると、明らかに劣勢であった。

信長は、地形を上手く利用して、率いてきた援軍の数が少ないと勝頼に誤認させることに成功した。その上で、武田氏をはじめとする東国の大名が得意とする騎馬衆による「馬入り」（騎馬突撃）を封じるため、三重の「馬防ぎの柵」を構築し、その内側に布陣した。これをみた勝頼は、信長の動きを弱腰と判断し、長篠城の包囲を解いて決戦を選択した。信長の罠に、見事に嵌まってしまったのである。

信玄以来の宿老たちは、必死に勝頼を諫めたが、勝頼は武田氏の重宝である「御旗・楯無」（日の丸の旗と楯無と呼ばれる鎧、いずれも武田氏の祖・新羅三郎義光以来相伝されたと伝わる）に誓って決戦すると宣言した。これは、武田氏においては神に誓う行為に等しい。宿老たちも、折れざるを得なかった。

五月二一日、勝頼は織田・徳川勢を攻撃した。しかし武田勢を、大量の鉄砲が襲った。実は武田氏は早くから鉄砲を重視しており、鉄砲衆を当然連れてきてはいたが、堺のような南蛮貿易港を有する信長とは、鉄砲だけでなく、用意できる弾薬の分量に明らかな開きがあった。その上、そもそも軍勢の数は織田・徳川勢のほうが多い。信長の鉄砲衆は、武田方の鉄砲衆をまず打ち崩すことを狙ったらしく、武田勢は援護射撃なしで柵に籠もる敵方に攻めかかる羽目になった。信長は柵の中から攻撃せよという命令を徹底させており、柵をまず打ち倒さなくてはならない武田勢は大損害を蒙った。決戦の舞台となった有海原は地形としては狭く、大軍を展開できる場所ではない。逆説的だが、武田勢は敵陣の一部に部隊を集中させるという戦術は取れず、各部隊が入れ替わり攻撃をしかける形となった。これが、戦闘を長引かせた。

早朝から昼過ぎまで八時間も攻撃を続けた勝頼だが、敗北を認めざるを得なかった。そして勝頼が退却をはじめた途端、柵に籠もっていた織田・徳川勢が一斉に追撃に出たのである。ただでさえ退却戦は難しい。しかもこの時は、数に優る側が、疲れ果て打ち減らされた武田勢を追撃したのである。実は武田方の戦死者は、この追撃戦が大多数を占めた。

この敗戦で、勝頼は信玄以来の宿老をことごとく失った。彼らは地方の郡司・城代を務めていたから、それは領国支配の根幹に関わる問題に発展した。主要な人物だけに絞っても、駿河江尻城代山県昌景（駿河・遠江・三河の軍事担当）、信濃牧之島城代馬場信春（飛驒・越中方面の外交担当）、西上野郡司兼上野箕輪城代内藤昌秀（西上野の軍事・内政および関東の外交担当）、上野岩櫃城将真田信綱（北上野の軍事担当）、駿河富士大宮郡司兼大宮城代原昌胤（富士郡の過半の内政担当）、土屋昌続（側近筆頭のひとり）、三枝昌貞（若手部将のリーダー格）を挙げることができる。

これにより、情勢は一気に逆転した。家康は織田勢と連携してただちに三河を制圧し、遠江の主要部も奪還した。信長も東美濃岩村城を攻略し、城代秋山虎繁は処刑された。

さらに信長は、長篠の戦勝を宣伝して回った。長篠合戦の参加者を使者として、討ち取った首注文（リスト）を各地の大名・国衆に送りつけたのである。これ以後、信長は事実上の天下人として扱われるようになる。徳川家康も、信長の一門待遇の大名として、織田政権に臣従する形をとることになった。

外交関係の変転――御館の乱の勃発

勝頼はこの事態を打破するために、外交関係の改善を進めた。天正三年（一五七五）末、足利義昭の仲介もあり、上杉謙信との和睦が成立した。上杉謙信はこの後、織田信長との同盟を破棄し、北陸西部に勢力を拡大していくことになる。翌天正四年（一五七六）には、北条氏政の妹桂林院殿（けいりんいんでん）が勝頼に嫁ぎ、同盟が強化された。足利義昭はこの天正四年に毛利氏のもとに亡命したため、これを機に信長と断交した毛利輝元（てるもと）とも同盟を締結した。

しかし肝心の上杉謙信は、天正六年（一五七八）三月九日に急逝した。家督は甥で養子に迎えていた景勝（かげかつ）が嗣いだが、五月になって反対派の家臣がもうひとりの養子景虎を擁立して挙兵した。景虎が山内上杉憲政の居館「御館（おたて）」を拠点としたことから、「御館の乱」と呼ばれる。

上杉景虎は、越相同盟時に謙信の養子になった人物で、北条氏政の実弟にあたる。氏政としてはただちに軍事支援を行いたいところであったが、佐竹氏ら北関東勢と対陣中で、身動きがとれなかった。そこで妹婿であり、同盟国でもある武田勝頼に景虎支援を依頼した。勝頼はこれを快諾し、従兄弟の武田信豊（のぶとよ）を先衆（先鋒）とし、みずからも出陣した。

慌てたのは上杉景勝である。そこで景勝は、北進する勝頼に秘密裏に和睦を求めた。勝頼はこれを受け入れ、景勝方・景虎方双方の城郭を接収する形で進軍し、ついに春日山城下の越後府中（上越市）に到達した。この過程で、武田氏は念願の信濃統一を果たしている。

勝頼は越府で、景勝・景虎双方の和睦仲介を開始した。御館の乱が長期化するようなことになれば、留守にしている甲斐・信濃を織田・徳川勢に攻撃されかねない。そこで早急に和睦を取りまとめ、越後から帰国しようと図ったのである。なおこの進軍に際し、信濃西部を北上していた実弟仁科盛信（信盛）は、越後根知城（糸魚川市）を降伏させている。御館の乱終結後、根知城は日本海沿岸の不動山城（同前）とともに、正式に武田氏に割譲される。また信濃国衆市川信房は、旧領である越後妻有荘（新潟県津南町・十日町市一帯）に乱入し、割譲を要求した。これは勝頼の許可を得ない独断行動で、景勝を大いに困惑させている。岩櫃城代真田昌幸も、上杉景虎方の沼田城攻撃の動きをみせ、北条氏政から厳重に抗議を受けた。勝頼はこの機会に、勢力拡大を図ったともいえる。

大軍を率いて駐留している勝頼が斡旋したこともあり、八月に景勝・景虎間の和睦は成立した。しかしそこに徳川勢駿河侵入の一報が入り、ただちに帰国せざるを得なかった。勝頼の懸念が現実化したのである。この結果、一ヶ月半もかけてようやく成立した和睦は、わずか一〇日間ほどで破棄され、御館の乱は再開した。もともと家督をめぐる御家騒動であり、妥協すること自体が難しかったのである。

勝頼が帰陣した九月、北条氏政がようやく越後に援軍を派遣できる状況になった。この事態に、上杉景勝は市川信房が執拗に求めていた妻有荘（赤沢城など）割譲を実行に移し、側面から北条勢を攻撃して欲しいと勝頼に依頼したが、勝頼は適当にこれをあしらった。勝頼としては当然のことで、同盟国北条氏政を攻撃するなど、思いも寄らない話であったのである。

ところが、上杉景勝は勝頼の援軍は近いと宣伝を続けた。こうした噂の流布と、勝頼自身が約束していた景虎支援から、景勝寄りの中立に転じたことで、北条氏政は勝頼に強い不信感を抱いた。そして天正七年（一五七九）三月二四日、景虎が自害に追い込まれ、氏政の怒りは頂点に達した。氏政にとって、勝頼は弟の仇となったのである。

天正七年九月、第二次甲相同盟は正式に破棄され、武田・北条勢は駿河・伊豆国境で対陣を開始する。

甲越同盟と甲佐同盟

勝頼は北条氏と戦うに際し、上杉景勝との関係を強化した。和睦の際に約束していた姻戚関係の構築がそれで、妹菊姫を景勝に嫁がせたのである。これにより、両国の関係はただの和睦から軍事同盟（甲越同盟（こうえつ））に性格を変えた。武田・上杉氏は織田・北条という共通の敵を抱えており、共同して対処しようというものであった。

しかしまだ越後では御館の乱の余波が残っており、景虎方の残党が抵抗を続けていた。したがって上杉景勝は対外戦争に出る余裕をなくしていたというのが正直なところである。また、上杉領上野の諸将は、景虎方に属した者が多かった。このため、北条氏政は上野の上杉領を接収していく。景勝は関東に出陣することも難しくなったのである。

ようするに、北条氏と戦う上で、上杉景勝はまったく頼りにならない状態にあった。そこで勝頼は、常陸の佐竹義重（よししげ）と同盟を結んだ。佐竹氏は常陸を統一していないため、国名の略称である「常」とは呼ばれず、苗字の略称である「佐」と呼ばれた。武田氏との関係も「甲佐（こうさ）（甲斐と佐竹）」と記されている。したがって、この同盟を甲佐同盟と呼ぶことにしている。当時の佐竹氏は、北関東（常陸・下野・下総）の小大名・国衆の盟主として緩やかな連合を築く形で戦国大名化し、独力で北条氏政と対峙していたのである。

勝頼は佐竹氏と結ぶことで、北条氏政を挟撃しようと図った。そのためには、背後の安定が欠かせない。そこで佐竹義重に仲介を依頼して、織田信長との和睦を試みた（甲江和与（こうごう））。しかし信長は、勝頼の使者を事実上門前払いした。信長は信玄に裏切られた怨みをまだ忘れてはいなかったのである。また『甲陽軍鑑』は、上杉謙信が信長との同盟を破棄した際、信長が勝頼に和睦を打診したが、勝頼が拒絶したという話を記す。事実であれば、信長の憎しみは募る一方であったろう。勝頼は、その後も禅僧を通じて和睦を打診し続けるが、上手くいくことはなかった。

信長との和睦に失敗した勝頼は、佐竹氏を通じて安房の里見義頼（よしより）と同盟を結んだ。里見氏はこの時北条氏と同盟中であったから、それを引きはがそうとしたのである。義頼は同盟を受け入れたが、北条氏との同盟関係も維持し続け、態度は不明確なままだった。

天正八年（一五八〇）に入ると、勝頼は上野で全面攻勢に出る。佐竹氏との挟撃は、大筋ではうまく機能し、勝頼は上野の過半を占領するに至った。この事態に、氏政は「このままでは当方滅亡」と弟氏邦(うじくに)に書状で苦しい心中を吐露するまでに追い込まれる。

そこで氏政は、織田信長に使者を送り、従属を申し出た。信長に勝頼の背後を突いてもらうことで、苦境を脱しようとしたのである。氏政は嫡男氏直(うじなお)に信長の娘を嫁がせて欲しいと訴え、従属姿勢を明確にするために、信長の婿候補である氏直に家督を譲り渡した。

氏政は早くから徳川家康と同盟を結び、武田領駿河・遠江を挟撃する戦略に出ており、大きな成果を挙げていた。これに信長が参加し、信濃を攻撃してくれれば、形勢は一気に逆転する、というわけである。しかし信長は、具体的な行動には出なかったし、娘を嫁がせることもしなかった。ただ、北条氏の従属を受け入れただけである。

「高天神崩れ」の衝撃

このように武田勝頼は上野では優勢に軍事行動を重ねたが、駿河・遠江では北条・徳川氏に挟撃され、苦しい戦いを強いられた。特に遠江の戦況は思わしくなく、長篠合戦後まもなくして東端部にまで勢力が縮小した。そのなかで、拠点となっていたのが、堅城高天神城である。

勝頼は城将として、桶狭間の戦いで勇名を馳せた今川旧臣岡部元信(おかべもとのぶ)を入れ、わずかに残された遠江諸城に対する軍事指揮権を与えていた。しかし家康は早くから高天神城の周辺に付城を築城し、包囲下に置いた。勝頼は本来なら高天神城救援に出陣すべきであったが、北条氏との戦争に傾注していた上、駿河防衛で手一杯となっており、その余裕をなくしていた。

天正九年（一五八一）正月、岡部元信は高天神城からの撤退を決意し、包囲する徳川勢に矢文を打ち込んだ。その内容は、高天神城に加え、滝堺（たきさか）（牧之原市）・小山（こやま）（静岡県吉田町）の二城を引き渡すので、城兵を助命して退却させて欲しいというものであった。戦国期の戦争では、落城まで戦いが続くことは、一般にイメージされているほど多くはない。攻めるほうの損害も無視できないからである。したがって、抗戦を断念した段階で、開城交渉に入るというのは、珍しくないものであった。しかも元信は、高天神だけでなく他にふたつも城を明け渡すと述べている。この三城を失えば、武田氏の遠江における拠点は事実上消滅する。つまり武田領遠江をすべて引き渡すという条件で、城兵の助命を請うたのである。

家康は、信長にこの件を相談した。信長の回答は予想外のもので、降伏を拒否するよう、家康に求めたのである。信長の考えは次のようなものであった。①勝頼が後詰（ごづめ）として援軍を派遣してくれば、決戦して打ち破り、一気に勝負をつける。②勝頼が援軍に来なければ、「高天神城を見殺しにした」という話が瞬く間に広まる。そうすれば、勝頼は家臣の信頼を失って、駿河の端々まで、降伏を申し出てくるに違いない……。つまり信長は、勝頼に援軍を出す余力がないことを見越して、情報戦を展開しようとしたのである。

信長の読み通り、結局勝頼は援軍を出すことはできなかった。降伏を拒絶された高天神城の城兵は、三月二二日に包囲陣に突撃して壊滅した。

この一報は、武田領国に瞬く間に広まった。勝頼にとって不運であったのは、高天神城の防備を固めるために、甲斐・信濃・駿河・上野・飛驒という武田領国全域から将兵を集め、籠城させていたことである。したがって「勝頼に見殺しにされた」という衝撃は、全領国に広がった。ここに、勝頼の武名は失墜した。国衆や家臣が戦国大名に従っている理由には、自分たちを敵国から保護してもらうためという側面が存在する。勝頼は高天神城を見殺しにしたことによって、戦国大名失格の烙印を捺されたのである。

武田氏滅亡

天正八年（一五八〇）になると、北条勢が甲斐都留郡に侵入するようになっていた。甲斐本国が、敵国の侵略を受けるのは、信玄が家督を嗣いでから絶えてなかったことである。

危機感を強めた勝頼は、本拠の防衛を固めることを考えた。甲府にある躑躅ヶ崎館は平時の居館であり、戦争を想定したものではない。そこで韮崎（にらさき）に新府（しんぷ）城（韮崎市）を築城し、本拠を移すことにしたのである。普請は、天正九年正月に開始された。

新府城は九月にはいちおう落成し、勝頼は同盟国にその旨を通知したが、出陣に追われた関係で、新府への移転は一二月二四日にまでずれこんだ。しかしながら、城そのものはまだ普請半ばで、防衛拠点としては不十分な状態であったという。

同じ頃、信長は家康に対し、武田領侵攻の意向を伝えた。前後の事情からみて、信濃国衆で、勝頼の妹婿である木曾義昌から内通の申し出があったためであろう。

木曾義昌内通の一報は、天正一〇年（一五八二）正月二七日に勝頼のもとに届けられた（『甲乱記』）。驚愕した勝頼は諏方上原城（茅野市）まで出陣するが、木曾義昌はただちに織田信長に援軍を請い、信長の嫡男信忠（岐阜城主）が信濃に侵攻した。

伊那郡の諸城は次々と降伏・逃亡し、信忠の軍勢はあっという間に下伊那郡の拠点大島城（長野県松川町）まで攻略した。徳川勢も駿河に侵攻するが、こちらは各所で抵抗にあっている。勝頼の情報遮断が成功したためか、なかなか状況を把握できないでいた北条氏政も出陣を決定し、上野と伊豆・駿河に兵を進めた。

二月二五日、山県昌景の後任として、江尻城代に任じられていた御一門衆筆頭穴山信君（梅雪）が謀叛した。事前に信長・家康と打ち合わせていたもので、タイミングを見計らっていたのである。これにより、駿河は事実上徳川・北条両氏の手に落ちた。

信君謀叛の一報を聞いた勝頼は、態勢を立て直すために新府城に帰陣した。勝頼が頼みにしたのは、実弟仁科信盛（盛信）を城主とし、副将に宿老小山田昌成を配置していた高遠城（伊那市）である。勝頼は高遠城が織田勢を食い止めている間に、新府の守りを固めようと考えていた。しかし高遠城は、三月二日に激戦の末、わずか一日で落城してしまう。

これにより、勝頼は未完成の新府城での抗戦を断念した。同盟国上杉景勝に援軍を要請していたが、もはや手遅れであることは誰の目にも明らかであった。三日、勝頼は新府城に火を放ち、小山田信茂（のぶしげ）の持ち城である郡内岩殿（いわどの）城（大月市）を目指した。堅城岩殿で再起を図ろうとしたのである。しかし小山田信茂も三月七日に離叛し、笹子（ささご）峠を封鎖して勝頼の郡内入りを拒んだ。

行き場を失った勝頼は木賊山（とくさやま）（いわゆる天目山（てんもくざん））麓の田野（たの）（甲州市）に入った。奇しくも、応永二四年（一四一七）に当主武田信満（のぶみつ）が自害した場所である。そこで織田氏宿老滝川一益（たきかわかずます）の攻撃を受け、嫡男信勝、正室桂林院殿らとともに自害して果てた。享年三七。ここに甲斐の名門であり、東国最大の戦国大名武田氏は、あまりにもあっけない滅亡を遂げることになるのである。

謀叛した小山田信茂を含め、武田氏の一門・重臣の多くは織田信長に殺害された。しかし徳川家康は秘かに武田家臣を保護し、本能寺の変後に取り立てていく。これにより、生き延びた武田家臣の多くは、徳川家臣となることとなった。

滅亡後の武田氏

戦国大名としての武田氏が滅んでも、完全に断絶したわけではない。信玄の弟武田信実（のぶざね）は、江戸幕府旗本河窪氏として存続した。勝頼の末弟安田信清は、姉菊姫を頼って越後に亡命し、上杉家臣となって武田に復姓した。その際、信玄・勝頼が称した「大膳大夫」を名乗ることを許されている。上杉氏が武田氏の正統な後継者を保護したという体裁を取ったのである。

なお武田氏の家督そのものは、信長の許しを得て穴山信君が相続した。しかし信君は本能寺の変に巻き込まれる形で横死し、跡を嗣いだ嫡男勝千代もまもなく夭折した。そこで家康と穴山信君養女（秋山夫人）との間に生まれた万千代が家督を嗣ぐが、彼も夭折したため、改易となった。ここに穴山武田氏が再興しようとした武田本家は、再度断絶したのである。

しかしながら、武田氏にはもうひとり生き残りがいた。勝頼の兄で、病気により盲目となったため僧籍に入っていた海野龍芳の子、顕了道快である。顕了道快は武田旧臣で、家康のもとで辣腕を振るった奉行大久保長安死後の疑獄事件に巻き込まれ、元和元年（一六一五）に伊豆大島に流罪となった（この時、信清も連座しかかったが、上杉氏の奔走で無罪となっている）。

伊豆大島に流された顕了道快は同地で没したが、子息信正が寛文三年（一六六三）になってようやく赦免された。江戸に戻った信正を迎えたのは、内藤忠興という譜代大名である。その理由は、内藤忠興の継室が、あの小山田信茂の孫娘（信茂は養女としていた）という関係にあったためである。信茂の孫娘（天光院殿）は、信玄の娘松姫（信松尼）に連れられて、勝頼とは別ルートで甲斐を脱出し、八王子に隠棲した。その後、内藤忠興に嫁いでいたのである。

海野龍芳木像（入明寺蔵）

そして信正は、内藤忠興の娘を妻に迎えた。年齢的にみて、この娘の母が小山田信茂の孫娘天光院殿であったとは到底思えないが、彼女の弟の養女という扱いで嫁いだらしい。信正は時に七〇歳。妻に迎えた女性（浄光院殿）は一七歳というとんでもない年齢の離れた婚姻であった。そしてその間に生まれた信興（のぶおき）が、高家（こうけ）武田氏の初代となるのである。ここに武田氏は、正式に再興された。

何とも皮肉な話である。武田氏を最後に見限った小山田信茂の子孫が、武田氏再興に手をさしのべたのだから。以後、間に養子が入ってはいるものの、高家武田氏は江戸時代を通じて存続した。明治政府からも武田嫡流と認められ、子孫は現在も続いている。

第二部　武田氏の家臣団と身分・役職

第四章　筆頭家老と「両職」——板垣氏と甘利氏——

ナンバー2としての筆頭家老

戦国大名に限らず、大名権力には「筆頭家老」といった存在がいて、その人物が陰に陽に大名を支えたり、あるいは時には大名と対立するといったイメージがある。戦国時代は、「下克上（げこくじょう）」の時代とされるから、「筆頭家老」の存在が強く意識されやすい。どんな組織にも、ナンバー2は存在するであろうから、これ自体は事実として動かしようはないだろう。ただし、戦国大名の「筆頭家老」は、一般のイメージとは少し違う。この点を説明する上で、戦国大名の成立そのものから説明をしておきたい。

「家宰」という存在

戦国時代のひとつ前、というか戦国時代の途中までは、室町時代である。室町幕府は、各国に守護を任命し、全国の支配を任せてきた。その際、守護自身は京に住むことが命じられた。京から遠い国は別だが、中国・四国地方から北陸・中部・東海地方まではこれが基本である（在京原則という）。彼ら守護は直接任地（守護管国）の支配はせず、京の中央政界で活動をした。守護管国の支配は、代官に任せた。これが「守護代」である（家によっては、守護代も在京し、「又守護代」が守護管国の支配にあたった）。

関東地方の場合はやや特殊で、室町幕府は関東そのものを直接支配することはしなかった。関東地方八ヶ国に甲斐・伊豆を加えた一〇ヶ国の支配は、鎌倉府という幕府の出先機関に委ねられたのである。鎌倉府のトップには鎌倉公方という人物が任じられた。歴代の鎌倉公方には、初代将軍足利尊氏（たかうじ）の子息のうち、四男基氏（もとうじ）の子孫が代々就任した。

この場合も、各国の守護は鎌倉という関東の中央政界と関わりを持った。ただし、鎌倉在住が義務づけられていたかは議論が分かれている。この点が、室町幕府とは異なる。

有力守護ともなると、複数の国の守護職を兼帯した。その場合、守護代のまとめ役が必要となる。つまり、守護の代理人のトップというわけである。これを、「家宰（かさい）」や「執事（しつじ）」と呼ぶ。守護の家のことを司る人物という意味である。執事は幕府の役職名で用いられることもあるし、学術用語では「家宰」の使用が提唱されているため、以下では「家宰」と呼ぶことにしよう。

室町時代においては、守護が中央政界（京・鎌倉）における政治、家宰が守護管国の支配の責任者という役割分担ができていた。現在でいえば、守護は国会議員と県知事を兼任し、そのうち県知事の仕事は家宰に任せるという形である。家宰は、各県の副知事である守護代をとりまとめた。これは、室町時代においては基本的にうまく回っていたといってよいだろう。

下克上と「上克下」

問題が起きたのは、応仁の乱（一四六七～七七）である。全国の守護が東幕府と西幕府に分かれて戦争をした結果、幕府の求心力は大きく低下した。守護も、とても京に詰めている場合ではなくなってしまった。守護管国において、東幕府に味方した勢力と、西幕府に味方した勢力が戦争をはじめており、それを収めなくてはならなかったからである。その際、京で国政に携わることは、ほとんど無意味だった。関東でも同様で、「享徳の乱」（一四五四～八二）という大規模な内乱が起きた。こちらでは、鎌倉公方自身が鎌倉を去ってしまう（古河公方）。守護は京・鎌倉を去り、守護管国に下っていく。

こうして、守護は管国の守護所に常住するようになる。ここで軋轢が起きた。今まで、守護管国の支配は、家宰にほぼ一任されていた。家宰は家臣同士や他の守護の家臣との間で起きたトラブルを解決し、税金の徴収、軍隊の動員まで担っていた。そこに、守護が現れて、直接支配をするようになったのである。家宰としては、当然面白くない。

そこで、守護と家宰が衝突したのが、戦国初期の状況であった。家宰や守護代が勝利した場合が、下克上である。家宰でも守護代でもないが、守護斯波（しば）氏の宿老（しゅくろう）であった朝倉孝景（あさくらたかかげ）が越前で戦国大名化したのが一例といえる。

意外と意識されないが、逆の事例も存在した。むしろ、こちらのほうが多いかもしれない。守護が家宰・守護代を滅ぼして権力を掌握するというパターンである。下克上の反対だから、「上克下（じょうこくげ）」と呼ばれている。戦国時代といっても身分制社会だから、上克下のほうが成立しやすかったのである。逆にいうと、下克上は「珍しい」からこそ目立つといえる。

こうして、成立するのが「戦国大名」である。下克上にせよ、上克下にせよ、対抗勢力を打ち破り、自分だけがトップという権力を構築したというわけだ。もちろんこれは戦国大名成立のひとつのパターンに過ぎない。毛利元就（もとなり）や徳川家康に代表されるように、国衆から勢力を拡大して戦国大名化した事例も多い。

武田氏における上克下

武田氏の場合は、寛正六年（一四六五）に上克下が起きた。当時の武田氏の家宰は跡部（あとべ）氏で、守護を上回るほどの権勢を誇っていたとされる。ただし、これは武田信昌（のぶまさ）が勝利してから成立した評価であり、鵜呑みにはできない。

当時跡部氏に求められていたのは、鎌倉府管轄下にある甲斐武田氏を、室町幕府寄りに動かすことであった。鎌倉府は室町幕府の出先機関でありながら、たびたび征夷大将軍の座を狙っており、反復常ならない存在であったのである。そこで、鎌倉府管国のなかで一番西に位置する甲斐武田氏を、幕府寄りにしようという動きがあり、跡部氏はそれに沿って活動していたものと思われる。跡部氏が武田信昌の命令を聞かないという話は、『鎌倉大草紙』という鎌倉府の歴史を綴った書物に記されている。跡部氏の立場は反鎌倉府なのだから、同書で悪く書かれても仕方がない。

武田氏は上杉禅秀の乱という鎌倉府の内乱で叛乱側に荷担し、当主信満は応永二四年（一四一七）に木賊山（甲州市）で自害に追い込まれた。その結果、嫡男信重は京に三〇年間も亡命する羽目になり、将軍が帰国を命じても「帰国すれば殺される」と訴えて受け入れようとはしなかった。したがって、鎌倉府管国でありながら、在京守護と同じ状況が生じていたのである。信重の帰国は、幕府と鎌倉府との緊張が強まり、幕府と信濃守護小笠原氏の軍事支援が得られた永享一〇年（一四三八）までくだる。跡部氏は、実は信濃佐久郡出身の氏族である。だから小笠原氏が、信重帰国の地ならしとして、甲斐の政情を安定させようと送り込んだ家臣と考えられている。

しかし信重の死後、家督を嗣いだ信守はわずか五年で早逝し、幼主信昌を抱く武田氏権力は再び不安定なものになった。このような状況を考えると、家宰跡部氏が甲斐支配のほぼ全権を担っていたことは事実のようである。

というよりも、甲斐の人々は脆弱な守護武田氏よりも、家宰跡部氏の力量に期待していたというのが実態に即している。中世の人々は、「この人の証文があれば間違いない」という相手を選んで安堵状（権利の保証証文）を出してもらいにいく。弱体化した武田氏から証文を得ても、その命令を人々が受け入れるかは疑わしい。跡部氏に「文書を出して、権利を安堵して欲しい」という要望が集中するのは当然である。これが、跡部氏の「専横」の正体であった。

しかし成人するにつれ、武田信昌はこの事態に我慢がならなくなったようである。守護自身が甲斐を支配したい、そう考えたわけだ。そうしたところ、寛正五年に家宰跡部明海が死去し、跡部景家が跡を嗣いだ。これをチャンスと捉えた信昌は決戦を挑み、戦いに打ち勝って跡部本家を滅ぼしたのである。

武田信昌による上克下の成功。ここに武田氏は戦国大名としての第一歩を踏み出したといえる。

さて、ここで問題が生じる。家宰を排除、または家宰が成り上がって成立した戦国大名には、ナンバー2はいたのだろうか、という点である。

武田氏における「両職」

武田氏においては、「両職」という二名からなる筆頭家老がいたというのが通説である。中世では「職」は「しき」と読むのが一般的だから、「りょうしき」と読まれている。そのふたりとは、板垣信方と甘利虎泰であったという。

文化一一年（一八一四）に、寛政の改革で著名な松平定信の命令で編纂された甲斐国の百科事典『甲斐国志』によると、「両職とは、板垣・甘利二氏が務めたことは両氏の人物伝に詳しく記した。『甲陽軍鑑』には原虎胤がしばらく欠員を補ったが、その次は山県昌景がひとりで務めたと記している。しかし両職または両奉行と呼ばれる役名なのだから、ひとりというのは信頼できない。国を治めるトップとして、もっとも重い任である。なお、本来は守護「職」の呼び名、室町時代には三管領四「職」と呼んだことを踏まえている。古文書を検討すると、山県昌景がひとりで出していることもないことはないけれど、原昌胤と連名である。山県昌景戦死後は、原昌胤に長坂釣閑斎または跡部勝資が連名をしている」とある。そして板垣信方の項目をみると、「検討するに武田家の職というのは国を治める「主吏」である。この時代は板垣（信方）・甘利（虎泰）を両職とした。（子息）弥次郎（板垣信憲）の代まで務めた」と記される。

ここには、いくつか事実誤認がある。まず、板垣信方と甘利虎泰が「両職」に任じられたという史料は、『甲斐国志』自体が初見である。信方・虎泰の子息である板垣信憲・甘利昌忠は、信玄から「両職」と呼ばれているから、それをさかのぼらせて、父親もそうに違いないと考えたのだろう。なお板垣信方は、信濃諏方郡支配を任されて甲府を離れている。このため、『甲斐国志』は内政のトップである「両職」と諏方郡司・上原城代（茅野市）という地方行政官の立場を両立させることができずに苦しんで、諏方上原城代になった事実を否定した。第六章で後述するように、板垣信方は初代諏方郡司・上原城代で間違いなく、『甲斐国志』編纂者は自分の主張を押し通すために、事実をねじ曲げてしまったのである。

次に、原昌胤は山県昌景とともに長篠合戦で討ち死にしている。したがって、山県戦死後に跡部・長坂と連名で文書を出すことはできない。また、そもそも連名で文書を出していることで、「両職」であるとどうしていえるのだろうか？

板垣信方像（信玄公宝物館蔵）

『甲陽軍鑑』の記す「しょく」

さて、『甲斐国志』が「両職」という役職があった、とする根拠はふたつある。ひとつは、信玄が板垣信憲・甘利昌忠を「両職」と呼んだ文書があること。これは動かせない事実である。もうひとつは『甲陽軍鑑』にある「しょく」（以下、便宜上「しょく」と表記する）という役職の記述である。これを漢字に直せば「職」であろう。

武田氏の歴史に詳しい人であれば、『甲陽軍鑑』と聞くと、少し身構えるかもしれない。近代の歴史学において、『甲陽軍鑑』は史料として使い物にならないとされたという先入観が存在しているからだ。

『甲陽軍鑑』とは、武田遺臣が武田氏の事蹟を記した軍記物であり、また甲州流軍学（ぐんがく）のテキストでもある。江戸時代には、版を重ねてベストセラーになった。しかし内容には問題が多く、たとえば武田信玄がクーデターを起こし、父信虎（のぶとら）を追放した年を間違えているなど、信頼できない部分が少なからずある。

しかしながら、慎重に扱えば学問上の利用に堪える箇所もある。筆者が注目しているのは二点で、ひとつが家臣同士の姻戚関係、もうひとつが習俗関係の記述である。ひとつめの姻戚関係は、嘘をついても仕方がないだろうという発想に基づくが、これも慎重な検討をした上で用いている。問題は、ふたつめである。

『甲陽軍鑑』は、国語学者酒井憲二氏の研究により、戦国時代の言葉、それも口語で書かれていることが明らかになっている。また成立は元和七年（一六二一）以前であり、勝頼の遺臣がまだ多く生き残っている時代に世に出された。

なぜ習俗面に着目したいかというと、この点で嘘を書くことは難しいからである。何年何月何日に武田信玄がどうこうした、という話を聞いて、それは間違いだ、とぱっといえる人は少ないだろう。何十年も前の話を思い出すのは難しい。しかし、戦国時代の習俗の記述を眼にして、「こんな生活はしたことがない」となれば話は別である。もちろん地方によって習俗は違うので一概にはいえないし、世代交代が進めば昔の記憶は風化していく。

この風化の度合いが非常に早いことは、多くの史料からうかがえるが、まだ元和七年である。これより先の慶長一六年（一六一一）頃に、儒医小瀬甫庵（じゅいおぜほあん）が織田信長の伝記『信長記（しんちょうき）』を世に出してベストセラーとなるが、徳川家臣大久保忠教（おおくぼただたか）（一五六〇～一六三九）からは「三分の一は嘘」と酷評されている。甫庵は儒教的価値観に基づいて誇張・粉飾をした記述をする癖があり、忠教はそれを指摘したと想定されるが、同じくベストセラーとなる『甲陽軍鑑』は、江戸初期の段階ではまだ批判対象にはなっていない（江戸中期から批判されるようになる）。これは『甲陽軍鑑』の記述の正しさを裏づけるものではないが、同時代人にとって受け入れやすい内容であったことは示唆しているだろう。

それでは『甲陽軍鑑』において、「しょく」とはどのように描かれているのだろうか。

この増城源八郎という人物は、そのまま処罰せずにいたところ、三年たって川中島合戦の時、逃げ回った。ところが自分の事をさしおいて、あまつさえ同僚の古屋惣次郎という者が臆病な行為をしたと非難した。裁判で対決したが、そこでは結局いずれが正しいか明らかにならなかった。そこで鉄火をとれという話になった。信玄公が仰せられていうには、旗本の侍が、自分自身で鉄火を取るというのは、あまりに身分違い（下輩）な仕置きだから、両方代理人を出して（鉄火を）取らせよという上意であった。そこで双方から家臣をだして、しょく衆と横目二十人衆頭四人を差し添え、八幡宮の庭で鉄火を取った。すると、増城の家臣が取り逃した。話を聞いた信玄公は、一昨年（増城は）長沼兄弟に心ない話で無理な訴訟を起こした。今回もこのようなことであるからには、諸侍へのみせしめとして、雁坂峠を越えさせよと仰せ出され、二十人衆頭笠井半兵衛・三沢四郎兵衛・坂本武兵衛・相川甚五兵衛、この四人の横目衆に命じられた。四人はしょくの甘利昌忠の家臣を召し連れ、増城源八郎の家を闕所処分とし、その上で、源八郎に雁坂峠を越えよと命じ（て騙し）、雁坂峠の側で搦め捕り、諸侍への（みせしめの）ために逆さ磔にせよという命であった。ただし、旗本の者だから上の木戸で（磔にするのは）、いかがかと思うので、所領（「在郷」）

で磔にせよと命じられて、鎮目というところで増城源八郎は逆さ磔になった。

『甲陽軍鑑』のなかでも、「公事之巻」と副題が付され、信玄時代の裁判の判決を集めた巻に収録されたエピソードである。事実かどうかの確定は不可能だが、いかにも戦国期の相論らしい逸話が多く載せられている。

これは、増城源八郎という旗本が、同僚に臆病卑怯の振る舞いがあったと非難を繰り返した一件の顛末である。裁判に発展したものの、そこでも解決がつかなかったため、信玄は鉄火による神裁を命じた。鉄火とは、熱い鉄を握らせて数歩先の神棚まで運ばせるという裁判のやり方で、悪事を働いていれば神罰によって火傷をし、鉄を取り落とすという考えから生まれた過酷な裁判であった。もっとも、恐怖によって無秩序な訴訟を抑止させるという側面も指摘されている。戦国時代から江戸時代初期にかけて行われた、裁判のひとつである。

信玄は、旗本自身に鉄火を取らせるわけにはいかないと考え、双方の家臣が代理として鉄火を取ることとなった。この鉄火神裁の指揮をとったのが「しょく衆」と横目衆である。結局、増城の家臣が鉄火を取り損なって敗訴が確定した。

その後、横目衆四人が「しょく」である甘利昌忠の部下である「しょく衆」を引き連れて増城の家の闕所処分を行い、増城自身は逆磔の極刑に処されたという。闕所とは所領の没収を指すが、ここでは屋敷の破壊行為を意味するものと思われる。犯罪者の屋敷を破壊するのは、中世では一般的な措置であった。

犯罪者屋敷の破壊にせよ、「鉄火」神裁と刑罰の過酷さにせよ、戦国期の検断・裁許の様子をよく伝えている。また信玄が旗本であることに配慮して、鉄火を取るのは家臣、磔場所は上の木戸（甲府城下であろう）ではなく「在郷」としている点にも注意したい。判決をくだすにも、処刑をするにも、相手の身分に一定の配慮を示しているのである。なお、「雁坂越」とあるのは、武蔵との国境にある雁坂峠を越えさせるということだから、甲斐、さらには武田領国からの追放という意味だろう。増城は追放刑ですむと思ったところ、護送中に捕らえられて処刑されたのである。

ここに「両職」甘利昌忠が「しょく」として出てくる。どうも「しょく」とは裁判に関わりがある役職らしい。また増城の磔場所である鎮目（笛吹市）には、甘利昌忠の甥信恒が棟札を奉納しているから、「しょく」である甘利氏の知行地なのだろう。

もうひとつ、事例をみてみよう。

あの落合彦助は、いつも（優れた武功を立てている曲淵庄左衛門尉と同じように）処罰されないと考え、奉行衆に悪口を吐く。これについては、形式的に済ませてしまえば、朝夕、蔵の前で悪事をするに違いない。早々に搦め捕り、上の木戸においてみせしめのために、彦助を煎り殺せと仰せ出された。そこで足軽大将二人と（横目）二十人衆頭三人をしょく衆に差し添え、搦め捕れ、もしまた仲のよい同僚がそのあたりに心配してやってくるようならば、それもともに搦め捕れ、ましてや、落合のことはいうまでもないとの厳命がくだった。そこで足軽衆・しょく衆・二十人衆頭が、おのおの落合彦助の宿を取り巻いた。しかしながら、彦助は話を早く聞きつけ、甲府の喜見寺（きけんじ）に逃げ込み、助けを求めたので、まずは命には大事がない。ただし、七〇歳を越えた老母を捕らえ、牢に入れるように仰せられた。

信玄は、奉行衆への暴言を繰り返した落合彦助の捕縛と、「煎殺」による処刑を命じた。その中心に位置したのが「しょく衆」であり、足軽大将二名と二十人衆頭三人が補佐にあたった。二十人衆頭というのは横目衆の筆頭で、ようするに目付である。信玄の命令は彦助だけでなく、彦助に与した同僚の捕縛をも命じる厳しいものであった。「しょく衆」以下は彦助の宿を包囲したが、直前に情報を得た彦助が寺院（喜見寺）へと逃げ込んだため、代わって老母が捕らえられたという。

寺に逃げ込んだので助かったというのは、寺院がいわゆる「アジール性」（無縁性）を有しており、公権力の手が及ばない場所であったためであろう。『甲陽軍鑑』の記主も、それを当然視している。このアジールというのは天から降ってくるものではなく、寺社側の不断の努力（権力者との交渉）で維持されるもので、信玄は喜見寺のアジールを承認していたらしい。

ここでは「しょく衆」が犯科人の捕縛にあたっている。足軽大将二名が行動をともにしているのは、彦助が仲間とともに武力で抵抗する事態を危惧したものであろう。「しょく衆」と横目衆だけでは、検断執行時の武力に不安があったと考えてよい。

治安維持と法の護持

こうなってくると、どうも「しょく」というのは、内政のトップ、筆頭家老ではなさそうだ。警察・治安維持の責任者というイメージがしっくりくる。

他にもう一ヶ所、『甲陽軍鑑』の記述をみてみよう。「石水寺物語」という、信玄や武田氏重臣の口を通じて語らせた教訓集のような部分である。なお「石水寺」とは、躑躅ヶ崎館の詰めの城である「積翠寺城」のことだろう。

ある時、馬場信春がいった。信玄公の人使いは、何とも(常人には)理解が及ばないものだ。というのは、しょくを持ち、裁判を行う人物には、物の本を読み、物を知って、何とも如何にも慈悲深く温和な人の役割かと思えば、一昨年、原虎胤という大変武勇に優れた荒々しい人物に、しょくを仰せつけられた。これは不可解だといったのは、私だけではなく、みなあれこれ噂をした。ところが、結局この原虎胤は、何ともよい仕置きを行った。しかしながら虎胤を裁判にかかりきりにさせては、各地の国境の守りや武士道の御用に欠けるということで、奉行を解任したところ、その後しばらく二〜三ヶ月も、しょくは定まらなかった。これは虎胤殿ほど、裁判の理屈に通じ、人を処罰できる人はない（ためであった）。ということは、信玄公の人使いの御工夫が浅からざるからこそ、このようなことになったのだ。

どうやら、「しょく」は治安警察権だけではなく、裁判権も保持していたらしい。なおこれが、『甲斐国志』において原虎胤が「職」と記された根拠である。

もう少し『甲陽軍鑑』の逸話をみたい。

罰金（過銭）の事は、春日虎綱の生前に定め置いた。諸奉公人の罪を穿鑿なされ、御許しになる時、罰金をその（罪の）分量によって課す事がある。（この罰金は）ほうしょくへ納められ、御中間・御小人、あるいは新衆（新参の武家奉公人）などの給分になる。また出陣中の罰金は、目付・横目衆が受け取り、御武者奉行・御旗奉行へ納める。是も御中間・御小人・御道具衆に宛行われる。さてまた、侍衆が自身の所領の百姓の年貢・諸役などについて、悪事を働くことがあれば、罰金を支払って地頭に謝罪しなさい。ただし御国法に背いた際に、大まかな罪で許し、罰金を支払わせる場合は、これも御しょくへ進上すること。決して自分のものにしてはならない。

『甲陽軍鑑』にはめずらしい、法律について記した部分である。罰金の徴収について定めたという記述で、平時については「ほうしょく」に納めよとある。漢字をあてれば、「法職」であろう。後半にも「御しょく」と出てくる。ここでも、罰金の納入先となっている。

どうも、「しょく」は「ほうしょく」と呼ばれることがあり、罰金の徴収などにも関与することがあるようだ。と考えると、武田氏の分国法(ぶんこくほう)である「甲州法度之次第(こうしゅうはっとのしだい)」に「職」が出てくることが目につく。何と第一条に出てくる。最重要条文となる。

この条文は、武田家臣が何の根拠もなく、百姓を犯罪者だと決めつけ、その土地を没収することを禁じたものである。信玄は、あくまで犯罪者に対する処罰権は大名である自分にあると強調している。その最後に、百姓が犯罪者であれば、「居宅および、妻子・資財については、慣例通りに「職」に引き渡せ」という規定がある。

ここでは、明確に「職」が治安・警察の担当者として出てくる。つまり武田氏における国を治める最高の重臣という「両職」のあり方は、『甲斐国志』が生み出した幻想なのである。また、「両職」という呼称も、たまたま板垣信憲・跡部昌忠の両名が同時に「職」を務めたための呼称にすぎない。むしろひとりであるのが普通であった。

「職」=「しょく」とは、大名から治安警察権と、裁判権の一部を委ねられた存在といえる。こうした「職」の用い方は、武田氏滅亡後、その職制を踏襲した真田氏においても確認でき、武田領国では一般的な用法であったと思われる。

もっとも、守護出身の武田氏にとって、治安警察権の持つ意味は大きい。鎌倉幕府以来、守護の基本的権限である「大犯三ヶ条」の柱は、治安警察権にあるからだ。その意味では、治安警察権を委託された「職」は、重臣中の重臣と呼べるかもしれない。

しかし信玄が原虎胤を任命したという逸話が事実であれば、これは過大評価となる。原虎胤は、他国者の新参家臣で、足軽大将という中堅指揮官（第一三章参照）にすぎないからである。

実名からみた家臣の家格差

それでは、戦国大名には筆頭家老はいなかったかというと、もちろんそんなことはない。数ある家老たちのなかでも、抽んでた発言力を持つ人物というのは存在する。

信玄治世の初期（まだ出家前で、晴信を名乗っていた時期）であれば、板垣信方がそれに該当する。板垣信方は、武田氏が最初にまとまった分国として獲得した諏方郡を支配する諏方郡司（上原城代、第六章で後述）に任じられた重臣である。新規占領地の支配を委ねられた最初の人物なのだから、その信頼の厚さはうかがい知ることができるだろう。

また、他大名との外交面でも、板垣信方は信玄初期（晴信期）外交の中心であり続けた。今川氏、本願寺、伊勢神宮などへの取次(とりつぎ)を務めたことが確認できる。外交面での取次とは、①大名の書状に副状(そえじょう)を付し、大名の発言が家中(かちゅう)（家臣団）の総意を踏まえたものであることを保証する、②送られて来た書状を大名に披露する、③相手大名との友好関係を保ち、味方に引きつけ続ける、④自家の輿論(よろん)を外交相手と友好関係を持つように誘導する、といった役割をもった。詳細は、拙著『戦国大名の「外交」』（講談社選書メチエ）をご参照いただきたい。

つまり対内的にも、対外的にも、板垣信方は多くの権限を委ねられたのである。筆頭家老とよぶに相応しい。江戸時代に「両職」と認識された理由は、まさにここにある。

一方、「両職」のもうひとりとされた甘利虎泰については、武田氏の重臣ではあるが、詳しいことはよくわからない。ただ、板垣信方に比肩するような地位にはなかったことは間違いない。

この点は、実名(じつみょう)をみてもよくわかる。板垣・甘利両氏とも、武田氏から偏諱(へんき)を受けた可能性が高い。偏諱については第一章で述べたが、与える字によって格の違いがある。一般に、近世以前の武士の実名は二文字からなり、そのうち一字は代々世襲する「通字」（つうじ・とおりじ）であることが多い。武田氏であれば、「信」が通字である。戦国期に限っても、信昌(のぶまさ)—信縄(のぶつな)—信虎—晴信（信玄）—義信(よしのぶ)と続く。

この通字を与えられたほうが、もうひとつの字を与えられるよりも格式が高い。板垣信方と甘利虎泰であれば、「信」字を与えられた板垣のほうが、「虎」字にとどまっている甘利よりも家格が高いということになる。家格面でも、甘利氏は板垣氏の後塵を拝していた。

信玄と義信についても、同様のことがいえる。信玄の実名「晴信」の「晴」字は、第一二代室町幕府将軍足利義晴から「晴」字を与えられたものである。足利将軍家の通字「義」ではない。しかし嫡男義信元服に際し、一三代将軍足利義輝から「義」字の拝領を許され、甲斐武田氏自体の家格が向上したのである。

なお、偏諱を受けると、その人物の実名は偏諱を受けた字＋通字の組み合わせになることが多い。こうなると、通字を与える程の家柄ではない人物には別の一字を与えなくてはならなくなる。信玄の場合、曾祖父で、武田氏中興の祖である信昌の「昌」字や、自身の幼名勝千代から「勝」をとって、「昌」「勝」を好んで与えたようである。

大名が生み出す「筆頭家老」

話をもとに戻そう。板垣信方・甘利虎泰は、天文一七年（一五四八）の上田原の戦いで、ともに討ち死にをしてしまった。信玄の生涯のなかで、二度しかないとされる敗戦のひとつである。これにより、板垣・甘利氏の家督は、子息信憲・昌忠が継承した。

ここで信玄が、両名を「職」に任じたため、「両職」と呼ばれたわけである。まだ若い板垣信憲に不安を感じたのだろう。信玄は信憲に諏方郡司（上原城代）の地位をすぐには継承させずに甲府に召還し、板垣信方のもとで働いていた長坂虎房（後の釣閑斎）を諏方郡司に抜擢した。信憲が「職」に任じられたのは、そのせいだろう。さらに信憲だけを「職」に任ずることも躊躇し、甘利昌忠も同時に「職」に任じたのだ。

さて、ここで家格が対等ではないはずの板垣信憲と甘利昌忠がそろって「職」に任じられていることに注意したい。この段階でも、板垣信憲が「信」字を与えられているのに対し、甘利は「昌」字（信玄が好んで与えた字）偏諱を受けているに過ぎないからだ。

ここからは信玄が、意図的に甘利氏の地位を引き上げ、筆頭家老板垣氏と同等に扱おうとしたことがうかがえる。さらにこの後、板垣信憲は父の跡を嗣ぐ形で第三代諏方郡司に着任するが、ここで失政を咎められ、処刑されてしまう。信玄は、自分を支えてくれた筆頭家老板垣氏を排除したのである。

代わりに、筆頭家老の地位に押し上げられたのが甘利昌忠であった。昌忠は、板垣信方以上に幅広く外交面で活躍し、内政面では上野支配などにも関与した（現地に城代として赴任したかは不明）。その過程で、改めて「信」字偏諱を受け、「信忠」に改名したのである。これは、信玄が甘利氏の家格を上昇させたことを意味する。

信玄は、甘利氏の家格を引き上げ、筆頭家老に相応しい処遇を与えた。つまり武田氏の筆頭家老とは、大名である信玄に取り立てられるものになっていったといえる。

しかし永禄一〇年（一五六七）、甘利信忠は三四歳の若さで早逝してしまった。当然嫡子信頼(のぶより)はまだ幼く、八歳であったらしい。これでは筆頭家老の地位を任せることはできない。その後の信玄期の内政・外交をみると、山県昌景が突出した働きをみせている。今度は信玄は山県昌景を筆頭家老として待遇したのかもしれない。なお『甲陽軍鑑』は、山県について「しょくをもつ」人物、つまり「職」に任じられていたと記す。

いずれにせよ、武田氏における筆頭家老とは、代々の世襲ではなく、大名が取り立てた人物に変化していったのである。これが、世襲によって基盤を固めた「家宰」が、大名に拮抗する権力として活動していた室町期守護権力と、戦国大名の違いといえるだろう。武田氏では、権限の大きすぎる「家宰」ではなく、コントロールの効く範囲の筆頭家老を育成することに腐心したと思われる。

しかも、山県昌景の権限範囲は、板垣・甘利両氏より狭い。外交面をみても、同様の権限を保持している重臣の存在を複数指摘できる。信玄は複数の家老に権限を分散させる体制に切り替えることを指向しており、甘利信忠死去がその契機になったのであろう。ここに筆頭家老の存在は、名目的なものとなったといえる。ただしこれは、家臣側の要望に応えたものとも考えられる。武田氏の重臣層にとっても、筆頭家老だけが突出した権限を握ることは望ましいものではない。彼らも、自身を含む複数の家老による合議制を求めたのであり、大名と重臣層の利害はここに一致をみたといえる。

越前の戦国大名朝倉氏の分国法「朝倉孝景条々」は、「朝倉の家においては高老を定めてはならない。能力と忠節によって起用すること」という条文からはじまる。ここでいう「高老」とは宿老、つまり家老のなかの家老を意味し、宿老の家柄に生まれたからといって、無条件で家老に起用することを戒めた条文である。戦国期に突入する段階で、飛び抜けた権限を持つ「家宰」と大名の相克は、他の重臣を巻き込む形で、幅広く存在したものと考えてよいのではないだろうか。

「君ハ船、臣ハ水」

ここで視点を変えてみたい。

安芸国の戦国大名毛利元就の重臣志道広良（しじひろよし）は、元就嫡男隆元（たかもと）に対し、次のような内容を記した教訓状を送っている。その中身は、「君ハ船、臣ハ水にて候、水よく船をうかへ候事にて候、船にても水なく候へは、不相叶ことにて候」というものである。つまり主君というのは船であり、家臣というのは水である。水＝家臣は、船＝主君を浮かべるものだ。しかし船＝主君であっても、水＝家臣がなければ、何もできない。中国の思想書『荀子』（じゅんし）からの引用である。志道広良の教養の深さを讃えたいところだが、問題はそこではない。

広良は、戦国大名と家臣の関係を説いているのだ。大名は家臣によって支えられなければ、何もできない。だから、若殿、家臣を大切になされよ……志道広良はこう隆元に教え諭しているのである。

この書状は戦国大名と家臣の関係を考える上で興味深い。一般的なイメージとして、戦国大名は専制君主とみられがちである。もちろんそのような側面も存在するのだが、あまりに一面的すぎる理解である。実際の大名は、家臣の進言に耳を傾け、統治を行う必要があった。逆に家臣のなかにも、ずばぬけた発言力を持つ筆頭家老が存在すると考えないほうがよいだろう。大名を支えるのは複数の家臣からなる合議制なのである。筆頭家老は、あくまで家老衆の代表であるにすぎない場合が多い。

もちろん、例外はある。上杉景勝政権における直江兼続や、龍造寺政家政権における鍋島直茂がそれである。しかし後者の場合、政家の父隆信が敗死し、龍造寺氏が島津氏に降伏して国衆に転落して以降のことで、その上豊臣秀吉から大名と認められたのは龍造寺氏ではなく鍋島氏であった。上杉氏の場合も、兼続の嫡子景明が早逝したこともあり、兼続とその妻の死後、直江氏は無嗣断絶扱いになっている。上杉氏は、敢えて直江氏を存続させなかったといえる。いくら有能であろうとも、大名が「家宰」にすべてを任せることは、危険と隣り合わせであったといえるのではないか。

実は武田氏において、このコントロールが効かなくなるのが、勝頼期後半ということになる。それが「出頭人」の台頭である。この点については、第七章で述べることとしたい。

第五章　一門の創出——御一門衆と親類衆——

『朝倉宗滴話記』の記す血縁関係の重要さ

越前朝倉氏の一門で、敦賀郡司という要職を務めた朝倉宗滴（教景）は、朝倉家初代孝景（法名英林）の子である。宗滴は一門の長老として朝倉勢を指揮していたが、自家の行く末に不安を抱いていたという。それは、四代孝景（法名宗淳）の代にいたり、朝倉本家との血縁関係があまりに縁遠くなったためであった。

『朝倉宗滴話記』によると、三代貞景の代にその兆候は顕れていたという。朝倉景純は、初代孝景の次男景明の子である。ところが、景純がまだ幼かった頃の節句の儀礼で、非礼な扱いをした者が跡を絶たなかったというのだ。景純は、朝倉一門のなかで低い処遇に甘んじたのである。

ましてや、宗滴（初代孝景の子）にいたってはどうであろうか。自身の子息はますます低い待遇を受けなくてはならないだろう。家来たちもどんどん下座に追いやられていくことになり、不憫でならない。そこで「惣領へ近ナルヘキ為」に実子を廃嫡し、三代貞景の次男景紀（つまり四代孝景の弟）を養子に迎えたのだという。これなら家臣の行く末も安泰だと、宗滴は胸をなで下ろしている。以後、敦賀郡司家は景紀の系統によって受け継がれていくこととなった。

たとえ大名の一門であっても、血縁・姻戚関係が遠くなれば、その処遇に変化が生じることを示す一事例といえるだろう。このように、戦国大名が起用する一門は、子息・弟・娘婿といった血縁関係が近い人物であることを基本としていた。

「甲州武田法性院信玄公御代惣人数事」

『甲陽軍鑑』のなかに、「甲州武田法性院信玄公御代惣人数事」と記された箇所がある。武田信玄晩年から勝頼初年頃にかけての家臣の一覧と、寄親寄子関係、居城配置などについて記したもので、一次史料（同時代に書かれた書状や日記）と比較すると、一致する部分が多い（年代が相当ずれるものもあるが）。このため、ある程度の参考材料にはなる。

その冒頭に記されているのが、「御親類衆」である。メンバーは、武田信豊・信廉・勝頼・一条信龍・武田信実・武田信友・仁科信盛（盛信）・望月信永・葛山信貞・板垣信安・木曾義昌・穴山信君の一二人である。勝頼の名が記載されているから、信玄晩年の状況がベースなのだろう。信玄との関係をみると、子息（武田勝頼・仁科信盛・葛山信貞）、弟（武田信廉・一条信龍・武田信実・信友）、甥（武田信豊・望月信永・穴山信君）、娘婿（穴山信君・木曾義昌）、不明（板垣信安）となる。信玄の子弟とその子息（甥）を中心に構成されている点にまずは注目しておきたい。これは、『朝倉宗滴話記』でみた事例と同様である。

もっとも、この記述はそのまま鵜呑みにはできない。板垣信安は、前章で述べた板垣信憲が処刑された後、板垣氏の家督を嗣いだ人物である。板垣氏は武田氏初代信義（一一二八～八六）の子息の代に成立した分家であり、戦国期にいたっても一門待遇を受け続けたとは考えにくい。

娘婿についても同様である。まず穴山信君は、本国甲斐の国衆であり、庶流家であるといっても比較的血縁関係が近い上、母が信玄の姉、妻が信玄の娘という二重の姻戚関係を結んでいる。当時の文書をみても、「御親類衆」とみて間違いないようだ。

一方で木曾義昌は、たしかに信玄の娘を妻に迎え、厚遇を受けてはいるものの、「御親類衆」に属すかどうかは微妙である。信濃国衆（信州先方衆（せんぽう）、第一〇章参照）と捉えたほうが妥当だろう。

このように、「甲州武田法性院信玄公御代惣人数事」に記された「御親類衆」の顔ぶれは、そのまま鵜呑みにはできないようである。そもそも、武田氏の一門・姻戚はこの一二人だけではない。また、たとえば信玄の母方の実家である大井武田氏はどう処遇されていたのだろうか。大井氏も含め、武田氏には庶流家が数多く存在するが、その記載はない。踏み込んで検討をする必要があるようだ。

御一門衆と親類衆

実は同時代の史料をみてみると、「御親類衆」は正しくは「御一門衆（ごいちもんしゅう）」と呼んだことがわかる。顔ぶれは、信玄・勝頼の子息・兄弟と、その子息である。信玄の祖父信縄以前に分かれた庶流家は、世代が離れてしまうため、「御一門衆」には含まれなかったと思われる。

娘婿については、穴山武田氏のみが「御一門衆」に含まれる。子女が嫁いでいるといっても、たとえば小山田氏は「御譜代家老衆」、木曾氏は「信州先方衆」とすべきで、一門・親類扱いではない。ただし、小山田氏は御一門衆の末席に位置づけてもよいようであり、類例のない特殊な家格である。少なくとも、他の「御譜代家老衆」と同じ立場ではない。これは、木曾氏も同様かもしれないが、こちらは確証をもてない。板垣信安については、純粋に「御譜代家老衆」に位置づけるべきだろう。

一方、信玄の母方の実家大井武田氏はどうか。大井武田氏のように、信縄の兄弟以前に分出した武田庶流家は、「親類衆」と呼んだようである。つまり「甲州武田法性院信玄公御代惣人数事」に「御親類衆」と記載されている人物の多くは「御一門衆」で、そうでない庶流家の人物が「親類衆」だということである。「甲州武田法性院信玄公御代惣人数事」には「御譜代家老衆」として「栗原左兵衛」、「御旗本足軽大将衆」として「しもそね」の記載があるが、栗原氏・下曾禰氏は武田庶流家であるため、「親類衆」と把握したほうが正確であろう。下曾禰浄喜に宛てた書札礼は、武田一門宛のものが用いられているからである。「甲州武田法性院信玄公御代惣人数事」には実際の「親類衆」にあたる人物の記述がほとんどない。その結果、「御一門衆」と「親類衆」を混同して「御親類衆」としてしまったのかもしれない。

信縄と信虎の間で区切りをつけるというのは便宜的なものだが、当時の実情に即している。戦国大名武田氏は武田信昌の代に成立したと筆者はみるが、甲斐統一を成し遂げたのは孫の信虎である。

つまり大名権力を確立させたのは信虎なのである。そして信虎の叔父油川信恵・岩手縄美は、信虎と争って敗死している。油川氏・岩手氏はその後も続くが、信虎の子弟とは当然扱いに差がある。したがって信縄の兄弟以前に分流した庶流家を「親類衆」、信虎の子弟以後の分家を「御一門衆」とわけたほうがすっきりするのである。ただし、信虎の弟で唯一僧籍に入らなかった勝沼武田信友は、早くに北条氏の郡内侵攻で討ち死にしている。子息もいなかったらしいから、信玄が自分の叔父をどのように処遇しようとしたかを考えることは難しい。

内乱の歴史と一門の意味

第一部で述べたように、信玄が家督を嗣ぐ以前の武田氏は、御家騒動が絶えなかった。明応元年（一四九二）から七年（一四九八）にかけて、武田信昌・信縄父子が争った。永正五年（一五〇八）には油川信恵・岩手縄美兄弟が挙兵して家督奪取を狙い、甥信虎の反撃によって滅ぼされた。そして信玄自身も、天文一〇年（一五四一）に父信虎を追放して家督を嗣いだのである。このように、武田氏の歴史は、一族の争いの歴史でもあった。さらにいえば、信玄は永禄八年（一五六五）に嫡男義信のクーデター未遂「義信事件」にも見舞われることになる。

こうした経緯があるため、家督を嗣いだ信玄にとって、信頼できる一門は非常に少なかった。成人していた弟は信繁だけであり、また姉婿として穴山信友を起用できるにとどまった。穴山氏が武田氏において御一門衆として扱われたことには、一門そのものが空洞化していたという現実が背景にある。もうひとり、天文一七～二〇年（一五四八～五一）頃に活動を確認できる「三郎殿」という人物がおり、近い親族であると想定できる（仮名からみて、信虎三男の可能性を指摘しておく）。しかし軍事面での働きを担った以外はよくわからず（これは重要なことなのだが）、またその活動期間は短かった。どうも早逝したようだ。

したがって、信玄を支える「御一門衆」は、穴山信友を除けば、事実上武田信繁だけであったのである。

武田典厩家の成立

その上、信玄の弟たちは、当初は何の地盤も有さない存在である。信繁に信玄を支える軍事力を持たせるには、それに相応しい知行地を与えて家臣を養わせ、さらに寄子（寄騎・与力）をつけてやらなくてはならない。

信繁とその嫡男信豊は官途名「左馬助」を称した。このため、左馬助の中国風の呼び名（唐名）から「典厩」と通称された。そこで、信繁の家を武田典厩家と呼ぶことにしたい。

具体的な場所と知行規模はわからないが、武田典厩家は甲斐において本領を与えられたようである。そして信濃国境の地侍集団武河衆を寄子につけられた。寄子とは、大名の直臣だが、別の重臣

（寄親）の軍事力を強化するために、その指揮下に配属された人物を指す。ようは、寄親のもとにつけられた出向社員のようなものと思って欲しい。重臣の軍事力を増強するためには、知行地を多く与えるのがひとつの手段だが、謀叛を招く恐れがある。そこで直臣を一時的に寄子として配備するという手法が、戦国大名においては広くとられた。これが「寄親寄子制」である。

『甲陽軍鑑』によると、信繁は天文一一年（一五四二）の諏方侵攻に際し、先陣を務めたとされ、おそらく事実だろう。戦後、諏方衆を同心として与えられたといい、実際に下諏方衆は信繁の寄子となっているからだ。

天文二〇年（一五五一）には、佐久郡攻めのために「先衆」（先鋒）を率いて出陣した。武田氏では、大名出陣前の先衆を率いることができる人物はあらかじめ定められており、信繁はその有資格者であった。従来、佐久郡攻めは、「三郎殿」という御一門衆が管轄していたが、この頃史料から姿を消す。「三郎殿」死去により、信繁が佐久郡攻めを引き継いだのではないか。信繁はそのまま北信濃攻略に従事し、天文二二年（一五五三）には逃走した村上義清の居城葛尾城（長野県坂城町）を検分している。翌二三年（一五五四）の小諸攻めに際しては、親類・被官衆への命令周知が指示されており、武田親類衆まで指揮下に置いていた様子がうかがえる。弘治元年（一五五五）には長尾景虎（上杉謙信）の越後帰国を伝えているから、北信濃に在城していたことは間違いない。全体的に北信濃での活動が目立つが、南信濃防衛について秋山虎繁（下伊那郡司）に伊那郡国衆下条(しもじょう)氏と談合するよう指示をしているから、武田領国全体を目配りする立場にあったようである。
対外的な文書の発給も少数ながら確認できる。天文一三年（一五四四）には、追放された父信虎が高野山に登山したと聞き、宿坊の引導院(いんどういん)（現・持明院）に礼状を送っている。永禄四年（一五六一）には、鞍馬の妙法坊に本尊の像と巻数などを送られた礼状を出している。もし彼がもう少し長生きをしていれば、武田氏の外交全般を管掌する立場になった可能性は高い。この時点での御一門衆筆頭は武田信繁なのだから、ある意味当然ともいえる。

しかし、だからこそ信繁は信玄から「警戒」される存在になり得た。信玄のすぐ下の弟ということは、信玄に代わって家督を嗣ぐことができる人物ということを意味する。『甲陽軍鑑』によると、武田信虎は信繁を偏愛し、信玄を疎んじたという。これが事実かは別としても、信繁としては、慎重に身を処す必要があったと思われる。

天文二〇年二月一日、信繁は武田庶流吉田氏の家督を継承した（『甲陽日記』）。あまりに唐突な話だが、前年一二月七日に信玄の嫡子義信が元服したことと関連づければ理解しやすい。吉田氏の家督を継承することで、信繁は武田本家から出され、庶流家の当主という立場が確定したのである。恐らくこれは、信玄の後継者はあくまで嫡子義信であり、信繁にはその資格がないことを示すための、政治的なパフォーマンスであったのであろう。信繁戦死後、吉田氏の家督は嫡男信豊ではなく、吉田信生(のぶなり)なる人物（大井武田信常(のぶつね)の次男と系図にある吉田八郎九郎信家(のぶいえ)か）が相続していることからも、義信元服というピンポイントの時点で、信繁の立場を明確にしておく必要があったことを示している。

信玄にとって、「御一門衆」「親類衆」という家格を整備することは、一門を序列化し、後継者から排除するという重要な意味を持ったのである。あくまで、一門は一門であり、後継者候補ではない。そういう形を作っておく必要があった。

永禄元年（一五五八）四月、信繁が嫡男信豊（当時はまだ幼名長老（ちょうろう）を称した）に対して「家訓九十九ヶ条」を書き送り、信玄への忠節を説いているのも、このためだろう。あくまで典厩家は武田本家を支える一門であり、本家の家督候補ではないことを教え諭しているのである。この家訓は中国の典籍から引用しつつ、訓戒を説いたものであり、信繁の高い教養をも教えてくれる。

しかし武田信繁は、永禄四年（一五六一）九月一〇日の第四次川中島合戦で討ち死にした。享年三七。恵林寺（えりんじ）の快川紹喜（かいせんしょうき）は信繁の死について、「惜しむべくして尚惜しむ」という書状を信玄に書き送っている。

武田典厩家の発展と滅亡

信繁の死後、典厩家の家督は嫡男信豊が相続した。嫡男といっても、庶兄信頼（のぶより）が信濃佐久郡の国衆望月氏の家督を相続しており、年齢の上では次男である。「甲州武田法性院信玄公御代惣人数事」をみる限りは、御一門衆筆頭だが、穴山信君とほぼ同じ待遇であったとみられる。父から武河衆・下諏方衆を寄子として引き継いでいる。武田勝頼の「竹馬の友」（『甲乱記』）であると同時に、穴山信君・小山田信茂とは、三人揃って諏訪大社上社に参詣する仲であった。永禄一二年（一五六九）の駿河蒲原城（静岡市清水区）攻めでは、勝頼とともに強引な城攻めを行い、「いつもながら無思慮（「聊爾」）」と信玄を慌てさせつつも、自慢させている。

信豊の代になると、知行の加増の様子がわかってくる。元亀元年（一五七〇）に上野国衆小幡信尚旧領を与えられ、同三年（一五七二）には駿河において一〇〇〇貫文を加増された。天正二年（一五七四）には遠江で一〇〇〇貫文の加増を約束されている。信豊への知行宛行は一〇〇〇貫文単位で行われており、加速度的に知行地が増えた様子がみてとれる。また朱の（旗）指物や銀の采配は信豊だけが使用できるという特権も与えられるとともに、今後は予備兵力を残さず、全軍で出陣するよう求められてもいる。

永禄七年（一五六四）に兄望月信頼が病死し、跡を弟の信永が嗣ぐが、信永も天正三年（一五七五）の長篠合戦で討ち死にしてしまった。跡継ぎの絶えた望月氏からは、信永の娘が成人し、しかるべき人物を婿に迎えるまでという期限付きで信豊の家督代行の要望が出され、勝頼の承諾を得る。これにより信豊は、佐久郡国衆望月氏も指揮下に収めた。

天正六年（一五七八）の御館の乱では先衆を率いて信濃を北進。その途中で上杉景勝からの和睦要請を受け、後方の勝頼に連絡をとる。そのまま北上して春日山城下（上越市）に布陣している。その後の北条氏政との戦争では、関東各地を転戦した。

同時に、勝頼期に入ると他大名との外交交渉を担当する取次（外交官）を幅広く担うようになる。佐竹・宇都宮・佐野といった北関東の大名・国衆に加え、足利義昭とそれを保護する毛利輝元との同盟交渉、さらには織田信長との和睦交渉をも担った。第二次甲相同盟崩壊後の武田氏外交は、①上杉氏との甲越同盟、②佐竹氏との甲佐同盟、③足利義昭を奉じる毛利氏との甲芸同盟と、④織田信長との和睦交渉（甲江和与）が基軸となる。信豊はそのうち②③④を管掌していたのだから、勝頼後期の武田氏外交の中枢に位置していたといってよいだろう。

天正一〇年（一五八二）の「甲州崩れ」に際しては、勝頼の命を受け、東信濃から上野を確保して頽勢を挽回しようとするが、小諸城代下曾禰浄喜の謀叛に遭い、自害した。享年三四。武田勝頼娘と穴山信君嫡男勝千代の縁談が進んでいたのを妨害し、自身の嫡男次郎に変更させたという逸話が『甲陽軍鑑』に記される。穴山夫妻は当然ながら著しく気分を害したといい、これが事実なら、信君謀叛を決定づけた出来事といえるかもしれない。

一門の長老としての武田逍遥軒

信玄にとって信繁の次の弟となるのが、武田信廉、出家して逍遥軒信綱を号した人物である。ただし生年は天文元年（一五三二）というから、信玄とは一一歳差となる。仮名は孫六だから、信虎六男の可能性が指摘されている。となると、信繁との年齢差七歳というのも頷ける。信虎の正室大井夫人の子とされるが、生年から疑問視する声も多い。

ふたりの兄と年齢差が大きいことから、信玄期には目立った活動をしていない。信濃深志城主（松本市）を務めたとされる程度である。また諏方勝頼の甲府入りに伴い、高遠城主（伊那市）となったとされるが、確証はない。知行地は下伊那郡支配の拠点大島城（長野県松川町）付近にあったらしく、また子息のひとり球山は、下伊那の開善寺（飯田市）の住持になっている。しかしながら、大島城主になったわけではないようだ。大島城代は日向虎頭が務めている。いずれにせよ、後方の城郭であり、前線を任されたことはなかった。

信廉の存在感が高まったのは、信玄の死後である。勝頼の家督継承時には四二歳であり、武田一門の長老格にあたるからである。これは信昌・信縄にはじまる内訌の結果、信虎世代の一門がほとんど残らなかったことによる。勝頼を支えた一門は、信玄以来の重臣に比して、一～二世代も若い点は見逃すべきではない。この世代差は各地の武功派の郡司・城代だけでなく、甲府の吏僚についても同様である。勝頼期の御一門衆筆頭は武田信豊と穴山信君がその座を競ったとみられるが、勝頼が家督を嗣いだ天正元年時点の年齢は信豊が二五歳、信君は二七歳に過ぎない。勝頼自身も二八歳で家督を嗣いだのであり、武田一門自体が若い顔ぶれであったのである。なお姻戚関係にある小山田信茂・木曾義昌は同い年で三三歳、やはり若いといわざるを得ない。

これが、信玄が一門を登用しなかった、というよりは、登用できなかった理由である。そのなかで、「不惑」に達していた信廉に課せられた責任は大きなものがあったろう。

しかし信廉の本領は、軍事・内政よりも文芸面にあった。特に絵画に秀で、父武田信虎像（大泉寺蔵、二二頁参照）や母大井夫人像（長禅寺蔵）などを描いたことは広く知られている。また近年の調査により、兄武田信玄像を描いたことが明確になり、その写も複数確認された（山梨県立博物館蔵他）。

子息のうち、嫡男信澄（のぶずみ）は天正四年（一五七六）に一七歳で早逝したが、他の男子は寺僧になっている。そのうち大龍寺麟岳（だいりゅうじりんがく）が、信廉に代わって勝頼政権中枢で活動をしたようである。

織田信長との和睦交渉を進めた他（失敗に終わっている）、武田勝頼娘の嫁ぎ先を穴山勝千代（信君子）から武田次郎（信豊子）に変更する話をまとめたのも麟岳である。

麟岳は勝頼よりも若いはずである。何しろ信廉嫡男武田信澄の生年が永禄三年（一五六〇）なのだから、仮に一歳下だとすると、武田氏滅亡時二二歳にしかならない。これはいくら何でも若すぎるから、信澄の庶兄なのではないか。いずれにせよ、出家した一門として尊崇を集めていたという。

武田氏滅亡に際しては、勝頼から途中で脱出し、菩提を弔って欲しいと依頼を受けるが、「師と弟子の関係である上、門葉（もんよう）（一門）を見捨てるわけにはいかない」と断って奮戦し、討ち死にした

武田信廉像（信玄公宝物館蔵）

（『甲乱記』）。織田方からも「長老中にも比類なき働き」（『信長公記』）と絶賛されている。
残る子息のうち、蟠翁門龍（もんりゅう）（文龍）は江戸保善寺（ほぜんじ）（現中野区）の開山であるといい、武田氏滅亡後も生き延びた。当初は甲斐東林院（とうりんいん）（甲州市）の住持を務めたようで、これが武田氏滅亡以前の話だろう。なお、保善寺は東林院の末寺にあたる。

このように、信廉の家は一家揃って文化人という側面が強い。天正七年（一五七九）四月に自身の位牌を菩提寺逍遙院に奉納し、それ以前の三月二〇日には高野山引導院に生前供養を依頼した。天正九年（一五八一）、五〇歳になった信廉は娘阿久利（あぐり）（松尾信俊（まつおのぶとし）室）に形見分けをしている。その書状によると、病気を患っており、眼がみえるのも今年限りではないかと述べている。床に伏せることが増えていたのだろう。それが、信廉をして弱気にさせたと思われる。

天正一〇年（一五八二）の木曾義昌謀叛を受け、下伊那郡大島城に援軍として入城した。しかし飯田城が自落したとの報を受け、動揺した地下人（じげにん）（地元の有力百姓）が外曲輪（そとくるわ）に火を掛けた。これを知った信廉は、夜陰に紛れて逃走してしまう。一連の混乱が波及した結果、大島城も一戦も交えることなく落城してしまった。

その後、甲府で織田氏に捕らえられ、処刑された。子息麟岳が最後まで勝頼に従ったこととは、対照的な最期であった。

松尾武田氏

御一門衆のなかで、唯一所領の全貌を把握できるのが松尾信是（信虎五男）である。信是は外祖父（母の父）松尾武田信賢（信縄弟）の名跡を相続することで、独自の基盤を確保した。元亀二年（一五七一）に死去したが、男子がいなかったため、娘を甥の信俊に嫁がせて家督を嗣がせることとなった。しかし信俊もまだ八歳に過ぎず、その父信実（信虎一〇男）が「名代」として遺領を管理することになる。

「名代」（「陣代」）とは、当主となるべき人間が幼少で、軍役を務められない場合、本人が成人する（一六〜二〇歳）までの間の家督代行者を指す。基本的に大名の指名ないし承認を得ることで、一族のなかから定められ、知行・同心を一時的に引き継ぐのである。

松尾武田氏の「名代」となった信実に与えられた安堵状によれば、信是の遺領は本領松尾郷（甲州市）二〇〇貫文・片瀬村郷一七〇貫文・信濃今村郷二二貫五五〇文および秋山兵部助抱え地四貫八〇〇文の合計三九七貫三五〇文である。これとは別に、信是老母（信虎側室）および信是後室に塚原郷が堪忍分として譲られており、信是の遺領はもう少し大きかったと思われる。ただこのうち、信是老母の堪忍分は塚原郷内で一〇貫文であることがわかっているから、後室堪忍分を含めても四〇〇貫文を少し上回る程度にとどまっている。

これをみると、信是は本領以外の加増をほとんど受けていない。「名代」となった信実に課せられた軍役も二八人に留まるものであった。同じ「御一門衆」でも、任された役割や、知行高には大きな相違があったことを確認できる。また松尾武田氏という既存の庶流家を継いだ信是でさえ、本領は大きいものとは言い難い点は、武田一門を考える上で留意すべき点であろう。

「名代」となった信実は、信玄・勝頼から「牢人衆」を預けられていた。天正三年（一五七五）の長篠合戦では「牢人衆」を率いて鳶ノ巣山(とびのすやま)要害を守り、討ち死にしている。享年は不明だが、兄信廉がこの年四五歳であることを考えると、三〇代後半ではないか。これにより、松尾氏家督は正式に信俊に移るが、まだ一二歳に過ぎなかった。信俊は、松尾信是の娘を正室に迎えたはずだが、早逝したらしい。伯父信廉の娘阿久利を継室に迎えている。

武田氏滅亡後、徳川家康から河窪郷（甲府市）を安堵され、河窪信俊を名乗る。この系統が、旗本武田氏として存続することになる。

勝頼期に成人した仁科信盛（盛信）と安田信清

ここまで述べてきたように、勝頼期の御一門衆はかなり若い。しかし天正三年（一五七五）の長篠合戦で甚大な人的損害を被った武田氏には、「若い」からといって一門を遊ばせておく余裕はなかった。また、そもそも年齢の感覚が現代人とは異なる。

仁科信盛像（林家蔵）

勝頼の次の弟仁科盛信は、弘治三年（一五五七）生まれだから、天正三年には一九歳。もう十分に勝頼を支えることができる年齢である。盛信は、信玄の命により信濃安曇郡の国衆仁科氏を嗣いでいた。

仁科氏の居城森城（大町市）は、北に進めば小谷筋を通って越後西浜地方、西に進めば飛騨という要所に位置する。いずれも長篠以前は、牧之島城代（長野市信州新町）馬場信春が管轄していた地域である。信春の子息信忠は病身であった可能性が高いから、それに代わる立場に盛信が就いたものと思われる。つまり、北陸方面に対する軍事・外交担当である。

天正六年（一五七八）の御館の乱に際しては、越後西浜に進軍し、根知城（糸魚川市）を降伏させた。戦後、景勝から根知城に加えて、日本海沿岸の不動山城（同前）が武田勝頼に割譲され、盛信の管轄下に置かれている。

仁科盛信が著名なのは、高遠城主としてであろう。入城時期は、『甲乱記』の記述から天正九年（一五八一）とみて間違いない。原因は、同年三月の遠江高天神城（掛川市）落城により、南信濃の防衛を強化する必要性が高まったためだろう。その際、武田氏の通字「信」を与えられ、信盛と実名を改めたものと思われる。天正九年五月七日に仁科氏菩提寺霊松寺に宛てた禁制で「信盛」と署判している。

信盛は天正一〇年（一五八二）三月二日、織田信忠の攻撃により高遠で戦死した。御一門衆のなかで、唯一織田勢の侵攻に抵抗して討ち死にした人物である。

いっぽう、勝頼はもうひとりの弟も起用した。天正六年（一五七八）、仏門に入っていた弟信清を還俗させ、甲斐源氏の名門安田氏を嗣がせたのである。信清はこの時一六歳であった。ただし、武田時代の活動はよくわかっていない。武田氏滅亡後、高野山を経て、姉菊姫を頼り、上杉景勝のもとに亡命した。その後、信濃の武田旧臣を糾合するため、景勝から起用されたらしく、天正一一年（一五八三）に文書を一通出している。

親類衆の活動

ここまで、御一門衆の活動をみてきたが、それでは親類衆はどうなのだろうか。親類衆家の多くも、甲斐本国の国衆であり（第一章・第九章参照）、武田信虎の甲斐制圧に抵抗した。

武田信玄の母方の実家大井氏は、南北朝期の当主武田信武の次男信明を初代とする庶流家である。戦国初期の当主信達は永正一二年（一五一五）に武田信虎と対立。本拠上野城（南アルプス市）を包囲されるが、信虎方が深田に足を取られた隙に反撃し、勝利を収めた。さらに駿河今川氏に援軍を要請し、国内に今川勢二〇〇〇人が侵入する事態を招いている。

しかしながら、信達はそうそうに今川氏に見切りをつけて信虎と単独講和をしてしまう。この後の今川勢撤退をめぐっては、連歌師宗長が間にたち、二ヶ月もの交渉が行われることになる。和睦後、娘が武田信虎に嫁いだというのが通説である。この女性が、信玄・信繁の生母大井夫人となる。ただし宗長の自伝『宇津山記』はこの合戦を「武田兄弟矛盾」つまり武田兄弟間の戦争と表現しているから、婚姻はこれ以前で、信達の嫡男信業と婿である武田信虎の戦争と認識されていたのかもしれない。

しかし姻戚関係を結んでも、武田氏と大井氏の関係は安定しなかった。永正一六年（一五一九）、信虎が甲府に家臣・国衆（「一国大人」）の屋敷を造らせようとしたところ、大井氏をはじめとする国衆は一斉にこれに反発。翌一七年（一五二〇）、今井・栗原氏と結んで三ヶ所で同時に挙兵する。信達は信虎に敗れて一時武蔵秩父に亡命し、その後帰参した。それ以降は信虎に背くことはなかった。大井氏の家督は、信達―信業―信為―信常―信舜と受け継がれていく。残念ながら信舜が元亀二年（一五七一）に没した後の当主はよくわからない。

ただし永禄後期に作成された武田信玄旗本の陣立書に、「大井将監」という人物がいる。併記されているのは、今井肥前守・下条民部少輔・栗原伊豆・栗原大学・桜井与三といずれも武田親類衆であるため（桜井氏のみは姻戚）、この人物が信舜の息子の世代にあたるのではないか。彼らは信玄の後衛を守るように配置されている。

このように武田親類衆は、戦争に際しては、本陣の守りを固めることが多かった。率いている手勢が多くとも、前線に投入されることはあまり想定されていなかったのである。

【武田庶流家分出略系図】※太字は武田氏当主

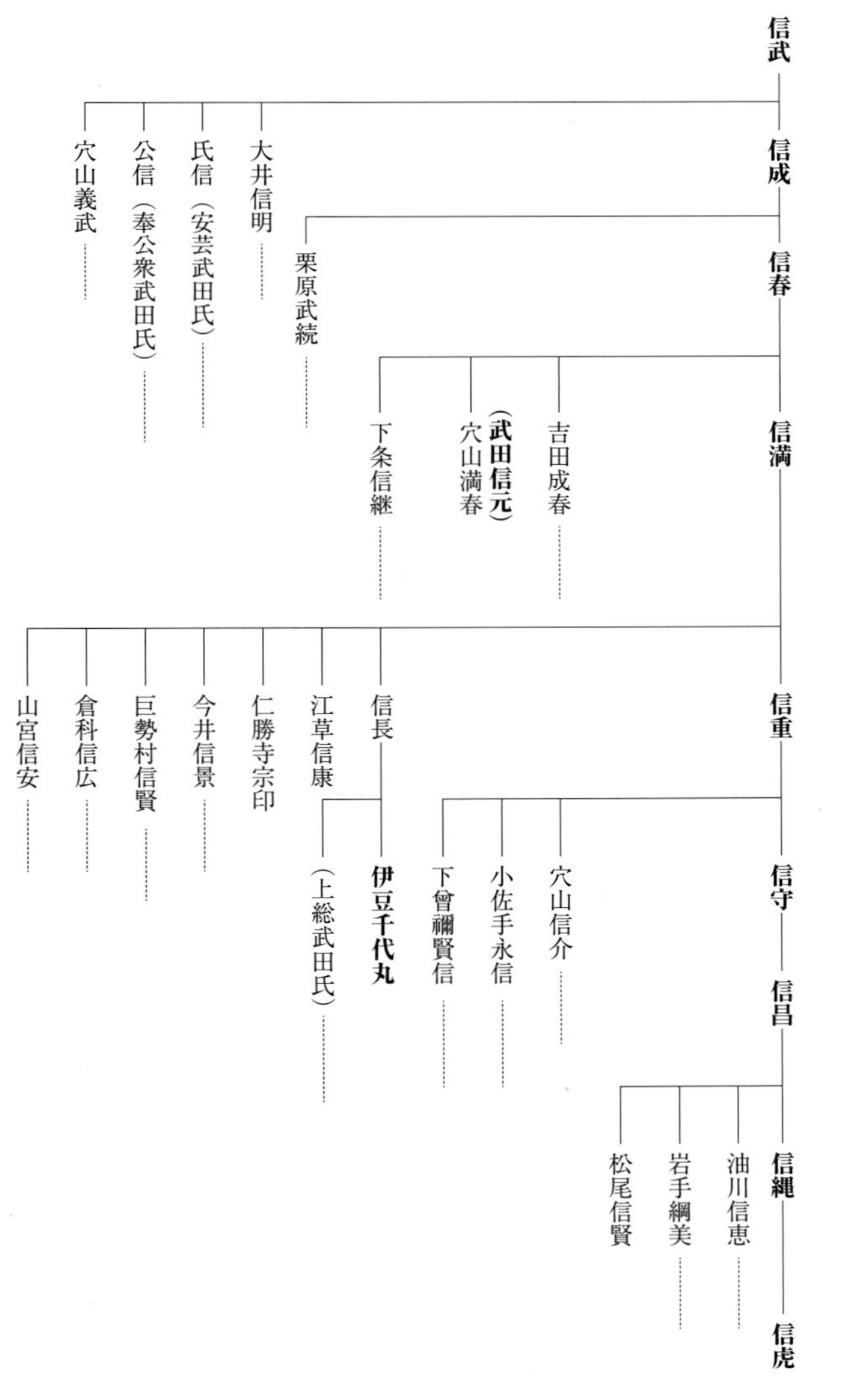

※国立国会図書館所蔵「武田源氏一統系図」（『山梨県史』資料編６下）を参考に作成

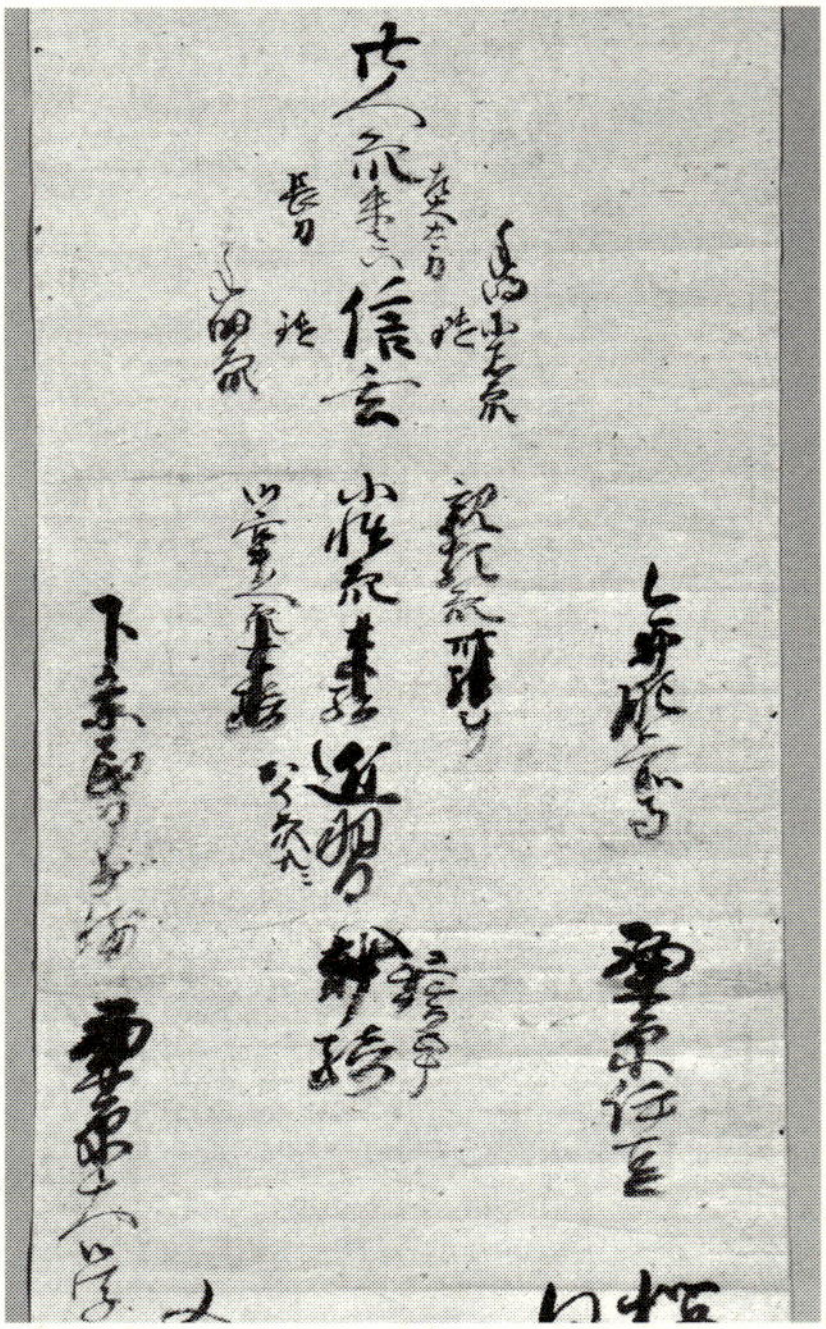

武田信玄陣立書（山梨県立博物館蔵）

特に栗原伊豆は、勝頼が出した書状をみても、相当な敬意を払われて処遇されていることがうかがえる。戦陣でも、その処遇は同様であったということができる。

なお、兄油川信恵とともに武田信虎と争って敗死した岩手縄美の子孫は、「御旗奉行」を務めており（『甲陽軍鑑』）、陣立書にも「代々之旗」と記されている。

では内政面はどうか。これは第七章とあわせてみてもらいたいのだが、御一門衆と親類衆では扱いがまったく異なる。御一門衆は、一部例外を除いて、武田家朱印状の奉者になることはない。つまり、内政に携わることは基本的にないのである。

これに対し、親類衆のなかには武田氏奉行人として活動する者が複数存在する。つまり武田庶流家は、武田氏の譜代家臣として「家中」（家臣団、終章参照）の構成員になっており、奉行人として活動することを求められたのである。第七章で後述する「公事奉行」に親類衆が多く就いているのも、その一例である。

天文一八年（一五四九）五月七日に、「徳役」という新たな税の賦課を定めたのは、今井信甫・今井伊勢守・下曾禰出羽守の三人で、いずれも武田親類衆である。親類衆は、早い段階から内政参加を求められたといってよいだろう。

軍事には形だけでしか関わらないが、譜代家臣の一員として内政に携わる。これが武田親類衆の姿であった。

「甲斐歌壇」の形成

武田氏の系図は一〇本以上伝わっているが、なかでも庶流家の記述が詳細なのは国立国会図書館所蔵「武田源氏一統系図」である。それをみていると、大井信達に「到時歌人是也」、武藤信堯（信達の子）に「一代歌人也」という註記があることが眼につく。どうも、大井氏は和歌に堪能な家柄であったらしい。

そこで公家冷泉為和の『為和集』をみると、「高雲軒」「宗芸」と歌を詠み合っている様子が記されている。この「高雲軒宗芸」こそ、大井信達のことである。また相玉長伝という歌人の編んだ『心珠詠藻』『甲信紀行の歌』（後者は公家三条西実枝が甲斐を旅した際の和歌集）には大井信常・武藤信堯兄弟の和歌が収められている。大井・武藤一族は、甲斐の歌壇を形作った家柄なのである。

なお、ここには武田信繁や板垣信方、そして信玄最初期の側近である向山又七郎（実名信継か）の名もみえる。大井・武藤氏を中心に行われた文芸活動は決して武田氏と無関係の私的なものではなく、大名の嗜みとして重視されたものと思われる。

この点、『甲陽軍鑑』に興味深いエピソードがある。若き日の信玄が歌道をはじめとする遊興に熱中し、家臣は目通りもろくにできなくなってしまった。そうしたところ、無骨者の板垣信方が与えられた題の通りに優れた漢詩を詠んだ。信方は驚いた信玄に「二〇日ほど稽古いたしました」「御屋形様のなされていることを、家臣、特に宿老が真似をしないのはいかがかと存じました」と回答する。返事を聞いて喜ぶ信玄を前に、信方は「詩を作ることは程ほどになさいませ。国を持つ御大将（大名）は、国の仕置きをし、諸侍を訓導して他国を攻めて、父信虎公の十数倍も名を取られれば、（それでようやく）信虎公と対等になれるのです」と諫めたとある。信虎は非道な行いをしたが、大名としての役割そのものはやっていた、ただやり方が真逆で非道だったのだという。ところが信玄は遊興にふけり、それすらもやっていない、という諫言である。

もっとものめり込むのはよくないといっているわけで、『甲陽軍鑑』の他の箇所をみても歌道に励むこと自体を批判はしていない。むしろ勝頼には「歌会は御遊山であって、お気持ちもくつろぐと思いますが、それにも様々な気遣いがいるのです（略）今の御屋形勝頼公は、もう少し御気遣いなられますように」と適度の教養を求めている節がある。同時に、信玄をにわか勉強の漢詩で諌めたという板垣信方も、実際には和歌に通じた教養人であった。ここで紹介した『甲陽軍鑑』の記述は、勝頼にあるべき大名像を示すよう、誇張したり創作した逸話の可能性が高い。

武田氏の同盟国今川氏には、京から公家や連歌師が頻繁に訪れていた。同盟成立により、彼らは甲斐にも足を運ぶようになる。そこで、自然と「甲斐歌壇」が生まれるようになったのである。

奉公衆武田氏の甲斐下向

それに拍車を掛けたのが、奉公衆武田氏の甲斐下向であった。大井氏同様、武田信武の子公信を初代とする庶流家で、尾張に所領を持ち、奉公衆（将軍親衛隊）として幕府に仕えていた。しかし明応二年（一四九三）に起きた明応の政変により、管領家の細川政元が将軍足利義稙を廃し、新たに義澄を将軍としたことで、奉公衆体制は事実上崩壊する。武田尚信（道鑑）は子息信喬とともに、尾張を経由して甲斐に下向した。

尚信は冷泉為広に師事しており、父子ともにその子為和とも親しい間柄であった。したがって、甲斐に下向した冷泉為和と、信虎・信玄を結びつけたのは尚信父子であったといえる。そのつながりは歌道だけにとどまらず、武田氏から冷泉氏に与えられた所領に関するトラブルについて助言もしている。

ただ既に出家し、道鑑と号していた尚信は病気がちで、しばしば書状で「虫気」を訴えている。また不運なことに、信喬の嫡男彦五郎は天文八年（一五三九）に尾張から甲斐に向かう途中で船が転覆し、溺死してしまった。これを聞いた冷泉為和は、追悼の和歌を送っている。

尚信の屋敷は躑躅ヶ崎館付近にあったらしい。天文一二年（一五四三）正月三日に尚信の屋敷で起きた失火は、おりからの大風で躑躅ヶ崎館まで類焼し、信玄は側近駒井高白斎の屋敷に難を逃れている。尚信としても、ばつの悪い思いをしたことであろう。

その後、永禄九年（一五六六）に彦五郎という人物が、「下之郷起請文」のうち親類衆武藤常昭提出分を受け取っている。武田一門が出した文書の宛所に、苗字を記さないという書札礼から、受け取った彦五郎は武田一門（御一門衆または親類衆）とみられる。信喬の次男が兄と同じ彦五郎を称したか、溺死した彦五郎の遺児つまり信喬の孫であろう。

武田苗字の使用を許されていることからみても、御一門衆または親類衆に列せられたことは間違いない。ただ信玄の母方の実家大井氏ですら親類衆なのだから、同時に分家として成立した奉公衆武田氏も親類衆待遇とみるのが自然であろう。だからこそ、「下之郷起請文」徴収という役割を果たしたのである。

信玄の「迷障」

この二代目彦五郎は、見目麗しい人物であったようだ。信玄は彦五郎に「迷障(めいしょう)」し、彦五郎をかばった万福寺教雅(まんぷくじきょうが)という僧侶と関係が悪化したという。明言されてはいないが、「障り」(煩悩)に「迷った」というのだから、男色(だんしょく)の関係を持とうと念願したとみてよさそうだ。しかし教雅が必死にかばい、失敗に終わったというのがことの顛末らしい。これで信玄と教雅の関係は破綻してしまった。

教雅は怒りのあまり信玄に呪いをかけて寿命を縮めようとしたと述べているから、相当不快な思いをしたとみて間違いはない。万福寺教雅は、武田信豊の手習いの師匠をした人物で、武田一門と深い関係にあった。そのために、かえってこうしたトラブルに巻き込まれてしまったのだろう。長篠合戦後に万福寺教雅が出した書状をみると、武田関係者はみなその当時の官途・受領名ではなく、若い頃名乗った仮名(けみょう)(太郎・次郎といった通称で元服時に付けられる。いわばミドルネーム)で記されている。万福寺教雅は彼らを若年時から見知っていたのである。

さて、こういう話になると、武田信玄が「寵童(ちょうどう)」に宛てて出した著名な起請文を想起される方もいるかもしれない。天文一六年(一五四七)七月五日、寵童源助から浮気を疑われた信玄は、起請文という神仏に誓う形式の文書で、決して弥七郎とは浮気をしていないと誓った。信玄二六歳の時の話である。この日は庚申待(こうしんまち)にあたり、皆寝ずに過ごすという習俗があった。その際に、弥七郎と関係を持ったのではないかと問い詰められたらしい。
その時の信玄の言い訳は大変に苦しいものがある。

一、弥七郎にしきりに何度も言い寄ったのだが、虫気だといわれて、うまくいかなかった。まったくこのことに偽りはない。
一、弥七郎に伽（とぎ）をさせたことはない。この前もそのようなことはなかった。いわんや昼であろうと夜であろうとああしたことはしていない。ましてや、今夜については思いもよらないことである。
一、（弥七郎は）特に信頼している側近なので、色々用を申し付けているから、かえってお疑いになっているようで、迷惑している。

ようするに、言い寄ったのは事実だが、関係は持たなかった（持たせて貰えなかった）から許してくれ、というのが信玄の起請文の趣旨である。たしかに庚申待で全員が寝ずの番をしている日に関係を持つのは難しそうではある。……が、最初から声はかけたが断られたと説明しているのだから、語るに落ちている。

こうした男性、主として少年との性的関係は、しばしば戦国武将独自のものと誤解される。しかし実際は、近世以前には広く存在した風習であった。日本でこうした風習が廃れたのは、近代における西洋的価値観の流入が密接に関わってくる。したがって、特に珍しい話ではない。

なお、信玄起請文の宛所には「春日源助との」と記されている。実はこのうち「春日」は後筆である。信玄が、百姓から抜擢した宿老春日源五郎虎綱（とらつな）と結びつけようとしたのであろう。ただし、虎綱の仮名は源五郎で、源助ではないから、明確な誤りである。

本起請文は、「伝武田信玄自筆」とされているが、筆跡は信玄のものではない。右筆（ゆうひつ）が記したものである。また、第一条の内容が弁解に相応しいものではないから、「春日源助」を信玄にとって頭が上がらない長老と捉え、それへの弁明とみる説がある。しかしそうすると、宛所を書き始める高さが当時の書札礼からして低すぎる。また、長老であるのなら、仮名源助のままであるのはおかしい。何らかの官途・受領名を許されているはずである。以上の理由から、通説にしたがっておきたい。

第六章　地方支配の責任者
——馬場・内藤・山県・春日氏——

郡司の設置

戦国大名の領国は広大である。武田信玄の場合であれば、本国甲斐を中心に、信濃・西上野・駿河・北遠江・北三河・東美濃を治め、飛驒・越中の一部も影響下においている。ようするに、山梨県知事と長野県知事・静岡県知事……といった多数の知事職を兼ねた存在なのである。

このように広大な領国を、大名がひとりで支配できるはずがない。したがって、重臣を支城主や城代に任命して、一定地域の統治権を委任した。武田氏において、広域行政権が付与された支城主・城代を、筆者は史料用語から「郡司」（ぐんじ、正しくは「こおりのつかさ」と読む）と呼んでいる。なお『甲陽軍鑑』には「郡代」と記されているが、武田氏の公文書には「郡司」とある。

注意したいのは、郡司の支配領域はあくまで直轄領だということである。この点が、よく誤解されてしまう。大名直轄領なのだが、直接支配はしないので、間接支配領域になっている。これが「郡司」の管轄領域である。逆に当然大名が直接目配りをする地域も存在するわけで、こちらは「直接支配領域」と呼ぶことにしたい。

つまり、大名直轄領のなかに、①「直接支配領域」と、②「郡司」に支配を任せた「間接支配領域」が存在するという構造である。

そしてさらに、大名領国内には自治権を保持している③国衆領（第九～一一章参照）が存在する。

このように、戦国大名領国がどのように支配されているかは、地域によって異なるのである。

東国の戦国大名は、家臣に任せた支配領域を「郡」または「領」と呼ぶことが多い。武田氏が設置した郡司は、古代律令国家が定めた郡域を支配単位とする家臣となる。ただし、各地域ごとに異なる歴史的変遷を遂げており、古代に定められた国郡制とはほとんど関係がなくなっている点に留意したい。古代とは郡名や郡域が変わっていることも珍しくないのである。

ようするに、一から制度を立ち上げるよりも、既にある名称を利用したほうが楽で、問題があれば手を加える。これが戦国大名の姿勢なのである。地元で長年かけて定着したものごとのあり方をすべて壊す必要はない。同じ名前が使われているからといって、中身が同じであるわけではない。これは、いつの世も同じことである。「新しい酒を古い皮袋に入れ」てもよかったわけだ。

一方の「領」は、主に国衆の支配領域を指しており、各国衆の本拠の名前から「○○領」と呼ばれる。国衆が大名に従わずに滅ぼされた場合でも、「○○領」という呼称で行政単位として残るのである。一見すると「郡」とは異なるように思えるが、戦国大名の行政区画において、「郡」と「領」は実際にはほぼ同じものである。この点は、後述する。

では各国に置かれた郡司をみてみよう。まず置かれたのは諏方郡司（上原城代、後に高島城代）である（中世では「諏訪」は「諏方」と書く）。これは、武田信玄が最初に領国化したのが諏方郡であるためである。それを皮切りに、各地域に郡司が設置されるようになっていく。

◎諏方郡司：上原城代（茅野市）→高島城代（諏訪市）
板垣信方→長坂虎房→板垣信憲→吉田信生→市川昌房→今福昌和

◎佐久郡司：内山城代（佐久市）　小山田虎満→小山田昌成
※小県郡も担当している可能性あり

◎上伊那郡司：高遠城代（伊那市）　諏方勝頼（支城主）→?→今井信仲

◎下伊那郡司：大島城代（長野県松川町）　秋山虎繁→日向虎頭代行？

◎川中島郡司：海津城代（長野市松代町）　春日虎綱→春日信達→安倍宗貞代行
※埴科・更級・水内・高井郡を担当

◎筑摩郡司：深志城代（松本市）　水上宗富代行
※安曇郡も担当している可能性あり

◎西上野郡司：箕輪城代（高崎市）
浅利信種→内藤昌秀→工藤長門守代行→内藤昌月
※吾妻郡・利根郡と群馬郡北部を除く地域を担当

◎富士大宮郡司：大宮城代（富士宮市）　原昌胤→原昌栄→河東郡司に併合？
※富士郡のうち富士氏旧領を担当。

◎駿河郡司：久能城代（静岡市）　板垣信安→今福長閑斎→今福虎孝

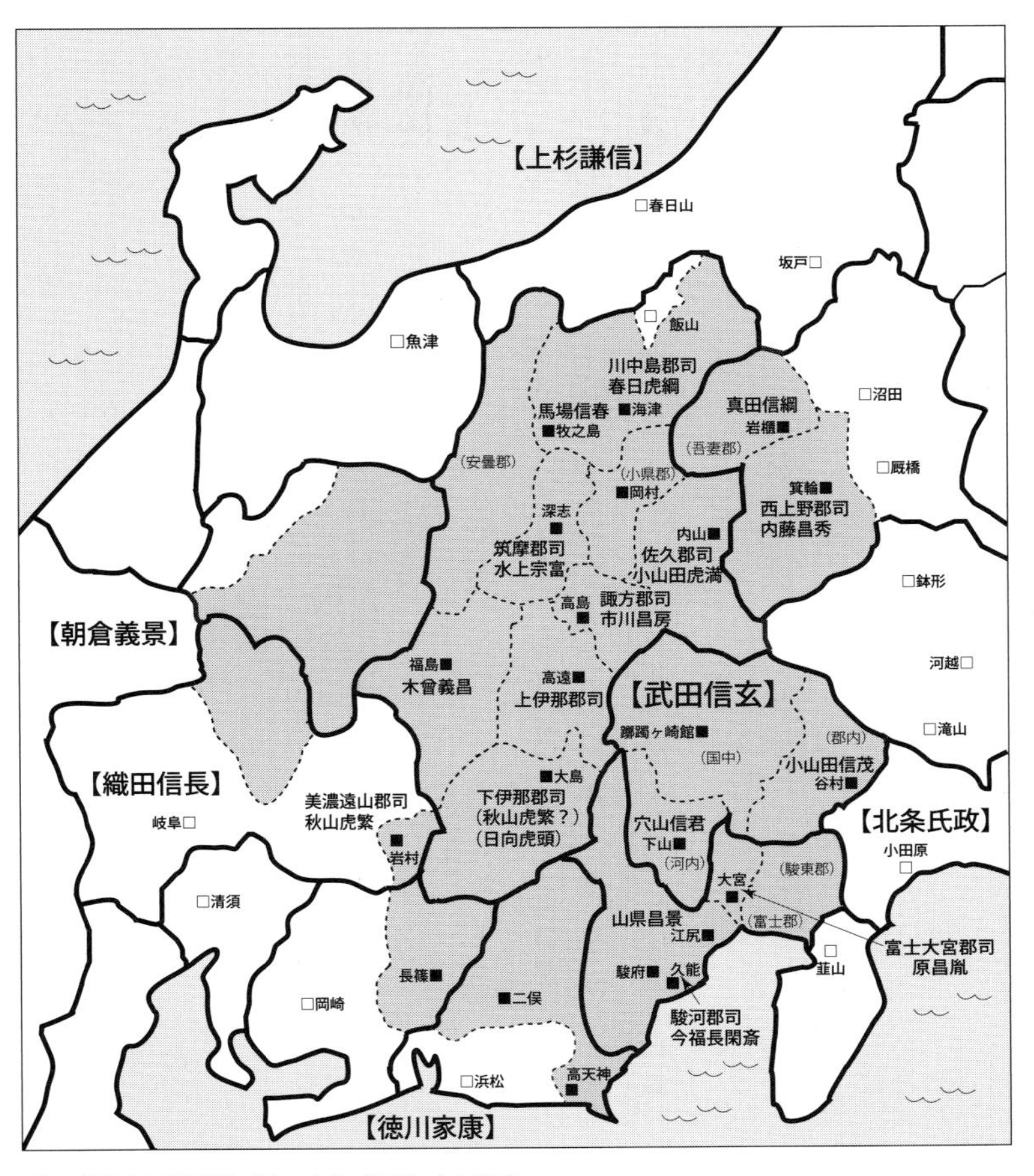

武田領国支配図① 信玄末年（元亀４年頃）

※駿河のうち富士川以西を担当。

◎河東郡司：興国寺城代（沼津市）曾禰昌世（そねまさただ）

※駿東郡と、富士郡のうち富士大宮郡司管轄外を担当。その後富士大宮郡司廃止？

◎美濃遠山郡司：岩村城代（恵那市）秋山虎繁

※恵那郡岩村遠山氏旧領を担当

◎北上野郡司：岩櫃（群馬県東吾妻町）・沼田城代（沼田市）真田昌幸（まさゆき）

※北上野の吾妻・利根郡および群馬県北部を担当

これだけの領域を、信玄・勝頼は重臣に任せて直接支配領域から切り離したのである（【武田領国支配図①②】参照）。ただしこれらの領域のなかには国衆領が存在するから、各郡司は任された領域すべての支配を担当するわけではない。国衆領はあくまで自治領であり、国衆は大名直属の扱いを受けていたからである。

郡司の権限

それでは郡司にはどのような権限が与えられたのか。実はこれが一定しない。何故かというと、最前線の城郭を任された郡司と、後方の安全な地域を任された郡司、また早い段階で設置された郡

らに第二代諏方郡司長坂虎房も、勝手に諏訪大社の末寺を接収し、自身の菩提寺を建立してしまっていた。これまた信玄、大激怒である。

この教訓を受け、信玄は郡司から「御料所の管理権」を引き離すことを決めたらしい。郡司の所領宛行権の縮小に乗り出したことになる。もちろん、信玄は多忙だから地方のことまで目が行き届かない。そこで各地域の御料所に管理責任者を任命し、その人物に目を光らせることにしたのである。チェック機構の創出というわけだ。

だからこそ、その後も郡司には所領の宛行権そのものは付与され続けた。西上野郡司内藤昌秀に、「(所領を宛行う)判物(花押を据えた文書)の配当は先代通りにせよ」と命じ、北上野郡司真田昌幸に「判物の配当は現地の事情をよく聞いて行え」と命じているのは、その表れである。ただし、それはあくまで御料所の管理者が許す範囲であった。

逆に、普請役の賦課権は重要な権限として郡司に与えられた。城郭の防備を固めることは、戦国の世において欠かせないからである。

裁判権も付与されている。しかしこれも「所領を与える・安堵する権限」と同様で、郡司に訴えるか、武田氏に訴えるかの選択は訴人が行った。武田氏から勝訴の判決を受ければこれほど安心できることはないが、甲府への旅費・滞在費、そして手数料が馬鹿にならない。そこで、各地の郡司に訴えることもみられたのである。ただしその場合でも、郡司が手に負えないと判断した複雑な訴訟は、武田氏の法廷に回されることになるというわけだ。

また郡司たちは、広大な管轄領内の国衆を「相備え」として指揮下に置くことが多かった。郡司のなかには「御先」という信玄・勝頼不在時の軍事統率権を与えられる者がいたが、それを遂行するにはまとまった兵力が必要である。そこで大名に直接従っている国衆を寄子として付されたのである。このうち有力国衆は、独力で「一手」と呼ばれる一軍を編成することができるから、「相備え」という特別な名称で呼ばれた。

「相備え」を含む寄子に対し、郡司は平時でも密接な関係を構築した。彼らが大名に言上する際に間を取り持ったり、国衆の振る舞いが大名の機嫌を害さないよう助言したりしたのである。こうした立場の人間を「指南」と呼んでおり、武田氏では郡司クラスの宿老しか務められない大役であった。北条氏でも同様で、一門（御一家）・宿老クラスが務めた。武田氏とは、一門が大きな役割を果たしている点が異なる。もっともこれは、武田氏では御一門衆の年齢が若すぎた結果であろう。天正三年（一五七五）の長篠敗戦後は、御一門衆の活動も目立つようになる。

行政権を持たない城代

郡司と併行して、重要な軍事拠点には行政権を持たない城代と城将が配置された。この点もややこしい。いずれも史料上は「城主」「物主」などと呼ばれているが、与えられた権限はそれぞれ異なる。

戦国大名の領域支配研究が先行したのは、相模北条氏である。そこでは、黒田基樹氏によって次のような責任者の区分が提唱された。

城将…軍事指揮権だけを所持した存在
郡代…税金などの徴収権だけを持った存在
城代…徴税権と軍事指揮権を併せ持つ存在（郡代＋城将）
支城主…城代にさらに知行宛行権や裁判権を付与された存在。領域支配と家臣の軍事編成を統一的に実現
支城領主…支城領すべてを自分の知行とした存在。北条領国下における大名

これを援用して武田氏の領域支配制度も考えられており、筆者も同様である。筆者に関していえば、軍事指揮権のみを保持する「城主」を城将と呼ぼう、とまず決めた。次に武田氏の「郡司」（郡代）については、城代が郡司職を兼ね、裁判権まで付与された存在だから、一見すると北条氏の区分では支城主に相当する。たとえば柴辻俊六氏は、こうした存在を当初は「城代」と既定していたが、近年は「支城主」に呼称を改めている。しかしながら、北条氏の支城主ほど大きな権限を

与えられてはいないようだ。

その上、「外交交渉権」を付与されているが、行政権を持たない城郭責任者も存在する。たとえば馬場信春（ばばのぶはる）の事例をみてみよう。信春は、信濃牧之島城（長野市信州新町）に入って海津城代春日虎綱を側面から軍事支援する役割を担った。これは海津城代が上杉謙信の強大な軍事圧力に常に晒されていたためである。同時に、越中・飛騨方面への外交交渉権を付与されている。しかしながら、行政権を与えられた形跡はなく、海津城代が牧之島城のある水内郡の行政権を保持している。

駿河江尻城（静岡市清水区）の山県昌景（やまがたまさかげ）も同様で、やはり行政権が付与された形跡がない。しかし山県は、駿河・遠江・三河における軍事指揮権をほぼ掌握しており、徳川家康との戦争を任されていたといってよい。具体的には、この地域の国衆への「指南」を一手に引き受けていたのである。馬場・山県のような存在を、行政権を持たないからといって、「城将」と括ってしまってよいとは思えない。そこで、軍事指揮権のみを付与された存在を城将、その他の権限を持つ部将については城代とし、後はこれに加えて広域行政権を有する部将を、郡司と呼ぶことにしたいと思う。支城主については、行政権を持つ御一門衆が該当すると考えれば、事実上高遠時代の勝頼に限定される。

このように、武田領国において、各支城に配置された部将が持つ権限は様々であったといえる。

小山田備中守の誕生

武田氏において特徴的なのは、信玄による「抜擢」である。特に郡司は、低い身分から取り立てられた人物が少なくない。

まず最初に抜擢された人物として、佐久郡司小山田虎満をみてみよう。彼は、もともとは板垣信方の寄騎（与力）で、上原伊賀守と称していた。

そこから虎満は抜擢され、佐久郡内山城に入って数年間軍事・行政を任された。その後、正式に佐久郡司（内山城代）に任命され、小山田備中守という新たな苗字と受領名を与えられたのである。この小山田備中守という名乗りが、武田家中でどのような意味を持つのかよくわかっていないが、特別待遇であることは間違いない。彼は、「当州宿老（とうしゅうしゅくろう）」つまり甲斐国の家老のなかでももっとも重要なひとりとまで信玄から呼ばれるようになる。

管轄領域は、武田氏に降伏した国衆岩村田大井氏が支配した内山領を基本とし、佐久郡全体に及んだようである。ここで国衆領を継承しているという点は、武田氏の郡司制の特徴であり、詳細は後述する。なお、小県郡行政にも関与した形跡があるが、同郡は大半が国衆領であるため、詳細がよくわからない。小県郡の拠点城郭としては塩田城・岡村城（岡城、ともに上田市）があるが、当初塩田城に宿老飯富虎昌（おぶとらまさ）が入城した他は、城代・城将は不明である。さしあたり、佐久郡司小山田氏が小県郡支配も兼ねていたとみておきたい。

虎満はその後北信濃・上野と転戦した。第三次川中島合戦時には当時の重要拠点である東条尼飾城将（長野市）を兼任し、川中島安定後は西上野碓氷郡の松井田城将（安中市）に任じられている。その場合でも、佐久郡司（内山城代）の身分は失っておらず、まさに「当州宿老」であった。『甲陽軍鑑末書』（『甲陽軍鑑』の補遺編）は、虎満を板垣信方・甘利虎泰・飯富虎昌と並ぶ「四人の侍大将」「武田のおとな四人」と記している。かつての寄親板垣信方と肩を並べたというのである。ただし、同書は虎満を早くに討ち死にしたと誤解しており、信玄の全盛期には次の世代に移ったとしている。もっとも討ち死にをしたわけではなくても、年齢には勝てない。虎満の役割は徐々に後ろに退くようになっていき、子息昌成に代替わりをする。この昌成が、武田氏滅亡時に高遠城に副将として入り、奮戦の末討ち死にした「小山田備中守」である。なお、「おとな」とは「老」「乙名」などと書き、ここでは重臣中の重臣である宿老を指す。

馬場信春の抜擢

そこで出てくる新たな「武田のおとな四人」が、馬場信春・内藤昌秀・山県昌景・春日虎綱であるらしい。たしかに「石水寺物語」という『甲陽軍鑑』内の教訓集を読むと、若手家臣がこの四人に教えを請う場面が散見される。そこでこの四人をみてみよう。

まず馬場信春である。彼はもともと武河衆という甲斐・信濃国境の地侍教来石氏の出身で、到底

馬場信春像（信玄公宝物館蔵）

重臣とよべる存在ではない。それを信玄が抜擢し、武田氏家老馬場氏の名跡を相続させ、馬場信春（民部少輔、のち美濃守）と名乗らせたのである。その上で、深志城将を歴戦の猛将である足軽大将原虎胤とともに務めた後、信濃牧之島城代に任じられた。抜擢の典型事例といえるだろう。牧之島城代としては、先述したように越中・飛騨方面との外交交渉を任された。

実名は氏勝・信房・信枩（「松」の異体字）と諸説あったが、発給文書の写が二点残されている。ひとつは武田信玄に忠誠を誓った「下之郷起請文」の署名部分のみの写で、もうひとつは高野山成慶院（現桜池院・成慶院）に宛てた書状の写である。どちらも、実名の二文字目が花押と重なっている。「下之郷起請文」の写では「枩」「春」上部どちらとも読めたため確定できなかったが、筆者が発見した高野山成慶院宛書状の写をみると「枩」と読むのは難しく、「春」のほうが近い。このため、実名は信春であると思われる。

飛騨は別として、信春が担当した越中方面には、直接軍勢を派遣することはない。このため信玄の出陣にはいつも御供をしていたといわれる（『甲陽軍鑑』）。なお、飛騨方面の軍事は実際には山県昌景が担当しており、両者の権限はもう少し整理して検討する必要があるだろう。

天正三年（一五七五）の長篠合戦では、殿軍を務め、奮戦して討ち死にした。その働きは、『信長公記』においても絶賛されている。『甲陽軍鑑』は享年六二とする。

子息のうち、玄蕃はともに討ち死にし、次男とみられる民部少輔が跡を嗣いだ。高野山奥の院に幕末に建立された供養塔によると、実名は信忠であったというから、仮にこれに従う。しかし信忠は「民部少輔同心」としか史料には記されず、本人の動静はよくわからない。あるいは病弱であり、同心の補佐なしでは実務を担えなかったのかもしれない。「甲州崩れ」に際しては深志城を守っていたが、織田有楽斎（信長の弟）に城を明け渡して退却し、その後戦死または刑死した（奥の院供養塔によれば深志で戦死）。享年は四〇ないし四五と系図に記される。

馬場氏の系統は、信春のもうひとりの子息小田切昌松と息女によって武田氏滅亡後も続くことになる。信春は子息昌松を舅である小田切下野守の養子としており、彼が一族を守って武田氏滅亡後の混乱を生き延びたようである。本能寺の変後、信春の娘のひとりが、徳川家康の家臣鳥居元忠の妻となった。天正一八年（一五九〇）小田原合戦に際し、小田切昌松は武蔵岩付（さいたま市岩槻区）で討ち死にしてしまう。しかしこの娘は母を連れ、元忠の転封にしたがって下総に移り住んでいる。

内藤昌秀の抜擢

内藤昌秀は、最初の苗字を工藤という。父または兄が武田信虎のお手討ちにあったという話が伝わり、一時相模に亡命したとされる。兄の工藤長門守は健在だから、事実とすれば父親だろうか。実名は一般に昌豊で知られ、また系図類には信量などと記されるが、いずれも誤伝であり、昌秀が正しい。
永禄九年（一五六六）までに、深志城代に着任した。しかし永禄一二年（一五六九）の三増峠合戦で、西上野郡司（箕輪城代）浅利信種が討ち死にしたため、後任の西上野郡司に抜擢され、箕輪城代となる。

この人事を行うにあたり、信玄は昌秀にやはり武田氏家老内藤氏の名跡を嗣がせ、内藤修理亮を名乗らせた。どうも信玄は、断絶した家老の家を寵臣に嗣がせることを好んだようである。なお、内藤氏は信玄の祖父信縄の代まで活動が確認される家であり、代々修理亮を称した。信虎の代に断絶したのだろう。近世に成立した軍紀類によると、内藤虎資なる人物が信虎のお手討ちにあったとされている。ひょっとしたら、ある程度事実を伝えているのかも知れない。

『甲陽軍鑑』では、関東の国衆層からの外交窓口になっていたとあり、箕輪城の立地から事実とみてよい。おそらく、武田領西上野の入り口に位置する倉賀野（高崎市）の国衆跡部（倉賀野）家吉に使者往来の便宜を図るよう命じる立場にいたのだろう。軍事面でも、西上野の国衆を指揮下においていた。「（所領を宛行う）判物の配当は先代（浅利信種）通りにせよ」と命じられているから、知行宛行権を付与されていたものと思われる。荒地開発や百姓の生活が安穏となるよう努めよと指示されており、内政面でも一定の権限を有していたことは間違いない。後者については、いちいち信玄の下知を仰ぐ必要はないと言い添えられている。

内藤昌秀像（信玄公宝物館蔵）

西上野は上杉謙信との軍事的緊張に晒されており、天正二年（一五七四）の勝頼出陣に同陣する際には身ひとつでの出陣を指示され（つまり軍勢は箕輪城に残せという命令）、かつ利根川の浅瀬の状況を報告するよう指示されている。勝頼が、かなり箕輪城の防衛に気を遣っている様子がうかがえる。

あまり知られていないが、天正二年頃に大和守に改称した。その翌年、長篠合戦で討ち死にをした。このため、箕輪城代は兄である工藤長門守が代行するが、あくまで代行であり、昌秀よりは権限が縮小している。当時北条氏政とは同盟中であり、天正三年（一五七五）一〇月にはライバル上杉謙信と和睦が成立するから、箕輪城の軍事的重要性は大幅に低下していたのである。

しかし天正六年（一五七八）の御館の乱後、北条氏との同盟崩壊が秒読みになったことで話は変化した。翌年武田勝頼は、同盟破棄に備えて西上野の防備を固めるべく、内藤昌秀の養子昌月に箕輪在城を命じたのである。内藤昌月は、勝頼がかつて家督を嗣いでいた高遠諏方氏の家老保科正俊（ほしなまさとし）の実子である。勝頼が武田氏の家督を嗣いだことで、保科氏の地位は一気に向上していた。

昌月は「若輩」を理由に固辞したが、この時すでに三〇歳になっており、当時の武田家臣団が全般的に若かったことを含めて考えると、言い訳にすぎる。ようは、北条氏政への最前線に立たされることを嫌ったのだろう。そこで勝頼は、昌月の実父保科正俊を後見人として箕輪城に配置するという案を提示し、幾度も固辞する昌月の説得に成功した。これにより、昌月は正式に西上野郡司として箕輪城に着任することになる。その際、「在城定書」というものを与えられているのだが、この点は後述する。

ここで昌月は昌秀の代よりも多くの国衆を軍事指揮下に収め、彼らが提出した人質を箕輪城内に集めた。警察権・裁判権も与えられており、昌秀よりも職掌は明確である。

ただし内藤昌月は、他の郡司とは異なり外交交渉権を制約されていた。他大名、特に北条氏の家老から使者が来た場合は自分の判断で返事をせず、勝頼に報告するよう求められているのである。戦国大名は家臣が勝手に他国と外交書状を交わすことを禁じており、武田氏では「甲州法度之次第」でそれを定めている。ただし同盟国とのやりとりや、以前から友好関係にある国衆との音信は許可されるのが通例であり、特に国境を守備する郡司はそれを許される傾向にあった。だからこれは、北条氏との同盟崩壊間際の緊張感から生まれた指示だろう。勝頼は、昌月の不用意な発言が北条氏との外交関係に影響を及ぼすことを恐れたのである。

逆に養父昌秀は、独自に上杉謙信と書状を交わしていた。元亀二年(一五七一)に上杉謙信が信玄に同盟を求めてきた際の交渉では、「以前に出した条件と変わりはなく、信玄・勝頼に報告する必要すらない」と信玄側近跡部勝資を通して上杉氏に交渉拒絶を伝えている。おそらくこれは、跡部勝資が前線責任者の発言を上杉氏に伝えたほうが得策と判断して書状に記したものだろうが、国境を預かる郡司の意見は外交政策を考える上でも重視されていたのだろう。

昌月は武田氏滅亡後、箕輪を拠点とする国衆化して北条氏に従属した。北条氏においては、印文「慈政（カ）」の黒印使用を許されるなど厚遇を受け、天正一六年（一五八八）に没した。その子直矩（なおのり）は、小田原合戦後徳川家臣井伊氏に仕え、彦根藩士となっている。

山県昌景の抜擢とその兄飯富虎昌

山県昌景はもともとの苗字を飯富という。飯富氏は甲斐の名家で、兄虎昌は信虎の代には他の国衆と連合して武田氏に背いたが、その後帰服した。信玄の代には信頼も高まり、信玄嫡男義信（よしのぶ）の後見人のような立場にあった（傅役（もりやく）とされることが多いが、『甲陽軍鑑』ではそのように明記されてはいない）。信玄の信濃攻めにおいては最前線の指揮をとり、小県郡の拠点塩田城代に任ぜられた。第三次川中島合戦期の北信濃の軍事は、虎昌が司っていたらしい。率いていた軍勢は具足から旗指物まで朱塗りの「赤備え」で、勇名を轟かせた。

こうした兄を持ったため、昌景も信玄のもとで順調に出世をしていた。

しかし永禄八年（一五六五）一〇月、義信のクーデター未遂が発覚したことで、事態は一変する（「義信事件」）。事件の責任を負う形で、兄虎昌は自害または処刑に追い込まれたのである。信玄は、禅僧の諫めもあってか当初義信を処罰することは控え、対外的には「虎昌が親子の仲を引き裂いた」と説明した。

山県昌景像（信玄公宝物館蔵）

窮地に追い込まれた昌景だが、信玄は優秀な家臣を手放すことはしなかった。飯富氏を断絶処分とした上で、昌景にやはり武田氏家老の筆頭格である山県氏を嗣がせたのである。この背景として、虎昌の不穏な行動を信玄に報告したのは、昌景自身であったとも伝わる。

以後、昌景は信玄の右腕として、内政・外交・軍事にフル回転していくこととなる。永禄一〇年（一五六七）の甘利信忠死後は、「職（しょく）」に任ぜられ、裁判・検断（けんだん）（警察）権を管掌したらしい。外交面でも、会津蘆名（あしな）氏および三河徳川氏との同盟を取りまとめたのは、昌景の功績である。

特に目立つのは、徳川氏との外交を担当する取次である。永禄一一年（一五六八）一二月に信玄が家康と連携する形で駿河に攻め込んだ後、武田家臣の一部が駿河安倍山に楯籠もった今川氏残党と勝手に人質交換をして、和睦交渉をはじめてしまうという事件が起こった。話を知った徳川家康は、武田氏担当取次である宿老酒井忠次（さかいただつぐ）を通じて、山県昌景に無断で和睦交渉をするとはどういう了見か、事前の取り決めと違うと抗議を行った。

昌景の回答は次のようなものである。①和睦交渉をしたのは武田信友・朝比奈信置（あさひなのぶおき）・小原伊豆守というといういずれも駿河衆である（つまり新参者である）。②この件では信玄も立腹している。なぜならば、甲州（武田氏）では細かいことでも信玄の下知を仰がなければならないのに、敵と連絡を取るとはもっての他であるためだ。③そこで信玄の弟の武田信友（信虎が駿河に追放された後で生まれたため、今川氏に仕えていた）は出仕停止処分にした。④朝比奈・小原については、武田氏に仕えて日が浅いため（法度を知らなくても）やむを得ないだろうということになったが、信玄の立腹を聞いて出仕を控えているようだ。⑤（和睦交渉として行われたという）人質交換は一切知らない。このことはそちらの御使者の前で誓った。もしまだお疑いであるようなら、起請文を記して送る。⑥甲斐にご息女が滞在しているが、お返しすることになった。以上である。

昌景はあくまで降伏したばかりの駿河衆が手柄欲しさに暴走したもので、信玄は関与しておらず、むしろ怒っているのだと弁明しつつも、甲府に滞在していた酒井忠次の娘を返還すると述べている。おそらくこの娘は、徳川家康が今川氏に出した人質で、武田氏が駿府を占領した後に、甲府に連れ去っていたのであろう。ただ単に弁明をするだけではなく、失態を補う手を打っている。なかなかの外交手腕といえるだろう。

この後、信玄が徳川領にすると約束した遠江に侵攻する動きをみせたことで徳川氏との関係は悪化し、最終的に同盟は決裂する。すると信玄は、駿河支配の拠点である江尻城に山県昌景を入れ、駿河・遠江・三河の軍事統轄を委ねた。こうした事態は戦国期にはしばしばみられることで、取次として外交交渉を担当していた相手が敵対すると、交渉先大名との戦争の軍事指揮官に起用されるのである。取次として外交交渉をしていた相手であれば、その内情にも通じているという現実的判断と、取次に外交交渉失敗の責任を負わせるという側面があったのだろう。

なお、この外交を担当する取次→軍事指揮官というコースを許されなかったのが明智光秀（あけちみつひで）である。

光秀は織田家中において、長宗我部元親に対する取次であったが、長宗我部氏との外交交渉決裂後、四国侵攻の指揮官には任命されなかった。これは光秀の面目を丸潰れにするものであったろう。その直後に本能寺の変が起こったため、近年謀叛の要因として四国政策をめぐる信長との確執が指摘されているわけである。

昌景は軍事的にも勇名を馳せ、近世に入って記された書物では数々の武功が記される。特に直接軍事的に対した徳川家康は、昌景の武名を恐れたとされ、これが武田氏滅亡後に山県昌景の片腕であった広瀬郷左衛門尉・三科肥前守を井伊直政につけ、「赤備え」を継承させた背景とされる。ただし、『甲陽軍鑑』を読む限り、広瀬・三科は昌景のもとでは赤備えの軍装をしておらず、全軍が「赤備え」であったとされる兄虎昌とは異なる。武田氏の赤備えは、虎昌死後は浅利信種（箕輪城代）→小幡信真（上野国衆）と継承されているから、昌景が本当に「赤備え」であったのかは再考を要するかもしれない。また武田氏と徳川氏が本格的に衝突した三方原の戦いではめずらしく苦戦を強いられ、勝頼の支援を得て軍勢を立て直している。

元亀三年（一五七二）の信玄「西上作戦」、天正三年（一五七五）の勝頼の三河侵攻では別働隊を率い、信濃から南下して三河に入っている。それだけ、信玄・勝頼から信頼厚い部将であったのである。天正三年に勝頼が武田信玄の「三年秘喪」を解き、高野山成慶院に信玄の供養を依頼した際には、みずから使者として高野山に参詣した。これは織田領を突破しなければならないから、相当危険な行動である。それだけ、信玄との紐帯が強かったといえるだろう。

しかしそのわずか二ヶ月後の長篠合戦において、他の諸将とともに決戦慎重論を唱えるも勝頼に退けられる。合戦当日は一番隊を率いるが、織田勢の鉄砲を前に後退し、全軍退却時に討ち死にした。

家督を継いだ子息昌満(まさみつ)は、江尻城代を継承することを認められず、代わりに駿河西部の田中城代(藤枝市)に任じられた。権限は不明だが、家老としての処遇は受けており、家格が低下したわけではなさそうである。勝頼は江尻城代の後任として、御一門衆筆頭の穴山信君(のぶただ)を任じた。これは信君が、かつて今川氏との外交を担当していたため、駿河の体制立て直しに適しているとみなした人選であろう。これにより、東海地方の軍事統轄は穴山信君が引き継ぐことになる。しかし勝頼は、この人事が最終的に裏目に出るとは予想だにしていなかったに違いない。

昌満は武田氏滅亡に際しては、徳川勢侵攻を前にして田中城を放棄したようで、甲府または郡内において織田信忠に殺害された。

春日(香坂)虎綱の大抜擢

信玄による人材登用において、もっとも著名な人物が、春日虎綱である。虎綱は、石和(いさわ)(笛吹市)の豪農の子息として生まれた。ところが父が早逝した後に起こった財産訴訟に敗れ、零落の身にあったという。信玄はこの人物をひきたてた。豪農の子息というと、百姓出自の羽柴秀吉を想起させる。低い身分からの抜擢は、何も織田信長の専売特許ではなかったということだ。もっとも、豪農と地侍はほぼ同じ階層に属するから、武河衆教来石信春と極端な差があったわけではない。

信玄は、虎綱に北信濃川中島方面で職務を担わせることにしたらしい。そこで、牧之島の国衆香坂氏に養子入りをさせた。『甲陽軍鑑』の原著者「高坂弾正」は虎綱のことで、香坂を高坂と誤記している。同時に『甲陽軍鑑末書』（補遺編）の記す実名「昌信」は明確な誤りで、虎綱が昌信と称したことはない。同書が虎綱の手を離れた後に追記されたものなのであろう。

この人事の極端なところは、豪農とはいえ百姓出身の虎綱を、上杉謙信との戦争を一手に任せる海津城代として川中島郡司（埴科・更級・水内・高井郡支配を担当）に任じたことである。これほどの抜擢は、武田氏においては類例をみない。他の三人が武田氏宿老の家を嗣いだのに対し、国衆家に養子入りするという形をとったのも異質である。大名が子息を国衆家に養子入りさせる事例は多いが、百姓から出世した寵臣に嗣がせてしまうことはなかなか思いつかないのではないか。そのような低い身分の人間を養子として受け入れることは、香坂氏内部でも相当な軋轢があったと予想される。そればかりか香坂氏の本拠牧之島は、この後武田氏が城を築いて直轄領化している。ということは香坂氏は国衆としての主体性を喪失し、武田氏に仕えることになったのかもしれない。

なお武田氏滅亡後、虎綱の子息信達が上杉景勝から北条氏直に寝返ろうとして処刑された際、香

春日虎綱（高坂昌信）像（信玄公宝物館蔵）

坂一族は信達に協力した様子が一切みられない。百姓の小倅に家督を奪われた香坂氏としては、思うところがあったのだろう。

虎綱はその後、春日に復姓しているが、実はこれが単純な復姓かは確定できない。というのも、より北方に春日という国衆がおり、彼らも虎綱の指揮下に配属されているからである。香坂氏と春日氏、双方を抑える改姓であったのではないだろうか。なお、対外的には香坂姓で通しているから、本人の自覚としては香坂姓のほうが格上と認識していたらしい。

『甲陽軍鑑』「甲州武田法性院信玄公御代惣人数事」の記述を信じれば、武田家臣団中最大規模の軍事力を保持していた。上杉謙信に対する最前線の指揮官という立場からすると自然だが、虎綱は『甲陽軍鑑』そのものの原記主とされるから、水増しされた数字という説も有力である。こうした重責を担っていたため、管轄地で行われた川中島合戦以外は、ほとんど従軍していない。数少ない事例が信玄晩年の「西上作戦」で、これは上杉謙信が降雪で動きがとれないと判断しての出陣命令である。天正三年（一五七五）の長篠合戦においては、新品の旗指物を用意して撤退してきた勝頼を出迎え、敗戦を国内に悟られないようにさせたと伝わる。

長篠合戦後は、北条氏政との同盟強化および上杉謙信との関係改善を訴えた。もっとも『甲陽軍鑑』は、両大名への降伏を唱えたというが、さすがにこれはあり得ない話だろう。北条氏政とは、氏政の妹桂林院殿（けいりんいんでん）が天正四年（一五七六）ないし五年（一五七七）に勝頼に輿入れし、虎綱はこれではじめて安心して眠れると周囲に語ったという。

一方、武田・上杉両氏は永禄一二年（一五六九）以降和睦交渉を断続的に行っており、こちらも成立の余地はあった。特に、元亀二年（一五七一）以降は上杉謙信が積極的に和睦を提案している。それが実ったのが長篠敗戦後の天正三年一〇月であり、足利義昭の仲介で謙信との間に和睦が成立した。しかし天正六年（一五七八）五月、上杉謙信の死去により、越後で御館（おたて）の乱が勃発し、事態が急転する。武田勝頼は同盟国北条氏政の要請を受け、氏政の実弟である上杉景虎支援に出陣するが、そこに飛び込んできたのが上杉景勝からの和睦要請であった。虎綱はこれに賛意を示したようで、取次として交渉に臨んだとされるが、交渉開始直後の六月一四日に五二歳で死去している。おそらく、虎綱の名前を借りて子息春日信達が交渉にあたったのだろう。

虎綱の嫡男香坂源五郎は長篠合戦で討ち死にしたため、次男信達が後を嗣いだ。したがって、虎綱は香坂氏の家督を嫡男に譲った上で、自身は春日に復姓したのかもしれない。虎綱の死後、春日信達は上杉景勝との和睦交渉を担当した。しかし景勝との和睦は、北条氏政との同盟破棄を引き起こす結果となった。

上杉景勝との同盟成立により、川中島の軍事的緊張は緩和し、駿河・上野で北条氏との戦争が展開されることとなる。そこで信達は海津城を離れ、対北条氏最前線に新たに築城された駿河三枚橋（さんまいばし）城（沼津市）に移ることとなった。ただし信達の後任の城代安倍宗貞（勝頼側近）は臨時の在番の可能性が高い上、宗貞の海津着任時にはまだ三枚橋城は完成していなかった。信達は川中島四郡に対する行政権も保持したままであった可能性があり、川中島郡司（海津城代）を兼任したまま三枚橋城に入るという形をとったのかもしれない。小山田虎満などと同様の形である。

　天正九年（一五八一）、春日信達は北条方の伊豆徳倉城代（静岡県清水町）笠原政晴を調略し、寝返らせるという離れ業を演じた（『北条五代記』）。この時、武田氏は駿河では北条・徳川両氏に挟撃されて徐々に後退をしていたが、上野では常陸の佐竹義重と同盟して北条氏政を挟撃し、上野制圧ばかりか、下野侵攻を目前にしていた。このため、氏政は「このままでは当方滅亡」と苦悩しており、北条氏からすると武田氏は強大な敵国であり続けたものと思われる。笠原政晴は、北条氏宿老松田憲秀の長男で、伊豆郡代笠原氏に養子入りした人物である。当然北条氏の内情にも通じており、信達の手柄は大きなものがあった。この寝返りを処理するための出陣で、勝頼の新府移転は一二月にまでずれ込むのである。

　翌一〇年（一五八二）の武田氏滅亡に際しては、北条方の攻撃を受けて三枚橋城を放棄した。勝頼のもとに伺候するが、長坂釣閑斎の讒言によって同行を拒絶されたという。そのまま海津に戻ったと思われる。織田政権下での動静は不明だが、本能寺の変後、上杉景勝に降伏し、再度海津城代に任じられる。しかし七月に北条氏直が川中島に進軍してきた際、真田昌幸の調略に応じて北条氏に内通。謀叛を起こそうとするが露見し、景勝の陣所を訪れたところを捕縛され、処刑された。

秋山虎繁と岩村城

もともと武田氏重臣の家柄であった郡司についても少し紹介をしておこう。大島城代として下伊那郡司、のちに岩村城代として美濃遠山郡司を兼ねた秋山虎繁は、一般に秋山信友という誤った名で知られる。「晴近（親）」と呼ばれることもあるが、これも信濃春近衆という武士団を率いたことから来た誤伝である。正しい実名は「虎繁」であることが近年明らかになった。早くから東美濃情勢に関与しており、織田信長との外交においては取次を務めた。

虎繁の立場に変化が生じたのは、武田氏と織田氏に両属していた美濃国衆岩村遠山景任・苗木遠山直廉が元亀三年（一五七二）に相次いで死去したことである。当主不在になったことに眼をつけた織田信長は、子息御坊丸（信房）を岩村城に強引に入部させた。しかしこれに遠山一族が反発し、武田氏単独に忠誠を誓うことを表明して、武田方の軍勢を迎え入れた。一般に虎繁はこの時軍勢を率いて岩村に入ったとされるが、実際に入部したのは翌年（一五七三）三月である（この旨を記した文書は、様式に不備があるが、偽文書として一から作られる内容ではなく、元となる文書があったと考えておく）。遠山一族には、信長を支持する者も存在し、武田方と織田方で分裂した。

岩村に入城した虎繁は遠山景任の未亡人（織田信長の叔母）を妻とした。当然信玄の許可を得てのことであろうから、遠山領を治める上で必要な処置と判断されたのであろう。これにより、岩村城代として美濃遠山郡司となる。管轄領域は、岩村遠山氏の領国を中心とすると思われる。岩村に入っていた信長の子息御坊丸は甲府に護送されるが、虎繁入城以前か以後かは判断がつかない。後に、武田氏のもとで元服し、織田源三郎信房を名乗っている。

天正三年（一五七五）の長篠合戦後、勢いに乗る織田勢によって岩村城は包囲されてしまう。虎繁は勝頼に援軍派遣を求め、武田信豊（のぶとよ）と小山田信茂（のぶしげ）が連名で虎繁に援軍派遣を約束するが、遠江での苦戦が続き、実現することはなかった。逆に勝頼が南信濃の防衛体制構築を指示するなかで、虎繁の同心となっている下伊那衆は、保科正直（まさなお）（正俊の嫡男）等の指揮に従うよう命じられた。勝頼としては、岩村に籠もっている親戚が多い下伊那衆の動静が気がかりであったのだろう。

一一月、勝頼の援軍はようやく後詰（ごづ）めに動き出すが、百姓までもかき集める羽目になるほどの苦しい出陣であった上、逆に信長の出陣を呼び込むことになってしまった。一〇日、虎繁は織田勢に夜襲をかけるが失敗。ついに降伏を決断する。信長は赦免をすると通達するが、実際には罠で、虎繁とその妻（信長叔母）は長良川の河原で磔に処された。享年四九。

虎繁は子宝に恵まれず、天正元年（一五七三）に金丸虎義（かねまるとらよし）の三男昌詮（まさあき）を養子に迎えていた。信玄・勝頼の側近土屋昌続（つちやまさつぐ）の実弟である。虎繁死後の天正四年（一五七六）に行われた信玄本葬では原昌栄とともに腰物をもって参列している。勝頼の側近として活動したが、天正七年（一五七九）に二九歳で早逝した。このため、昌詮の弟源三郎が家督を嗣いだ。『甲斐国志』『武田三代軍記』に

秋山虎繁（信友）像（信玄公宝物館蔵）

実名親久とあるが、これは秋山虎繁の誤った実名「晴親」を連想させ、疑わしい。下条兵庫助の娘を妻とすることが家督相続の条件というから、兵庫助は虎繁と姻戚関係にあったのだろう。なお、下条氏は虎繁が郡司を務めた下伊那郡の国衆である。

源三郎は武田氏滅亡に際し、兄土屋昌恒・金丸助六郎とともに勝頼に付き従い、田野（甲州市）で討ち死にした。享年は二一と伝わるが、一七とする説もある。

原昌胤の起用

駿河大宮城代として富士大宮郡司を務めた原昌胤（隼人佑）は、信玄側近のひとりである。山県昌景と連名で内政に携わることが多く、どちらかというと吏僚型の家臣といえる。跡部勝資とともに、上野の武士・寺社と信玄を取り次ぐ役割を務めた。しかし武田氏が駿河に侵攻した後、大宮城を任され、富士大宮郡司となった。長期戦の末に降伏した国衆で、富士山本宮浅間大社の大宮司でもあった富士信忠の世話をするよう命じられてもいる。

秋山虎繁の美濃遠山郡司もそうだが、ここでいう郡司の管轄領域は、国衆富士氏の旧領を指している。つまり、郡司（『甲陽軍鑑』では郡代）という呼称とは裏腹に、その内実は「国衆領」をもとに再編された地域であったのである。これは佐久郡支配を行うに際し、岩村田大井氏の旧領内山領を中心とした佐久郡司も同様である。

原昌胤像（信玄公宝物館蔵）

武田氏は、国衆領を中心とした領国再編を行い、そこに城代として郡司を置くことで、領域支配制度を整えたといえる。つまり武田氏の行政区画「郡」は、国衆「領」を基盤に編制されたものといえる。「郡」と「領」の間に本質的差違はないと述べた理由は、ここにある。これは北条氏も同様で、その支城領は国衆に養子を送り込むなどして、国衆領を接収する形で形成された。

昌胤は一時信玄の勘気を蒙って謹慎し、同名である下総原氏の取り成しにより事なきを得ている。その後、長篠合戦で討ち死にしたため、嫡男昌栄が跡を嗣いだ。動静からみて、昌栄も富士大宮郡司を継承した可能性が高い。しかし天正八年（一五八〇）九月の上野膳城（前橋市粕川町）攻めで深手を負い、甲府に帰陣した後に死去してしまった。

次の弟昌弘(まさひろ)は三方原の戦いで既に討ち死にしていたため、跡を嗣いだのは、昌胤三男の貞胤(さだたね)である。『信長公記』は武田氏滅亡時に、高遠城で討ち死にしたとするが、その後も生き延びた徴証がある。当時は今と違ってテレビや写真があるわけではないから、武田家臣の顔など織田方にはわからない。関係者に確認させて、それで確定をするのである。当然ながら、混乱のなか間違いも起こりえる。このため、『信長公記』や信長書状に記されている戦死者リストには誤りがある場合が少なくない。

大坂の陣を描いた軍記物『難波戦記』は、大坂冬の陣後、真田信繁(のぶしげ)（昌幸の次男、いわゆる幸村(ゆきむら)）と原貞胤が邂逅し、武田時代の思い出話をしたと記す。この所伝について、『甲斐国志』は疑問を呈する。たしかに信繁の元服は武田氏滅亡後で、武田時代の話をするというのは無理が多い。また『難波戦記』の史料的価値は極めて低い。しかしながら、越前松平氏には「原隼人佑」が仕えていた（『結城秀康給帳』）。これは昌胤・昌栄・貞胤三代が襲用した官途名である。また真田家臣原氏の一流は、大坂の陣で武功を著した越前松平家臣原隼人佑の弟の子孫であるという（真田氏所蔵『御家中系図』）。越前松平氏（福井藩）と真田氏（松代藩）の記録が一致しているというのは興味深く、あるいは貞胤は武田氏滅亡後も生き延び、越前松平氏に仕えたのかもしれない。ただし、武田遺臣は庶流家が本家の官途を称する例が多々あり、確定できない。

今福長閑斎の起用

駿河郡司は、平山優氏によって定義された存在で、富士大宮郡司と河東郡司が管轄する河東二郡以外の駿河の行政にあたった。

今福長閑斎（石見守）は、『甲陽軍鑑』では「今福浄閑斎」という誤った呼称で記されていたため、一次史料（同時代史料）上、「ちょうかんさい」と読める斎号はすべて長坂釣閑斎と誤解されてきた。しかし実際には、古文書において「長閑斎」とみえるのはすべて今福長閑斎であることが明らかになった。長坂釣閑斎であれば、「釣閑斎」ときちんと書き分けられているのである。「ちょうかんさい」と「じょうかんさい」の混同が何故生じたのかよくわからないが、『甲陽軍鑑』には時々こういう混乱があり、注意を要する。推測にすぎないが、同書が口述筆記で成立したために、わざと違う発音をすることで、両人を区別しようとしたのではなかろうか。

公事（くじ）奉行を務め、裁判の場では「荒く裁く」のが癖であったという（『甲陽軍鑑』）。信玄の北信濃侵攻に際しては、苅屋原（かりやはら）城将（松本市）、次いで深志城将を務めた。元亀年間（一五七〇〜七三）頃、板垣信安の後任として駿河久能城代に任じられ、駿河郡司を兼ねた。長篠合戦には参陣しておらず、勝頼から合戦前日に「安心するように」という書状を送られている。この書状の宛所が「長閑斎」とだけあり、永らく長坂釣閑斎と誤解されてきたのである。

天正五年（一五七七）に子息虎孝によって駿河臨済寺で三三回忌の預修法要が執り行われている。あるいは、この頃から体調を崩していたのだろうか。天正九年（一五八一）五月一五日に没し、臨済寺鉄山宗鈍によって法要が営まれた。

家督は嫡男虎孝（丹波守）が嗣いでいる。武田氏滅亡に際し、久能城は落城。虎孝は嫡男善十郎とともに、付近の駿河村山で自害して果てた。なお、今福氏は次弟昌常の系統によって武田氏滅亡後も存続した。

曾禰昌世の出世

駿東郡司曾禰昌世（孫次郎・内匠助・下野守）は、真田昌幸・三枝昌貞とともに「信玄が両眼の

曾禰（曾根）昌世像（信玄公宝物館蔵）

ごとく」と呼ばれた人物である（『甲陽軍鑑』）。曾禰氏の通字は「長」で、初名は「長成（ながなり）」らしい（成慶院『檀那御寄進状并消息』）。曾禰氏嫡流家歴代の実名は、「長」字が下（二字目）につくから、曾禰氏の庶流家出身なのだろう。最初は曾禰氏当主から「長」字偏諱を受け「長成」と称していたが、武田信玄から「昌」字を与えられ、改名したとみるのが自然である。

武田義信の傅役曾禰周防の子で、義信のクーデター未遂後に他国に亡命したというが、事実とは思われない。そもそも曾禰周防なる人物自体、実在を確認できないからである。ただし、信玄死去後しばらくして織田・徳川氏に内通していたといわれ、それが悪評を呼んだのかもしれない。

天正六年（一五七八）に駿河河東二郡（富士・駿東郡）で郷中改めをする朱印状を奉じている。このことからみて、興国寺城代として河東郡司に任じられていた可能性が高い。管轄領域は、駿東郡と、富士郡のうち富士大宮郡司管轄領域を除く地域とみられるが、領域再編がなされた可能性がある。天正九年（一五八一）、西山本門寺と北山本門寺（ともに富士宮市）のどちらが「本門寺」を名乗れるかという寺号相論に関与した。北山本門寺は、曾禰昌世について、こちらの言上に間違いがないと理解しているはずだと武田氏奉行所に主張している。この相論は大変複雑なもので、武田氏滅亡後に徳川家康が「私にはとても（判決を下すなどということは）できない」と、果断に裁許を下した勝頼を「知恵有テ」と皮肉混じりに論評させているものである。

早くから織田氏に内通していたのは事実であったようで、武田氏滅亡後、信長は家康に対し、昌世に興国寺城と河東二郡を与えるよう命じている。河東二郡の安堵なら、武田時代と同じか、それ以上の領域を治めることになる。しかし結局昌世は富士下方（富士郡南部）のみの領有を選んだ。これは駿河国主となった家康が昌世の不忠を嫌ったためであるともいい、昌世がその気配を察して遠慮したのだろう。

本能寺の変後は、駿河衆岡部正綱とともに家康の甲斐侵攻を先導。家康の甲斐国中の掌握を成功に導く。その後、信濃国衆蘆田依田信蕃とともに、かつての同僚真田昌幸を調略し、徳川方につけた。これにより、家康は北条氏に対する劣勢を挽回し、対等な形で北条氏直と和睦を結ぶことに成功する。

家康の関東転封に際し、真田昌幸の弟真田信尹（加津野昌春）とともに徳川氏を致仕した。やはり、家康との関係には微妙なものがあったのであろう。信尹とともに蒲生氏郷に仕え、会津で当初三〇〇〇石、のち六〇〇〇石を与えられた。慶長九年（一六〇四）八月以前に死去しているが、厳密な年の確定はできない。ただし、同年七月九日の可能性があることは指摘しておく。

北上野郡司真田昌幸については、第一一章で述べる。

郡司・城代に与えられる定書

信玄・勝頼は、家臣を郡司・城代に任命すると、箇条書きで今後の施政方針を指示した文書を手渡した。筆者は、これを「在城定書」と呼んでいる。一例として、内藤昌秀の養子内藤昌月が箕輪城代として西上野郡司に着任した際の「在城定書」をみてみよう。便宜的に、箇条事に丸数字を付す。

①一、城内の用心は、昼夜を通して、決して油断があってはならない。
②一、城内破損のところと防備が弱い所は昼夜兼行で普請を行うこと。
③一、人質の警備は大切なので、番衆を厳重に申しつけた。毎日人質を改め、決して油断があってはならない。しかしながら、諸侍のあるいは愛子、あるいは親類縁者なのだから、いかにも懇切に扱うのが適切である。
④一、決まりのように、毎日辰の初め（午前七時頃）に開門し、申の終わり（午後五時頃）に閉門せよ。諸番衆は厳重に役所を固めるように。
⑤一、火の用心を手堅く申しつけるように。
⑥一、地衆（ちしゅう）（地元の地侍）がみだりに本城（本丸）に出入りすることは、堅く禁止する。
⑦一、小幡・安中・和田・後閑（ごかん）・庭谷・高田・長根・大戸（おおど）・跡部家吉をはじめとして、その他西上州の貴賤に対し、いささかも無礼を働くことなく、いつも懇切丁寧に接すること。
⑧一、隣国の諸士ならびに小田原北条氏の家老衆が万一書状を送ってきたら、基本的に勝頼の

指示を仰いだ上で書状を返すこと。

⑨一、地衆に対し、押買狼藉（不当な安い価格での買いたたき）といった非儀は、かたく禁止する。

⑩一、喧嘩・口論・殺害・刃傷・夜討・強盗・博打の罪は、当該地域の領主に相談をした上で、定められている法度のように戒めること。

⑪一、酒宴・遊興・野牧・河狩に耽り、みだりに城外を徘徊してはならない。

⑫一、箕輪城主（城代の意）として在国（地方に赴任）する上は、貴賤貪富僧俗男女の訴えは、私情をはさまず、丁寧に聞き届けること。

⑬一、軍勢の人数確認、武具の調えは入念に命じること。

⑭一、国法については、浅利信種・内藤昌秀のやり方を聞き届け、その先例を守ること。

⑮一、内藤の同心・被官と、他の同心・被官および地下人（地元の有力者）にいたるまで、喧嘩・口論が起きたら、どちらに非があるかに関わりなく、定め通り内藤の同心・被官を戒めること。その上で、身分の高い同心二〜三名を糺明すること。

⑯一、大細ともに、一方的な言い分を用いた依怙贔屓の沙汰は禁止する。

⑰一、同心・被官が賄賂をもらって、不正な行いをすることは堅く禁止する。賞罰は厳しく、公正に行うこと。この一事に尽きる。

天正七年己卯
二月二日
内藤修理亮殿（昌月）
保科筑前守殿（正俊）

全部で一七ヶ条にもなる「在城定書」で、武田氏の出したものでは一番細かい。天正七年（一五七九）の北条氏政との同盟破棄に備えて、緊張の高まった箕輪城に内藤昌月を着任させた際のものである。天正三年（一五七五）の長篠合戦で昌月の養父昌秀が討ち死にしてから、正式な城代は空位となっていた。先述したように、昌月はすでに三〇歳に達していたが、「若輩である」と固辞し続けた。このため、実父である保科正俊が後見人として、一緒に箕輪に入部した。宛所に保科正俊の名が併記されているのはそのためだろう。

条文の配列は必ずしも内容通りではない。大ざっぱに、城の普請・用心に関する定め（①②④⑤⑥⑬）、国衆の扱い（③⑥⑦⑨）、内政に関する注意事項（⑨⑩⑭⑮）、外交交渉権（⑧）、城代の心得（⑪⑫⑮⑯⑰）にわけられるだろうか。

興味深いのは、「地衆」と呼ばれた地侍および国衆層への接し方である。彼らからは人質をとっており、箕輪城において管理をしている。この記述からでは、箕輪城内か箕輪城下か判別ができないが、おそらく人質を出す人物の格に応じて城内に収容するものと、城下の寺社などに預けたものと、双方がいたものと思われる。そして人質の管理は厳重に行わなくてはならないが、丁寧に接しろと指示している。人質が過酷に扱われていると感じ、国衆が不満に思っては、せっかく人質をとった意味がないというわけだ。何も良好な関係にある国衆に不満を持たせる必要はない。なお、この時西上野郡司内藤昌月の軍事指揮下にあったとみられるのが、⑦に記された小幡以下の九氏である。

そしてこの地衆は、本城（東国では本丸を本城と呼ぶ）には無闇に入れてはいけないという。地衆が入ってよいのは、二の曲輪（二の丸）までなのである。逆に⑪によると、内藤昌月はみだりに外出してはいけなかったらしい。

特に面白いのが⑮で、内藤昌月の同心（寄子）・被官と、他の人間の同心・被官、あるいは地下人との間で喧嘩・口論が起きた場合の対処である。勝頼は、ともかく無条件で内藤の部下を処罰しろという。事実関係の確認は、その後だというのである。人心掌握の手段として、興味深いものがある。

御備えの談合

『甲陽軍鑑』によると、武田氏では毎年一二月に信玄の御前で宿老が集まって翌年の軍事行動について談合（「御備えの談合」）を行っていたらしい。信玄時代の参加メンバーは、牧之島城代馬場信春、西上野郡司（箕輪城代）内藤昌秀、下伊那郡司（大島城代）秋山虎繁、川中島郡司（海津城代）春日虎綱、富士大宮郡司（大宮城代）原昌胤、江尻城代山県昌景である。これに甲斐郡内の国衆で谷村城主（都留市）の小山田信茂が筆者として加わり、元亀元年（一五七〇）の寄合では若手の土屋昌続・武藤（真田）昌幸・曾禰昌世・三枝昌貞が信玄の御供をしたという。将来の重臣候補として傍聴させたのであろう。

いずれも、武田家中で郡司や城代を任された宿老である。このうち原昌胤が吏僚に近いこと、小山田信茂が甲斐本国の国衆である点のみが異なる。書記として参加した小山田信茂は文武ともに秀で、自画自賛するほどであったというから（『甲乱記』）、達筆を評価されたのかもしれない。右筆すら交えない極秘の談合という様相が浮かび上がってくる。

それぞれが近隣諸国の事情に精通しており、情報交換の意味もあったようだ。内藤は関東、小山田は北条氏、馬場は越中・飛騨、山県は遠江・三河の情勢を報告するのが慣習だった。

談合は、信玄死後も宿老の屋敷を回り持ちにする形で続くことになった。その際、宿老たちは勝頼に「新しく参加させるべき者はおりますか」と尋ねたが、勝頼は軍事機密が漏れては大変なのでそのままでよいと返答したという。

問題は、勝頼が談合に参加していないという点である。これは信玄の失策といわざるをえない。

信玄は勝頼を後継者に指名した後も、「御備えの談合」に参加させようとはしなかった。これでは、宿老たちが勝頼を信玄の後継者と受け入れる際に、心の整理が必要になっても無理はない。しかも勝頼は家督を嗣いでからも、談合に参加する姿勢をみせていないのだ。武田氏の翌年の軍事行動を決める談合に、当主が不参加というのは異常としかいいようがない。

そうしたところ、勝頼が特に信頼していた側近の跡部勝資・長坂釣閑斎が談合に加わりたいと申し出た。話を聞いた内藤昌秀は、「信玄公は他の談合とは異なり、御備えの談合は深く隠せとたびたび仰せであった」「勝頼公も信玄公の御代と同じ顔ぶれで行えという御返事だった」と激怒した。ようするに、出しゃばった真似をするなということである。これに長坂釣閑斎が「勝頼公が談合の前にお考えを述べたいと仰せである。その理由は、（あなた方は）信玄公のお考えは御存知だろうが、勝頼公のお考えはよく知らないだろう。その内談をしたいのだ」と返した。すると昌秀は「勝頼公は京や筑紫（九州）から来たわけではない（から我々もよく知っている）」とますますいきり立ち、危うく刃傷沙汰になりそうであったという。

内藤の怒り方も異様である。宿老たちだけで、勝頼の軍事方針について話し合ってもなんの意味もなかろう。最終的には、談合結果を上申する必要があるはずだ。その後の記述をみると、談合参加経験があり、信玄からの信頼も厚かった土屋昌続を介した上申が念頭にあったようにも思われるが、どうして跡部・長坂では駄目なのか。

ここでのポイントは、内藤・馬場以下の談合メンバーと、跡部・長坂が同世代ということである。つまり武田家中では、武功派の郡司・城代系の家老たちと、行政手腕にたけた吏僚型家老の間に溝ができており、勝頼の代にはそれが深くなっていったらしい。勝頼が、「御備えの談合」に顔を出そうとしなかった（信玄の時代には許されなかった）というのも、それを象徴しているだろう。勝頼は実兄義信死後に甲府に呼び戻され、あまたの合戦に参陣していた。しかし信玄は後継者に相応しい処遇をしなかったため、宿老たちからすると、同僚とみなすには若手すぎ、主君と仰ぐには権威不足であったのである。

家督相続直後、勝頼は内藤昌秀に起請文を与え、今後は讒言（ざんげん）を信用しないことを誓うとともに、直奏（じきそう）（取次を通すという正規の手順を踏まない直訴）を禁じる旨を伝えている。勝頼と武断派宿老の間には、微妙な距離感があり、それが長篠合戦前夜の対立につながることとなる。

第七章　甲府の吏僚と側近たち
——駒井・土屋・跡部氏——

トラブルの解決者としての戦国大名

戦国大名は戦争ばかりやっているわけではなく、内政にも力を注いだ。政治権力なのだから当然のことだ。しかし戦国大名の場合、もうひとつ理由が加わる。それは戦国大名の成立過程である。

そもそも戦国大名はどのように成立するのだろうか。第四章では、守護と家宰が争って勝利した側が戦国大名となるというひとつのパターンを示したが、これはあくまで権力闘争の話に過ぎない。戦国大名の成立を「社会的に必要とされて生み出された」と捉え直すとどうなるだろう。

戦国時代は、応仁の乱や享徳の乱によって既存の政治秩序が乱れ、戦争が頻発するようになった時代である。同時に、地球規模の寒冷化が進展したのが、戦国初期であることも明らかとなっている。寒冷化の進展は、田畑の不作に直結する。その上、戦争が続いているために、せっかく作物を収穫しても、流通にうまくのらない。たとえ食糧があったとしても、流通が崩壊してしまえば、飢饉を呼ぶ。つまり戦国時代とは、戦争と飢饉に同時に見舞われた時代であったのだ。

そうした状況下では、水や山林の使用をめぐる村落間の争いや、下人(げにん)と呼ばれた隷属身分の逃亡が相次いだ。これらの問題が、個別領主権力で処理できる範囲ならよい。しかし、領主が異なる村同士で起きた相論や、遠方の村に下人が逃れてしまった場合はどうするか。当初は、領主同士の話し合いで解決していた(これを「近所の儀」という)。しかし頻発するようになってくると、領主同士の関係も険悪化する。また、河川の水の取り合いなどは、多くの村落とそれを治める領主が関係してくる。これを話し合いだけで解決するのはだんだん難しくなってきた。従来は、守護権力に裁判を委ねるという方法があったが、戦国時代に入る過程で、守護支配は混乱をきたしていた。

そこで求められたのが、幅広い領域を一円支配し、個別領主の上に存在する領域権力＝戦国大名である。各領主は、裁判権を戦国大名に委ねてトラブルを解決してもらおうとした——そう捉えることが可能なのである。つまり戦国大名の多くは、各地のトラブルを解決する上位権力として誕生したといえる。

同時に、戦乱の世に対応するために、強大な大名権力のもとに結集し、軍事力を強化するという意味合いもあった。戦国大名の軍事力の「傘」のもとに収まるというものである。

これを大名の側からみれば、各地の領主権力を従わせる、ということになるわけだ。したがって当初は紛争の裁定者として社会的に求められ、成立した戦国大名権力は、徐々に支配という側面を強めていく。この点は、大名権力が存続の危機に瀕した際に現れる。大名に保護してもらうには、戦国大名自体の存続が不可欠の前提となる。だから、大名の危機に際しては、全面的に協力をしろという論理に転換しうるのだ。

これがもっともよくわかるのが相模北条氏で、「御国に住む者」の務めという理屈で、本来なら軍事動員の対象にならない百姓身分のものまで戦争に動員するようになる。当然家臣には、より重い義務が課せられたのはいうまでもない。ただし、これは大名側の一方的な主張であって、協力を命じられた側が従うかは別問題であるのだが。

戦国時代の印判使用

戦国大名が出す文書のなかで、もっとも価値の高いものは、大名自身が花押（サイン）を据えた「判物」と呼ばれるものである（本文は実名まで含めて右筆が書く）。これは、相手に敬意を表する場合に出すもので、武田氏ではおおよそ知行高一〇〇貫文以上の有力者の所領を安堵したり、知行を与えたりする場合に用いたようである。

しかし戦国大名文書で、もっとも特徴的なのは何といっても朱印状である。花押の代わりに印判を捺すだけで済ます文書様式は、ふたつの点で画期的なものであった。ひとつは、大量の文書発給が可能になったという点である。現在はそのほとんどが失われたものの、戦国大名は毎日膨大な分量の文書を出さなくてはならなかったと考えられる。その際、いちいち花押を書いていては、時間がいくらあっても足りない。大名は、他にしなくてはならないことが沢山ある（この点、大名クラスなら右筆は複数人いるし、専門職だから大名ほど問題にはならない）。そこで、大量発給が可能な印判が注目されたのである。

もうひとつ重要なのが、身分の低い相手に文書を出すことができるという点である。近世以前の社会は、身分制社会であり、双方の身分差というものが常に意識されていた。そのひとつに、「書札礼（さつれい）」というものがある。文書や書状を出す際に、どのような書式を用いるかで、身分差を示したのである。書札礼が双方の身分差に適っていないと判断されれば、無礼な書状として突き返されることすらあった。

戦国大名と従来の権力を区別するひとつのポイントとして、村落に宛てて直接文書を出すようになったことが挙げられる。戦国大名とは、村落と直に向き合い出した権力なのである。

ところが、その際に身分差が問題となる。戦国大名と村落とでは、身分差が大きすぎるのだ。安易に判物を与えては、大名としての権威に関わる。

そこで生み出されたひとつの方法が、朱印状なのである。現代社会の人間からすると、少々奇妙に映るかもしれない。現在の日本で、もっとも効力を有するのは印鑑証明を受けた実印である。クレジットカードの決済など、サインでも有効なものが増えつつあるように思うが、一般的にサインは実印よりも格が落ちるイメージがある。

しかし、戦国時代の武家においては、印判というのは花押の代用品としてスタートした。初期の事例が一五世紀の関東管領上杉憲実（のりざね）で、晩年に出家号「長棟（ちょうとう）」を刻んだ黒印を用いている。置文（おきぶみ）（遺言状）の裏の紙継目（かみつぎめ）に押捺されているから、花押の代用であろう。ひょっとしたら、後になってこの置文がまだ有効であることを示そうとしたが、体調を崩していて花押を書けなかったのかもしれない。

次に所見があるのが、今川義元の父今川氏親のものである。氏親がまだ幼名龍王丸を名乗っていたころ、印文未詳の黒印を捺している。当時の武家社会では、花押とは元服をして、判始めの儀式をしてから使用するのが一般的であった。元服前に花押の練習をしたのだろう。しかし今川氏親の場合、元服前から文書を出さなければならなかった。それで、黒印を用いたと考えられる。

こうした花押の代わりの印判というのは、明確にわかる例がある。武田信玄には、眼を患ったので花押が書けないと右筆に書かせて印判を捺した文書がある。上杉謙信にも、中風で手が震えて花押が書けないとして印判を捺した事例がある。いずれも、本来であれば花押を書いて文書を出すべき相手に、印判を用いたものである。こうした事例から、花押のほうが印判よりも丁寧な時に用いることがよくわかる。

実は、花押は現在でも内閣の閣議決定で使われており、閣僚は花押を持っている。内閣府のウェブサイトで、歴代総理大臣の花押をみることができる。現代日本でも、花押はまだ生きているといえようか。

武田氏の朱印状

さて、各戦国大名は様々な印判を用いて領国支配（行政）にあたった。もっとも、すべての戦国大名が朱印状を出したわけではない。朱印状を用いない大名は、重臣の連署奉書が朱印状の代わりを果たした。重臣たちが連名で「御屋形様（殿様）はこのように仰せです」と記す形式である。印判状を用いた大名と、重臣連署奉書を用いた大名の違いには諸説あるが、まだ確定していないと筆者は考えている。印判状を用いた大名といっても、使い方は様々だからである。

武田氏の場合、印判はすべて朱印で出された（一例だけ黒印とされているものがあるが、モノクロ写真でみる限り朱印である）。このほかに、戦国時代には墨を用いた黒印というものがある。これは朱印ほど偉ぶってはおらず、大名の重臣や、大名に従う国衆（第九～一一章で後述）が用いた。ただし、織田信長は「天下布武（てんかふぶ）」印判を朱印・黒印双方で利用しており、その使い分けはまだ明確にされていない。さらに晩年には花押の使用を事実上停止し、印判状だけで済ませるようになる。これは信長自身が天下人という自意識を持ち、自身を別格の存在と位置づけたことの表れだろう。何しろ、天皇の近臣に宛てた書状にまで印判を用いているのである。

武田氏で朱印使用を開始したのは、信玄の父信虎である。信虎は様々な印判を考案しており、使い方が一定していない。基本的には「信虎」と実名を記したものである（各図版は二〇一頁）。ただしその絵柄はユニークだ。「信」を黒印で捺し、その次に虎の画が描かれた朱印を捺すという様式があれば、虎を意匠とする印判の上部に「信」字が描かれていたりする。ようするに「信虎」がイメージでわかればよいと彼は考えたらしい。朱印

織田信長
「天下布武」印判

使用としては試行錯誤の段階で、むしろどのような図版がいいか、愉しんでいるかのようにみえる。

武田氏の朱印状制度を整えたのは信玄で、父信虎を駿河に追放した後ただちに着手した。信玄が用いた朱印は大まかにふたつで、龍の紋様を記した龍朱印、実名「晴信」を篆刻した「晴信」朱印である。

龍朱印は、後継者勝頼にも受け継がれ、武田氏当主歴代が用いる「家印」という位置づけを与えられている。ただし「晴信」朱印も、勝頼によって襲用されている。そこで「晴信」朱印を調べると、実はこれも家印であるとわかる。実名印だから、一見すると花押の代用印にみえるが、龍朱印を捺すほど重要ではない文書に「晴信」朱印を捺したようである。

さらに信玄は、「伝馬（てんま）」朱印を創設した。伝馬とは、街道の宿場において馬を徴発し、旅行者の貨客運送のための人馬勤めに従事させることをいう。戦国大名の、基本的な交通整備手段であった。当初は伝馬手形に龍朱印を押捺していたが、何でもかんでも龍朱印を用いるのは適当ではないと考えたらしい。新しく「伝馬」朱印を作り、これを伝馬専用印とした。

このほかに、「精（せい）」朱印というものがあるが、これについては後述する。

勝頼の代になると、新たな朱印として、獅子朱印、「船」朱印、「勝頼」朱印が創出された。獅子朱印は獅子の紋様をかたどったもので主として物資徴発に用い、「船」朱印は海上通行手形印として使用された。「船」朱印状を持っていれば、港に停泊した際の海上交通料を免除されるというも

【武田信虎の印判】

「信虎」朱印

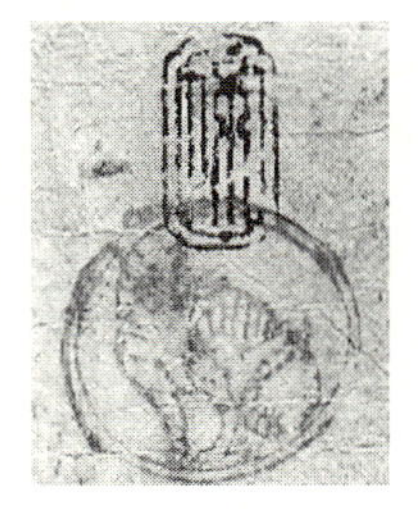

武田信虎「信」黒印・
虎朱印

武田信虎「信」虎朱印

【武田氏の家印】

龍朱印（初期型）

龍朱印

「晴信」朱印（勝頼使用のもの）

「伝馬」朱印

獅子朱印

「勝頼」朱印

「船」朱印

のである。ただし武田氏が直接国内に出したものは残っていない。同盟国北条氏に「船」朱印を多数捺した紙を送り、北条氏政がそれを北条家朱印状に貼り付けて伊豆半島の浦々に配布したものが数点あるのみである。氏政は、この朱印が捺された文書を持っている船は同盟国武田氏のものだから、交通税を徴収してはならないと通達している。

「勝頼」朱印は、ながらく使い続けた「晴信」朱印に代わるものとして作られた。用法は、「晴信」朱印と同じとみてよい。

こうした朱印は一日に何度も押捺するものだから、徐々につぶれていってしまう。特に龍朱印は、天文一〇年（一五四一）に創出され、天正一〇年（一五八二）の武田氏滅亡まで四〇年間も使い続けられるから、なおさらである。そこで、何度か彫り直しがされている。龍朱印については、当初の絵柄が気に入らなかったらしく、翌年には新しい絵柄に変えられている。その新しい絵柄で、最低四回彫り直されたと指摘されている。したがって龍朱印といっても、六種類あるということになる。

奉書式朱印状

武田氏の朱印状の特徴は、「奉者（ほうじゃ）」と呼ばれる人物の名前が記された奉書式（ほうしょ）朱印状が存在することである。これは朱印の下に、「誰々奉之」（誰々これをうけたまわる）と「奉者」（担当者）の名前を記し、朱印状が出される手続きの責任者を明記したものである。大名の命令を奉じていることが明らかな様式だから、奉書式朱印状と呼んでいる。これに対し、「誰々奉之」がないものを、直状式朱印状と呼ぶ。

武田氏において、奉書式朱印状が採用されたのは、永禄九年（一五六六）である（ただし前年後半には採用されていた可能性がある）。以後、直状式朱印状と併用されていくが、使い分けの基準はわかっていない。

これは、相模北条氏における朱印状様式の模倣と考えられる。北条氏の家印は、「禄寿応穏」という財産と命を安穏に守るというスローガンの上に、虎の図柄をかたどったもので、一般に虎朱印といわれる。この虎朱印状において、早くから奉書式朱印状が採用されている。武田氏と北条氏は長年にわたる同盟国であり、その影響を受けたとみてよいだろう。

奉書式朱印状採用のきっかけとして注目されるのが、前年（永禄八年）に「義信事件」が起きていることである。新しい政策を導入することで家中の雰囲気を刷新するとともに、文書発給の責任者の明確化を図ったのかもしれない。

なお、奉書式朱印状は、受給者からは朱印状というよりは「奉者」の発給文書と受け止められることがあった。特に地方の郡司が奉者と

北条氏家印「禄寿応穏」朱印

なった場合、その文書は武田家朱印状であると同時に、郡司の発給文書ともみなされたらしい。これにより、信玄・勝頼は郡司の背後には戦国大名武田氏が存在するという権威を与え、郡司の領域支配の円滑化を後押しすることに成功したのである。

武田氏における吏僚職

戦国時代が江戸時代と決定的に違う点は、家臣の肩書きがまったくわからないことである。江戸時代であれば、役職名を付して署判してくれたりするのだが、戦国時代では名前しか書いてくれない。したがって、一次史料（同時代史料）からは、各家臣がどのような役職につき、どのような職権を有していたのかはほとんどわからない。

それで、これまでの各章においては、『甲陽軍鑑』の記述を参考にしたのである。武田氏の場合、『甲陽軍鑑』を無視すれば、家臣の職制というのはまずわからない。数少ない例外が、「職」と「郡司」であったが、これとて一次史料上の用例はごく数点に留まる。

ここまで触れてきたように、『甲陽軍鑑』においては、「甲州武田法性院信玄公御代惣人数事」という部分が特に参考になる。該当箇所に記された家臣とその城郭配置が、信玄晩年〜勝頼初年のものとほぼ一致するからである。吏僚制度についても、わずかながら一次史料と一致する部分がある。というよりも、これをみないと、武田氏の吏僚制度はまったくわからない。そこで以下では、「甲州武田法性院信玄公御代惣人数事」に記された主要な役職をみてみよう。

【しょく（職）】

第四章を参照。裁判・治安警察担当。この時期は、山県昌景（やまがたまさかげ）が務めていたという。

いわゆる裁判官。「しょく」との関係ははっきりしないが、「しょく」の権限を縮小させ、新たな体制として整備されたものの可能性が強い。信玄の時代は四人が就いていたようである。『甲陽軍鑑』は各奉行の性格をひとことでまとめており、今福長閑斎（いまふくちょうかんさい）は荒く裁き、桜井信忠（さくらいのぶただ）は慈悲のある裁き、武藤三河守は分別のない裁きを行うが、今井伊勢守が理非を分け直したという。それぞれに性格が出ており、興味深い。ようするに再審を今井伊勢守がやったようで、これでは武藤三河守の存在意義はないようにも思えてしまうのだが、気のせいだろうか。

【公事奉行（くじぶぎょう）】

このうち今福長閑斎が早くから重臣として前線で活動し、のちに駿河久能城代（静岡市）として駿河郡司を兼任した人物だが、どうも例外的な人選のようだ。今井・武藤両人は武田親類衆である。また桜井信忠の生母は武田信虎の娘であり、「近キ御親類」（『甲陽軍鑑』）と認識されていたらしい。この他に、親類衆栗原信盛（のぶもり）が公事奉行のような活動をしていることが古文書から確認できる。基本的には、武田親類衆が就任する役職であったのかもしれない。

「公事奉行」については、『甲陽軍鑑』「公事之巻」に様々な裁判のエピソードが記されている。なかには、一定度信頼性がおけるものがあることは、前述したとおりである。

【勘定奉行】

財政担当。三人の記載があるが、一次史料をみる限り、年代ごとに入れ替わりがあるようである。筆頭(惣算用聞)が後述する跡部勝忠である。

【御蔵前ノ頭】

古屋どうちう・同兵部丞・水上(伊奈)宗富・諏方春芳軒の四人からなる。いずれも、武士ではなく町人身分であり、財政を担当した。町人に財務を任せるとはいい加減なと思われるかもしれないが、室町幕府も土倉と呼ばれた金融業者に財産を預けていたから(公方御倉)、中世では珍しいことではない。

『甲陽軍鑑』には、三枝昌貞が勝頼の代になってから躑躅ヶ崎館の奥まで商人風情が上がり込んでいると激怒したという逸話が記されている。これは跡部勝資・長坂釣閑斎ら勝頼側近が商人と癒着しているという批判と思われるが、実際に彼らを登用したのは信玄である。その部下の御蔵前衆には、甲斐の八田村(末木)新左衛門尉、京の松木桂琳など八人の商人が起用され、御料所（直轄領）の管理にあたったようである。

【御目付衆】

二十人衆頭（廿人衆頭）ともいう。信玄の側近く仕えた。三日に一度ずつ、見分した善悪の出来事をひとつ書の形式でリスト化して報告することを役目とした。一〇人を五番編成にわけ、一日一夜ずつ番役を務めた。感状（戦功認定書）を五枚以上与えられた人物から選抜されたらしい。

【横目衆】

御中間頭が兼任し、信玄の側近く仕えた。諸役人ばかりか、目付衆の依怙贔屓・善悪までもチェックする役目を果たした。寄騎として、御小人・御中間・御道具衆を付せられ、大手門の番屋で一日一夜交代で番役を務めた。さらに、甲斐の口々の国境警固をも兼任するというかなり多忙な職務であったという。やはり武功に優れた者が抜擢されており、なかでも原虎吉は一八枚の感状を所持していた。「義信事件」を察知したのは、横目衆（御中間頭）荻原豊前守であったという。

【横奉行】

信玄が新設した奉行職。奥近習のうちから金丸平三郎・長坂昌国・日向藤九郎・三枝昌貞・真田昌幸を選び出した。役目は、裁判が滞りなく行われているかどうかを傍聴するというものだったらしい。これは裁判で悪口雑言が繰り返されたための一時的処置で、二年間の限定付きであった。抜擢メンバーが奥近習という信玄が特に目をかけて育てた若手エリートであることも、興味深い。彼らに裁判を傍聴させることは、大きな意味があっただろう。

【諸国へ御使い衆】

八重森家昌（やえもりいえまさ）・日向宗立（そうりゅう）・初鹿野存喜（はじかのぞんき）・秋山十郎兵衛・西山十右衛門尉・雨宮存哲（あめのみやぞんてつ）からなる。諸大名への使者を務めた。ただし他にも使者として活動している人物は多数存在し、御伽衆（とぎ）の長延寺実了師慶（ちょうえんじじつりょうしけい）、後述する秋山昌成（まさなり）の父万可斎（まんかさい）などはその代表格である。特に僧侶は俗世間を離れた存在であり、ある種中立的な立場であったから、使者として多く起用された。

【百足の指物衆（むかでのさしもの）】

戦陣における伝令将校で、百足の絵の描かれた旗を背中に指した。これも、若手家臣が出世する一過程を兼ねていたようである。当初の顔ぶれは、金丸虎義（かねまるとらよし）、小幡惣七郎、小幡光盛（みつもり）、飯富（おぶ）（山県）昌景、温井（ぬくい）常陸介、安倍宗貞（むねさだ）、跡部昌忠（まさただ）、下条民部左衛門尉、本郷八郎左衛門尉、今井九兵衛、荻原助四郎、春日虎綱（かすがとらつな）の一二人であり、ここから多くの重臣を輩出している。

勘定奉行と公事奉行

このなかで注目されるのは、勘定奉行である。「甲州武田法性院信玄公御代惣人数事」は、勘定奉行を跡部勝忠・市川昌房・青沼忠重の三人とするが、一次史料をみる限り、昌房の父市川家光（以清斎元松）も明らかに勘定奉行を務めている。一次史料から勘定奉行と確定できるのは、跡部勝忠と市川家光で、ともに「精」という印文の朱印を用いて文書を出している。この朱印が、武田氏の勘定所印ではないかと考えられている。

次に公事奉行の箇所をみると、興味深い記述がある。信玄の出陣中は、御蔵前衆が目安を受け取り、目安箱に入れろというのである。信玄が帰陣した後で、目安箱を開いて裁許をするという。ということは、公事奉行はあらかじめ信玄の指示を仰いだ上で、裁判に臨んだことになる。勝手に裁判を開いてよい存在ではなかった。

目安箱というと、アレ？　と思う人がいるかもしれない。一般に目安箱は、江戸幕府八代将軍徳川吉宗が設置したものとして著名だからだ。しかし東国の戦国大名のうち、北条・今川・武田の三大名は、本拠地に目安箱を設置していた。念頭に置かれたのは、地頭・代官の不正である。地頭・代官がルールを逸脱した重税を村落に課すなど不正を行った場合は、直接

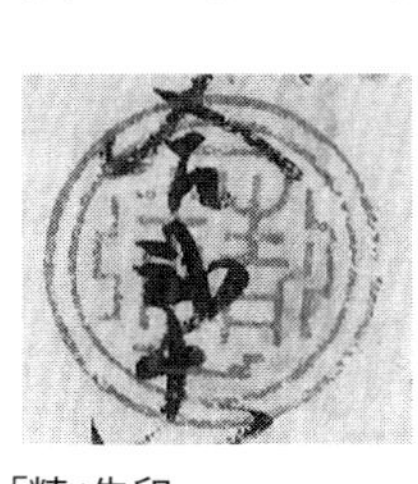

「精」朱印

大名に訴えなさい、というのが三大名の姿勢であったのである。

なお、裁判制度がもっとも進んでいたのは北条氏で、評定衆という組織が整備されていた。評定衆は裁判結果を、裁許状という専用の文書様式で通達している。一般の朱印状と判決文が分離していない武田氏よりも、一歩進んだ形をとったといえる。

甲府在住の主な吏僚

このように多彩な役職を持つ武田氏の吏僚たちだが、実際に誰がどのような立場で文書行政に関与しているのかはわからない。ただ、武田氏の吏僚＝奉行人であるかどうかの判定はある程度できる。それは、奉書式朱印状の奉者として所見があるかの有無である。さらに大名書状に副状を付して取次活動を行っていれば、側近としての性格を有している可能性がある。

武田家の吏僚・側近としては、信昌〜信虎期には楠浦氏・曾禰氏・工藤氏が存在するが、代表的な人物を挙げろといわれると難しい。まんべんなく、吏僚を排出した氏族といえるだろうか。そのなかで楠浦昌勝は、信縄・信虎の片腕として、裁判の結果を通達したり、足利将軍家との外交交渉を担っている。信縄・信虎の代表的側近で、奉行人でもあったといってよい。ただし彼らは、曾禰氏を除いて信玄への代替わりで活動がみられなくなる。

武田信玄初期の側近として、もっとも重きをなしたのが駒井高白斎である。知名度は高くはないが、武田氏の分国法（ぶんこくほう）「甲州法度之次第（こうしゅうはっとのしだい）」の起草者という重要人物である。同時に、『甲陽（こうよう）日記（高白斎記（こうはくさいき））』という日記風の記録の原記主と考えられている。『甲陽日記』は、信玄初期までの武田氏研究において、不可欠の史料である。外交面でも、天文一四年（一五四五）に今川・北条間の和睦をとりまとめるなど、辣腕を振るった。永禄六年（一五六三）までに死去した。吏僚と側近を兼ねた存在であるばかりか、前線に出て軍事指揮も行っている。

ただし、楠浦昌勝にせよ、駒井高白斎にせよ、子息に同じ役割は受け継がれなかった。彼らの本質は側近であり、大名や本人の世代が変われば、交替してしまうものだったのである。失脚というわけではないが、父ほど優秀ではない子息は、無条件で取り立てられる存在ではなかった。

信玄の代に取り立てられたのが、跡部氏である。信昌期の家宰跡部氏とのつながりはわからないが、傍流であろう。攀桂斎（はんけいさい）祖慶（そけい）・勝資（かつすけ）父子が吏僚を務めたほか、跡部勝忠が勘定奉行となっている。勝資は後述するように、勝頼期に最有力側近として台頭する。

次が土屋（つちや）昌続（まさつぐ）・昌恒（まさつね）兄弟である。ともに金丸虎義（かねまるとらよし）の子で、土屋氏を相続した。昌続は、信玄期の代表的側近・吏僚のひとりである。長篠合戦で討ち死にしたため、弟昌恒が家督を嗣いだ。

「出頭人」の登場

見落とされがちなのが、郡司・城代として各地に転出していった家臣も、もとは信玄の側近であり、甲府の奉行人であったという点である。その代表が山県昌景であり、内政・外交において大車輪の活動をみせていた。一般に山県昌景というと、猛将のイメージが強いが、実際にはオールマイティーに近い能力を発揮していた人物である。

彼ら側近たちは、武田領国の国衆たちと直接つながりを持っていた。というのも、武田氏は分国支配を郡司に委ねたが、彼らの多くは最前線の国境（境目）を守る重責を担っている。したがって訴人から要請を受けて、武田家朱印状を出してもらおうとしても、言付けぐらいはできても、そうやすやすと甲府に帰還することはできない。そこで信玄の側近たちが、個別に国衆たちと取次契約を結んで彼らの要望を信玄に伝え、逆に信玄の命令を直接国衆たちに伝えたのである。これを『甲陽軍鑑』は、「甲府にての奏者」と呼んでいる。郡司とは別に、甲府に直訴する際の意思伝達ルートが存在し、その仲介役を担う取次者が「甲府にての奏者」であるという。なお、このうち国衆に対する取次役を、同時代史料の用語から「小指南」と呼んでいる（重臣が務める「指南」と対になる語句）。つまり『甲陽軍鑑』のいう「甲府にての奏者」とは、特定地域の国衆に対する「小指南」を一手に引き受ける存在であったといえるのだ。

そしてこの「甲府にての奏者」を務めた人物が、次々に分国支配の責任者・前線指揮官として送り込まれていったのである。山県昌景は江尻城代に転出し、原昌胤は大宮城代として富士大宮郡司になった。春日虎綱の転出はもっと早い。人間関係からすると、もっとも信玄の側近として活動して不思議がない人物である。しかし、早い段階で川中島防衛を任され、最終的に川中島郡司・海津城代となっている。

これにより、甲府には吏僚系の側近のみが残るという現象が生じた。武田信玄は、領国の拡大に伴って次々と優秀な人材を前線に派遣し、分国支配を任せた。しかし意図しないうちに、甲府には一握りの吏僚しか残らなくなっていったのである。

そのなかで、信玄が一番信頼していたのが、若い頃から育て上げた土屋昌続であった。土屋昌続は、山県昌景の江尻城代転出後、奉書式朱印状の奉者として目立って活動するようになり、外交面でも取次としての活躍がみられる。側近と吏僚を兼ねた存在である。

しかし信玄の死去により、事情が変わった。まず、跡部勝資の急速な台頭がみられるようになる。勝資は信玄の代から重用されていたが、勝頼のもとでは龍朱印状奉者としての活動が段違いであり、また外交取次も一手に引き受けるようになる。これが、『甲陽軍鑑』が若い勝頼を誤らせたと非難する「出頭ぶる」という状態である。跡部勝資もまた、側近と吏僚を兼ねた存在であった。

勝資に対抗できる側近は、甲府には土屋昌続しかおらず、その昌続も天正三年（一五七五）の長篠合戦で討ち死にしてしまった。跡は弟昌恒が嗣ぎ、昌恒も勝頼の信頼厚い側近となるが、いかんせん勝資とは親子ほどの年齢差がある。跡部勝資の「出頭ぶる」状態を押さえつけることはできなかった。

新たな側近の出現と派閥形成

跡部勝資の台頭に引きずられる形で姿をみせるのが、長坂釣閑斎と秋山昌成（まさしげ）である。長坂釣閑斎（虎房（とらふさ））は、信玄の時代から第二代諏方郡司を務めるなど重用されていた。その名前は、朝廷にまで伝わっていたほどである。しかし子息が「義信事件」に関与して処刑されたと伝わり（『甲陽軍鑑』）、実際龍朱印状奉者としての所見は元亀元年（一五七〇）にまでくだる。信玄家督相続後から活動していた重臣であるのに、奉行人として姿を現すのはいかにも遅い。それが勝頼期になると、少しずつではあるが、龍朱印状奉者としての活動がみられるようになる。

そして長篠合戦において、跡部勝資とともに主戦論を唱え、大敗を招いた責任者とされている（『甲陽軍鑑』）。上杉景勝（かげかつ）との同盟において、跡部勝資とならんで莫大な賄賂をもらったといい（『甲乱記』）、公私混同も糾弾された。武田遺臣にとって、武田氏滅亡の原因は上杉景勝との同盟と、それがもたらした北条氏政（うじまさ）との同盟破棄と考えられていたからである。

もうひとり、秋山昌成という人物も注目される。父親は尾張浪人で小牧新兵衛という。信玄から秋山姓を与えられて秋山万可斎（まんかさい）を名乗り、勝頼生母の侍女を妻とした。その間に生まれたのが昌成である。やはり勝頼の代になってから台頭するが、龍朱印状奉者としては、長坂釣閑斎よりもさらに所見が少ない。ただし彼も「出頭ぶる」点が批判されている（『甲乱記』）。釣閑斎同様、吏僚と

土屋昌続（昌次）像（信玄公宝物館蔵）

してというよりは、勝頼の側近として急速に台頭したのだろう。このあたりは、なかなか一次史料から読み取ることができない点である。

このような形をとったから、勝頼期の側近集団は、跡部勝資派（勝資・長坂釣閑斎・秋山昌成）と土屋昌続・昌恒派に分かれてしまったといっていいかもしれない。天正八年（一五八〇）に跡部勝資・土屋昌恒の陣中見舞いを受けた真田昌幸は、現在極秘で進行している調略（敵を裏切らせる工作）の進展状況を、双方ともに報告している。昌幸からすると、権力中枢の無用な争いに巻き込まれるよりは、両者の顔を立てる形で話を進めたかったのだろう。

最終的に、勝頼の意思決定は少数の側近集団によって行われることになったらしい。『甲陽軍鑑』からうかがえるメンバーは、跡部勝資・長坂釣閑斎・武田信豊・大龍寺麟岳の四人である。信豊・麟岳は御一門衆だが、勝頼と親しい関係にあり、大身ではあっても側近という面を有したのである。武田旧臣が武田氏滅亡を描いたとみられる『甲乱記』には、勝頼自害間際において、土屋昌恒が「ことここにいたっては若年ではあるがいわせてもらう」と跡部勝資を非難する場面が描かれる。土屋昌恒は勝頼の「御座を直す」（寝所や居室で奉公する）ほど親密な関係にあったが、大局的な話を合議する場で積極的に発言するには、若すぎたのだろう。

勝頼の側近政治は、信玄時代から進められた有力家臣の地方転出と、長篠合戦で宿老の大半が討ち死にした結果であり、意図したものではなかった。もし何らかの意図を見出すとすれば、勝頼に権力を集中させるための一手段であったと思われる。勝頼は家督相続時の不安定な権力基盤を、側近政治によって克服したのである。

しかしそれは他の家臣からは「密室政治」と映るようになり、人心の離反を招く結果となったのではないか。『甲乱記』『甲陽軍鑑』がそろって側近政治を批判しているからには、そのように捉える風潮があったのだろう。特に『甲乱記』は、武田氏滅亡の五ヶ月後の天正一〇年（一五八二）八月に小田原で書かれたものというから、武田遺臣が跡部勝資を中心とする側近政治を武田氏滅亡の要因と認識していたことは、間違いないと思われる。

第八章　側近を育てる

――三枝氏――

将来を嘱望された四人の側近

『甲陽軍鑑』を読んでいると、武藤（真田）昌幸・三枝（山県）昌貞・曾禰昌世の三人がトリオを組む形で出てくることが多い。これに、土屋昌続が加わり、四人となることもある。このうち前三人は、「信玄が両眼のごとく」と称され、物見に派遣すれば、たちどころに信玄が実見したような正確な報告をする人物として、『甲陽軍鑑』では紹介されている。なお「両眼」と呼ばれたのは真田昌幸と曾禰昌世と理解されることが多いが、『甲陽軍鑑』を読む限り、三枝昌貞も含んでいる。

この四人も、やはり信玄の指示で家格を向上させた人物である。

真田昌幸は、第一一章で触れるのでかいつまんで話すと、先方衆（外様国衆）真田氏の三男で、武田親類衆武藤氏を嗣いだ。曾禰昌世についても第六章で触れた通りで、曾禰氏の分家から本家並みに家格が向上したとみられる。

土屋昌続については、第七章で触れた。金丸虎義の子で、やはり重臣土屋氏の家督を嗣いだ人物である。

本章で取り上げたいのは、残るひとりの三枝昌貞である。三枝昌貞は、歴史好きの人にとっては「三枝守友」のほうが通りがよいかもしれない。これは誤った実名なのだが、江戸時代初期、実子守吉が生きていた時代に幕府が編纂した系図『寛永諸家系図伝』（寛永二〇年〈一六四三〉成立）において、既に「守友」と記されている不思議な人物である。

どうしてこのような事態が生じたのだろうか。

三枝昌貞の来歴と厚遇

昌貞は、三枝虎吉の子として天文七年（一五三八）に生まれた。信玄のもとで側近家臣として育てられ、宗四郎・勘解由左衛門尉を称す。足軽大将に任じられ、騎馬三〇騎、足軽七〇人を率いたという（『甲陽軍鑑』）。この数字は正確なものではないが、他の足軽大将と比較すると第三位になり、かなり多い部類に属する。たとえば武藤（真田）昌幸は、騎馬一〇騎、足軽三〇人持ちである。

武田氏のもとでは、山県昌景の相備え（身分の高い寄騎）に配された。その際、父虎吉・弟昌次とともに「山県」姓を付与されており、山県善右衛門尉昌貞と改称している。このようなことを山県昌景が勝手にできるとは考えにくいから、信玄の許可を得てのものと推測される。

なお、虎吉は山県昌景の娘を妻に迎えたというが、昌景と虎吉はほぼ同世代と考えられる。この話の初出は『寛政重修諸家譜』（文化九年〈一八一二〉完成）であり、後世、山県昌景の勇名にあやかって付けられた話の可能性が高い。実は、武田氏では寄親寄子関係にある人物同士で、婚姻関係を結ぶことが禁じられていたと指摘されている。

昌貞は天正三年（一五七五）五月二一日の長篠合戦で、寄親山県昌景とともに討ち死にした。享年三八の若さであった。子息守吉はまだ二歳の赤子であったため、弟昌吉が家督を代行した。武田氏滅亡後、父虎吉が守吉を連れて徳川家康に拝謁し、昌貞の遺領一七一〇貫八〇〇文を安堵してもらったという。これにより、三枝氏は守吉系と昌吉系の二家に分かれる。

遺領一七一〇貫八〇〇文という数字はかなり大きい。『甲陽軍鑑』が騎馬三〇騎、足軽七〇人持ちとするのも肯ける。一般に一〇〇〇貫文以上というのは、一門か国衆クラスの所領高である。徳川家康に降伏した他の武田氏重臣が、安堵された知行地はせいぜい数百貫文に過ぎない。彼らは不運にも知行地の一部だけしか安堵されなかったのだろうが、それでも差は大きい。信玄から諏方郡司として高島城代に任じられた市川昌房（まさふさ）が、在城料（城代を務める経費込みの加増分）として与えられたのは二八五貫文にとどまる。三枝昌貞の厚遇の程を知ることができるだろう。

虎吉・昌貞・昌吉・守吉と続く家だから、通字（つうじ）は「吉」で、代々武田氏から偏諱（へんき）を受けていたことがわかる。ただし、通字「信」ではなく、「虎」「昌」字の偏諱である。

信玄の勘気と厚遇

『寛永諸家系図伝』によると、守友（昌貞）は信玄から勘気を蒙り、蟄居したという。一八歳の時というから、弘治元年（一五五五）の出来事となる。その後、上野惣社（そうじゃ）城（前橋市）攻めの活躍で赦免されたというが、事実関係はよくわからない。問題は、『寛永諸家系図伝』の記述は、江戸幕府が調べたものではなく、自己申告に基づくものであったという点である。三枝氏は敢えてこの

三枝昌貞（守友）像（信玄公宝物館蔵）

ような先祖の失態を申告したのである。この理由としては、ふたつ考えることができる。ひとつは、その後の戦功を目立たせようという脚色。もうひとつは、実際に信玄から勘気を蒙ったことがあり、その事実を素直に書いたというものである。

実は、昌貞には古文書から明らかになる「失態」がいくつか存在する。

永禄六年（一五六三）一一月、三枝昌貞は合計八四貫三六〇文の知行を宛行われた。これは叔父新十郎の子息が成人するまでの間、「名代（陣代）」として遺領を預けられたものである。幼年で軍役を務められない従兄弟の代理として、一時的にその所領の管理権を掌握したことになる（昌貞の死後、昌吉が家督を代行したのも「名代」としての立場に基づく）。

ここで注意したいのは、本史料の追而書（追伸）である。信玄は「（昌貞には）奉公の功はないが、覚悟を改めたようなので、このように出し置く。もし以前と（覚悟が）代わらないようであれば、悔い還す」とわざわざ断っている。「悔い還す」というのは、悔返権を指し、一度所領を譲ったものの、親不孝などの不行跡があった場合、相続を取り消すという権利である。

三枝新十郎が早逝した以上、名代としては昌貞が一番ふさわしい。しかし信玄には、昌貞に知行を与えることを躊躇う事情があったようだ。そのためか、新十郎子息の養育に際しては、父虎吉と談合するよう念を押されている。

この理由が明らかになるのが、永禄九年（一五六六）または一〇年（一五六七）の一一月に出された文書である。この文書で、昌貞は甲斐において籾子一〇〇俵と、信濃長窪・飯室の年貢から籾子五〇俵の扶持を加増された。この加増は、以前奉公の様子を見極めた上で行うという約束によったものだという。昌貞の働きは、信玄を満足させたようだ。

ところがこの加増を行う上で、信玄はひとこと釘を刺している。信玄は昌貞の「奉公」については問題がなかったと一呼吸置いた上で、今年六月以来の働きぶりは油断があると指摘した。具体的には昌貞が細かいことで愚痴をこぼし、不満が顔色に出ているのは分別を欠く、という叱責であった。

どうも昌貞の言動には、信玄の注意を引きやすいものがあったらしい。これらの史料からすれば、勘気を蒙ったという『寛永諸家系図伝』の記述は、あながち間違いではなさそうである。昌貞が信玄から許されたのは、永禄一二年（一五六九）に入ってのことである。同年八月、昌貞は塩後郷（甲州市）の代官に任ぜられている。それは「先非を悔いて奉公に励んだ」ことが認められたためであったという。

輝かしい出世

もっともこれは昌貞の働きぶりに問題があったというよりは、信玄の過剰期待という側面が大きかったのかもしれない。昌貞に宛てられた文書は、公文書の形式をとりながらも、私的な叱責が散見されるという特色がある。また「先非を悔いて奉公に励んだ」という文書は、筆跡からみて信玄の自筆である。いずれも、昌貞と信玄の心理的距離が近かったことを示唆するものだろう。

実際昌貞が受けた待遇は、勘気を蒙った人間とは思えないものである。昌貞は永禄四年（一五六一）に信濃在国料として、諏方郡土田で四五貫文・洗馬領溝代（塩尻市）で二〇貫文を与えられたのを皮切りに、永禄六年（一五六三）には叔父新十郎の遺領八四貫三六〇文を預けられている。永禄八年（一五六五）には、「魚座定所務」六〇貫文を与えられ、奉公と気構えをみた上で加増を行う旨約束を受けている。実際この後石森郷（山梨市）の代官を任され、扶持米一五〇俵の加増を受けた。代官に任ぜられた石森郷は、永禄一一年（一五六八）に昌貞自身の知行として与えられており、着実に加増を受け続けているといえるだろう。

このうち石森郷の貫高は明記されておらず、よくわからない。ただし宛行と同時に、「長柄二本并甲・具足」の軍役追加が指示されている。武田氏の知行高と軍役の関係は確実な相関関係がわかっていないが、他例からすると数一〇貫文規模の加増であったとみてよい。

また深志城周辺の村井・小池・熊野井郷（松本市・塩尻市）において昌貞の同心となっていた軍役衆一五名について、出陣中は郷次普請役免許（村ごとに賦課される普請役の免除）という通達を受けているから、この地にも知行地を有していた可能性が高い。

さらに跡部長与の死去を受け、重臣原昌胤と並ぶ形で、旗本弓衆の指揮官に抜擢された。勝頼の代に入っても、天正二年（一五七四）には遠江で三〇〇貫文を与えられている。これなら、一七一〇貫八〇〇文という遺領もうなずける。

山県苗字の授与

そして三枝一門は、寄親である宿老山県昌景と同じ山県苗字の使用を許されるのである。前述のように、山県氏は武田氏宿老の家柄であった。

ここで三枝氏が、山県苗字を積極的に用いているというのは興味深い。なぜならば、三枝という氏族は、古代の在庁官人（地方官僚）で、武田氏よりもはるかに甲斐における歴史が古いからである。三枝虎吉の父は石原守綱という三枝氏庶流の人物とされる。武田信虎の命によって、在庁官人三枝氏の名跡を嗣いで、同氏を再興したという。石原守綱なる人物の実在はともかくとして、三枝虎吉が「三枝氏」を再興する形で取り立てられた可能性は十分にある。

これを受け、在庁官人三枝氏の菩提寺である大善寺（甲州市）は、三枝虎吉・昌貞とのつながりを強調しだす。ところが、三枝父子がそれに応えた様子はない。大善寺の努力は、空転した。三枝父子があくまで強調したのは、武田氏宿老山県苗字であった。彼らにとって、在庁官人などという古色蒼然たる家柄よりも、山県苗字のほうが大きな意味を持ったのである。

また、戦国期三枝氏の通字は「吉」であり、代々「守」を通字としたという在庁官人三枝氏とは

ることができる。異なる。ここからも、戦国期の三枝氏が在庁官人三枝氏をあまり意識していなかったことを読み取

江戸時代での変化

しかしながら、天正一〇年（一五八二）に武田氏が滅亡し、徳川家康に仕えるようになると、三枝氏の意識に変化が生じる。

天正一〇年に徳川氏が甲斐を領有して以後も、三枝氏は甲府に屋敷を構えていた。豊臣秀吉の命で家康が関東に転封となったため甲斐を離れ、下野に入る。しかし関ヶ原合戦における家康の勝利を受け、三枝昌吉は慶長七年（一六〇二）に甲斐で六〇〇〇石を与えられ、巨摩郡東向（北杜市）に屋敷を構えた。

元和八年（一六二二）、昌吉の嫡子守昌は勝沼の大善寺に対し、「私は先祖（三枝）守国の子孫です。特にお守りください」という願文を出している。

戦国期とは打って変わって、三枝氏の側から古代在庁官人三枝守国と自家を結びつける由緒主張が登場するのである。守吉の嫡子守重も同様で、寛永一五年（一六三八）に大善寺へ系図を奉納し、自身が古代在庁官人三枝氏の嫡流に連なることを主張している。その後も三枝氏は度々この由緒を主張し、同寺に祈願を依頼していく。

この点は、三枝氏の通字にも現れている。武田時代の三枝一族の実名は「虎吉」「昌貞」「昌吉」などとなっており、「吉」を通字としている。ところが武田氏滅亡後に元服した守吉・守昌以後、通字が「守」に変化するのである。これは明らかに古代在庁官人の祖「三枝守国」を意識した通字の改変であった。三枝虎吉の父を「三枝守綱」とし、三枝昌貞の実名が「守友」と記されるようになるのも、寛永一五年に大善寺に奉納された「三枝先祖相伝系図」が初見であり、それを主張したのは昌貞の嫡孫守重であった。これは、明らかに意図的な改変である。三枝氏歴代は、古代在庁官人と同様に「守」を称さなくてはならない。そうした執念がうかがえる（唯一の例外が虎吉となる）。

この系図においては、虎吉の父「三枝守綱」が丹波守を称したと注記されているが、これも「三枝守国」の丹波出生伝説と結びつけたものではないだろうか。そして注目したいことに、三枝一族が山県苗字を名乗ったことは、一切触れられていない。

つまり三枝氏が、古代氏族三枝氏に連なる由緒主張をするようになるのは、徳川氏に仕えてからなのである。この理由としては、ふたつの側面が想定できるのではないだろうか。ひとつは、三枝氏が甲斐で知行を与えられたことで、甲斐支配における正統性を主張したという考え方である。しかしながら、古代における由緒が今更意味を持ったとは思えない。あまりに遠い彼方の話である。

恐らく三枝氏の注意が向けられていたのは、むしろ同格の徳川家臣に対してであろう。自家が古代氏族の由緒を有すると主張することで、その家格を誇るとともに、甲斐支配における自身の有用性を主張したのではなかろうか。特に前述した元和八年、三枝昌吉は徳川忠長（秀忠の子）付きとなっており、徳川直臣という立場を一旦喪失しているのである。こうした由緒主張は、この時期の大名・旗本においてよくみられる。三枝氏は、徳川氏内部での地位向上を目指したのではないか。

信虎・信玄によって抜擢された三枝氏は、武田氏滅亡によって新たな道を模索することになったといえるだろう。

第九章　甲斐本国の自治領主

――穴山氏と小山田氏――

武田氏と穴山・小山田氏の相克

武田氏の本国甲斐において、信玄・勝頼が直接支配していたのは国中（くになか）と呼ばれた甲府盆地に限られる。南西部の河内（かわうち）（西八代・南巨摩郡一帯）は穴山武田氏が、東部の郡内（ぐんない）（都留郡）は小山田氏が支配を進め、武田氏と同様に小なりともひとつのまとまりをもった地域を領国化していた。

長年にわたり、武田氏と穴山・小山田氏の関係は、武田氏が穴山・小山田氏を服属させようとし、両氏がそれにあらがうという対立構図で描かれてきた。これは戦国大名が全領国を直轄化しようと考えたに違いない、という前提にたった理解である。この場合、武田氏権力の強さは、両氏をどこまで従属させることができたかによって、評価されてきた。

しかしうち続く戦争のなかで、戦国大名武田氏に穴山・小山田両氏と摩擦を繰り返す余裕がどれほどあったのかは検討の余地がある。武田氏にとって望ましいのは、穴山・小山田氏の軍事力を、できる限り穏便な形で吸収することではないだろうか。

国衆という存在

そこで注目を集めるようになったのが、「国衆論（くにしゅうろん）」（「地域的領主論」「戦国領主論」の発展的議論）である。

「国衆」の多くは、室町時代の国人（こくじん）領主を出自とする。それが戦国期に入る段階で、戦国大名と同じような経緯で近隣の小領主を服属させ、一円領国を形成した存在と定義されている。つまり、国衆とは居城を中心にひとつの地域的まとまりを有した領域権力であり、独自の文書発給を開始して行政制度を整えていった。したがって、彼らの出した文書をみる限り、戦国大名との違いをみつけることは難しい。

では戦国大名とまったく同じ権力かというと、そうではない。国衆は、基本的に戦国大名に従属した存在だからである。これは戦国大名が、旧守護家や古河(こが)公方を奉戴したり、将軍に敬意を払って接しているといっても、多分に名目的なものであることと大きく異なる。

国衆は戦国大名に従うことでいくつかの利点を得る。まず、その大名から軍事的保護を受けられるという点である。これを「軍事的安全保証(障)体制」と呼んでいる。国衆が近隣大名からの攻撃にさらされた場合、大名は援軍を派遣することを求められた。逆に大名が出陣する場合、国衆自身も出陣し、軍事奉公を果たす。大名と国衆は、こうした双務的主従関係にあった。必ずしも大名が一方的に支配をするわけではないという点が重要である。

ようするに、国衆は大名と一種の契約を結んで従属してはいるものの、大名の「譜代(ふだい)家臣」とは異なる存在なのだ。だから大名の「軍事的安全保証体制」が崩壊し、もう大名から保護してもらえない、この大名は頼りにならないと考えた場合、国衆は速やかに大名を見放し、別の大名に従属する。戦国大名同士の戦争は、一斉に国衆が片方の大名になびいて勢力が逆転するというオセロゲームのような現象がみられることがある。これは、大名が国衆から見放された結果起こるものなのである。

武田氏の本国甲斐では、河内の穴山武田氏、郡内の小山田氏が有力国衆として成長をしていった。したがって武田信虎による甲斐統一とは、つまるところ穴山・小山田氏を従属させ、戦国大名武田氏の「軍事的安全保証体制」に、両氏を組み込むことを意味した。

穴山武田氏の成立

穴山氏は、本来穴山（韮崎市穴山町）を本拠地とする国人領主であった。南北朝期に武田信武（のぶたけ）の子息が養子入りし、武田氏の庶流家となったようだ（一三三頁略系図参照）。その後も直系相続をすることができず、武田本家からの養子入りが繰り返されている。

次の養子である穴山満春（みつはる）は、室町期の甲斐守護武田信満（のぶみつ）（信武の曾孫）の弟である。満春の代に、穴山氏は本拠を河内の南部（なんぶ）（山梨県南部町）に移す。これは南朝方であった南部氏本家が陸奥に本拠を移したためとされる。

第一章で述べたように、甲斐武田氏は室町時代には鎌倉府の管轄下にあった。その鎌倉府で、応永二三年（一四一六）に内乱が起こった。足利持氏から関東管領職（かんれいしき）を更迭された上杉禅秀（ぜんしゅう）が謀叛を起こしたのである（上杉禅秀の乱）。武田信満は、姉妹が禅秀に嫁いでいた関係から上杉禅秀を支援して敗北し、翌応永二四年（一四一七）に自害に追い込まれた。嫡男信重は京に亡命し、甲斐守護武田氏はいったん断絶してしまう。

そこで家督を嗣いだのが、信満の弟穴山満春である。満春は実名を信元と改め、甲斐守護に任じられた。しかし信元は間もなく病死し、穴山武田氏による武田本家の継承という形にはならなかった。武田本家は後に帰国した武田信重が継承し、穴山氏にも信重の次男信介が養子として入ることとなる。

これ以降、ようやく穴山氏は武田本家から養子を迎えることなく、家が続いていくのである。

穴山氏の武田氏従属

信介の子信懸の代になると、穴山氏の動向が少し明らかになってくる。まず信懸の姪が甲斐守護武田信縄に嫁いでおり、これが戦国期穴山氏と武田氏の姻戚関係構築のはじまりとなる。しかし明応元年（一四九二）に勃発した武田信昌・信縄父子の間で起きた戦争では、穴山氏は信昌に荷担した。この内訌が足利茶々丸のクーデターに端を発する堀越公方の内乱と連動していることについては、第一章を参照されたい。

内訌勃発の翌明応二年（一四九三）、反茶々丸派の筆頭である伊勢宗瑞（盛時、いわゆる北条早雲）が伊豆に攻め込み、茶々丸との戦争を開始する。穴山信懸は、伊勢宗瑞およびその甥今川氏親と親しく、その関係から武田信昌支持に舵を切ったものと思われる。ただしその後間もなく信縄とは和解したようで、信懸が姪を嫁がせたのは和睦時とも考えられている。

しかし永正一〇年（一五一三）、穴山信懸は子息清五郎に暗殺されてしまった。その二年後の永正一二年（一五一五）、駿河の今川氏親が甲斐に攻め込み、甲斐南西部は今川氏に制圧される。このため、穴山家中が再度親今川派によって掌握された可能性が指摘されている。つまり親今川派の清五郎が、親武田派の信懸を殺害して実権を握ったという説である。

ただし、今川氏の甲斐侵攻時の穴山氏当主は信風（のぶかぜ）で、実父を殺害した清五郎がその後どうなったのかはよくわからない。いずれにせよ、穴山氏が今川氏に協力する姿勢をみせたのは事実である。

今川氏は大永元年（一五二一）にも甲斐に侵攻している。侵攻ルートは河内路だから、やはり穴山氏は今川氏に協力する姿勢を示したのであろう。しかし武田信虎は一〇月一六日の飯田河原（いいだがわら）合戦で大勝し、領国の防衛に成功した。今川勢は翌年撤退し、以後同氏の甲斐侵攻はみられなくなる。

一連の戦争の最中、穴山信風・信友（のぶとも）父子は今川氏を離叛し、武田氏に従属した。興味深いのは、穴山信懸段階では南部を本拠地としていた穴山氏が、信風期には下山（しもやま）（山梨県身延町）に拠点を移していることである。そしてこれ以降の河内からは、穴山氏と競合する勢力が姿を消しており、武田信虎の支援を得ることで、穴山父子が河内を統一した可能性が高い。つまり国衆穴山武田氏は、戦国大名武田氏の支援によって成立したと評価できるのである。

穴山信友像（円蔵院蔵・山梨県立博物館提供）

穴山信友と「酒」

このことは、穴山氏が武田氏の「軍事的安全保証体制」に包摂されたことを意味する。さらにこの後、穴山信友に武田信虎の娘南松院殿（なんしょういんでん）が嫁いだ。穴山氏は、信虎からは娘婿、信玄からは姉婿として処遇されることになったのである。

もっともこの婿殿は、なかなかに困った人物であったようだ。何が問題かというと、酒癖である。天文一六年（一五四七）、歌人として著名な公家冷泉為和（れいぜいためかず）が甲斐を訪れた。信友も和歌に秀でており、何度か席をともにした。ところが、酒席で粗相をやらかし、為和に無礼を働いたことがあったらしい。信玄は、為和を信友邸に誘った際、「(信友は) かたく禁酒するつもりだといっているので、ご安心してお運びいただければ」と書き送っている。

しかしこの禁酒はあくまで当座のものであった。信玄の書状にも「かたく禁酒するつもりだ（堅可為禁酒）」とあるだけで、もう一生酒は飲まないという宣言ではない。あくまで、「今日はぜったい飲みません」と誓ったというだけである。

冷泉為和に無礼を働いただけなら、まだ笑い話で済むが、もっと深刻な事例がある。天文一八年（一五四九）、今川義元（よしもと）が武田信玄と北信濃の雄村上義清（よしきよ）との和睦交渉仲介に乗り出した。すでに穴山氏は、今川氏との交渉を管轄する取次（とりつぎ）（外交担当者）になっていた。武田氏に従属する前に、今川氏に従っていたという経緯を踏まえての人選である。

このため、信友も交渉の場に同席したが、いつも通り大酒を振る舞うばかりで何も決まらなかったと信玄を嘆かせている。酒に対しては当に歌うべし。実に愛すべき人物といえるが、信玄にとっては頭痛の種であったのかもしれない。

穴山氏の朱印状使用開始

話を元に戻そう。

穴山信友は、天文三年（一五三四）より文書を用いた行政に乗り出した。穴山氏の場合注目されるのは、朱印状の発給である。穴山信友は早ければ天文九年（一五四〇）、遅くとも天文一二年（一五四三）には朱印を用いて文書を出すようになっている。これは、いくつかの条件が重なりあって成立した。

ひとつは、穴山領国が安定した状況に置かれたことである。天文六年（一五三七）、武田信虎と今川義元の間で同盟が成立し、穴山領が敵国の侵略を受ける危険性は消滅した。これにより、腰を据えて内政に励むことができるようになったと考えられる。

もうひとつは、朱印状という文書様式を採用したことそのものの意味である。これは明らかに、戦国大名武田氏の朱印状使用の影響を受けている。もっとも信友期の朱印状は、二種類の八角形朱印であり、今川氏の従属国衆葛山氏の朱印「萬歳」（六角形、天文一九年が初見）に形が近い。武田氏の文書行政にならいつつも、今川方とも相互に影響しあうという河内の特色がよく出ている。

さらに注目されるのが、永禄一〇年（一五六七）になると奉書式の文書を用い出すという点である。これは、前年から武田氏が奉書式朱印状使用を本格化させた影響であることはいうまでもない。穴山氏の特徴は、当初は朱印ではなく、穴山信君（信友嫡男）が花押を据えた判物に奉者の名を記す奉書式判物を採用したという点である。どのような文書様式を用いるべきか、試行錯誤をしている様子がうかがえる。そして永禄一二年（一五六九）になると、奉書式朱印状が出現し、従来からの直状式朱印状と併用されるようになる。武田氏と同様の朱印状使用といえる。

もうひとつ、内容に関係なく、冒頭に「定」と記した文書が多くみられる点も注目したい。これは武田氏発給文書の特徴と、まったく同様だからである。

こうみてくると、穴山氏の文書行政は、明らかに武田氏の文書行政にならっているものだということがよくわかる。つまり国衆としての穴山

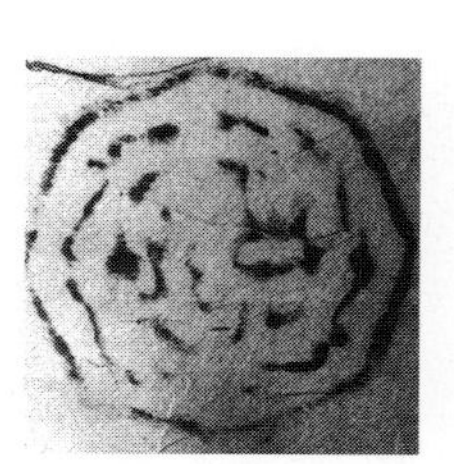
穴山信友八角朱印２型

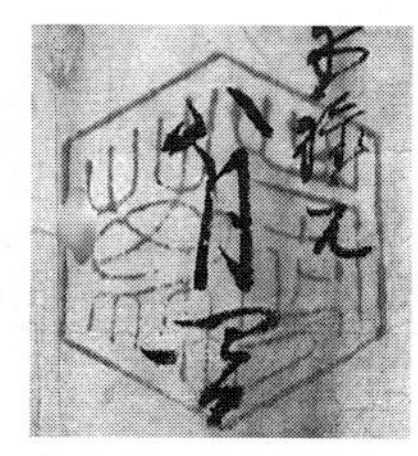
葛山氏元朱印「萬歳」

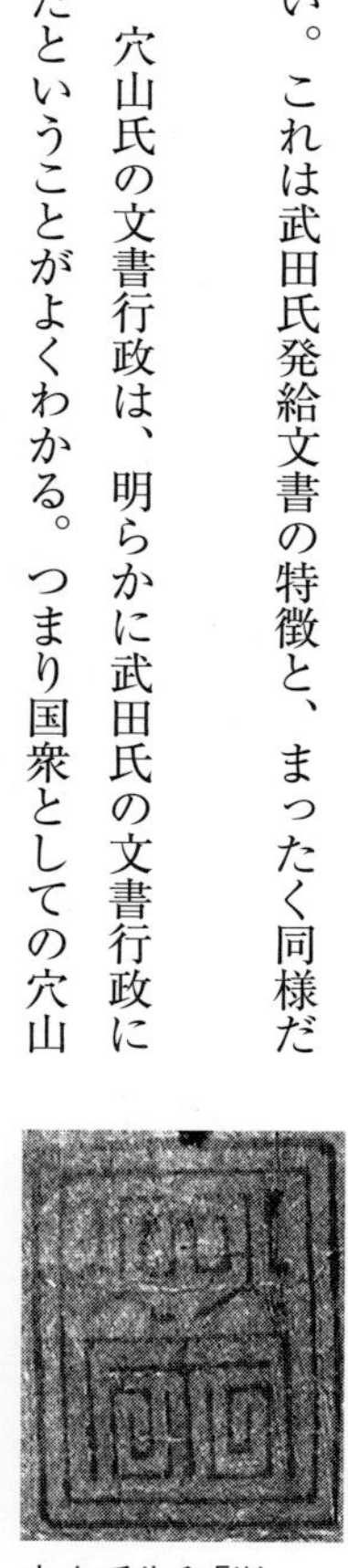
穴山氏朱印「栄」

氏権力は、武田氏に学びつつ形成されていったのである。

郡内の国衆小山田氏

この点は、郡内（都留郡）の小山田氏でも同様である。

小山田氏は、院政期以来武蔵において勢力を誇った秩父平氏小山田氏の後裔とされる。秩父平氏小山田氏は、鎌倉時代初期に謀叛の疑いで滅ぼされた。その生き残りが甲斐に亡命し、土着したというのが通説的な理解である。

しかし秩父平氏小山田氏が甲斐に入部したという確実な史料はない。また戦国期小山田氏は藤原姓を用いたこともある。このため、南北朝動乱期頃に勃興した新興の氏族が、秩父平氏小山田氏の子孫を称した可能性が高いと考えている。このあたりの詳細は、拙著『郡内小山田氏』（戎光祥出版、二〇一三年）を参照して欲しい。

小山田氏も、穴山氏同様、当初は武田氏に敵対する姿勢をとった。やはり明応年間（一四九二～一五〇一）の信昌・信縄父子の争いで、信昌方に荷担している。この争いは、信昌が信縄を廃嫡し、次男油川信恵（あぶらかわのぶよし）を家督につけようとしたことがひとつの原因となっている。その背景に、先述した堀越公方府の路線をめぐる争いもあったわけである。

子孫に伝わっている系図によると、小山田氏の娘が武田信昌の側室となり、油川信恵を生んだらしい。これが、小山田氏が信昌に荷担した理由であろう。信昌・信縄父子の争いは、明応七年（一四九八）に和睦が結ばれて終結した。

しかし信昌・信縄の死後、まだ幼い信虎が家督を嗣いだことで、油川信恵は再度挙兵する。永正五年（一五〇八）、武田信虎と油川信恵は衝突し、信虎が大勝を収めた。油川信恵は一門こぞって討ち死にをしている。一二月、小山田弥太郎は報復のため信虎を攻めるが敗北し、当主である弥太郎自身が討ち死にしてしまった。

小山田氏の武田氏従属

当然ながら、小山田氏は大混乱に陥ったものと思われる。さらに信虎は郡内攻撃を続け、和睦が成立したのは二年後の永正七年（一五一〇）になってからのことであった。和睦といえば体裁がいいが、事実上の降伏だろう。その後、弥太郎の遺児信有（法名涼苑）は信虎の妹を妻に迎えている。なお、ここで実名信有に法名を併記したのは、この後三代続けて同じ実名信有を名乗るためである。実名を三代も襲名するのは珍しい。

この後、都留郡に隣接する勝沼（甲州市）に信虎の弟信友が入部した。一般に小山田氏の目付役とされている。しかし実際には、信友は北条勢の郡内侵攻時に応戦して討ち死にしているから、軍事支援のための駐留という側面があったのではないだろうか。これこそ「軍事的安全保証体制」の

小山田信有（契山）像（長生寺蔵）

一環だろう。

永正一六年（一五一九）には、甲府に信有（涼苑）夫人が居住することとなった。家臣の城下町集住政策であり、妻室を人質にするというものである。もっとも信有夫人は武田信虎妹だから、夫人自身の抵抗は少なかったろう。

しかし享禄二年（一五二九）、小山田信有は武田信虎に背いた。これは信有が、棟別銭（むなべちせん）（家屋税）の小山田領賦課を拒絶したためであったらしい。武田信虎は、郡内に通じる道を封鎖して経済制裁をかけた。小山田側もおとなしくしていたわけではない。信有生母の姉が、今川氏重臣（誰かは不明）に嫁いでいた。そこで信有生母が遠江にいる姉を訪ね、仲介の労を執ってもらえないかと要請したようだ。

信有生母は盛大に出迎えられて帰国し、武田信虎に小山田氏の力が健在であることをみせつけたが、事態の打開にはつながらなかった。一一月一五日、郡内への交通路遮断解除と同時に、棟別銭が賦課された。小山田領は、武田氏からも一部の税（具体的には棟別銭）をかけられることとなったのである。

棟別銭賦課は、穴山領には確認できない。武田一門である穴山氏と、姻戚に過ぎない小山田氏とでは、武田氏からの待遇が異なっていたのである。

天文元年（一五三二）、信有（涼苑）の正室（信虎妹）が死去した。信有はこれを機に、本拠地を従来の中津森から谷村（ともに都留市）に移すこととした。谷村のほうが、中津森より内政に向いた土地と評価されている。

落成直後に、信虎が谷村館を訪ねた。しかも単身ではなく、武田一門・家臣・国衆がこぞって訪れたのだという。このことは小山田氏の谷村移転が、武田氏の全面的な支援のもとに行われたことを示唆する。谷村移転自体、信有室（武田信虎妹）の死去を契機としたものだから、武田氏と小山田氏の従属関係を再確認する意味合いもあったのではないか。

小山田氏の朱印使用

小山田氏の内政文書は、天文一一年（一五四二）、信有（法名契山）の代から確認ができる。信有（契山）は信有（涼苑）の子息とされる人物である。ただし、菩提寺長生寺（都留市）に伝わる肖像画の容姿などから推定される年齢を考えると、弟の可能性もある。

天文一三年（一五四四）一〇月以後、小山田信有は花押を書いた上に、「月定」と刻まれた朱印を重ねて捺す文書様式を使用するようになる。この文書様式が小山田氏発給文書の基本となり、「月定」朱印は、以後信有（契山）、信有（法名桃隠）、信茂と三代にわたって襲用される家印となっていく。小山田氏の文書行政の仕組みは、ここに調ったといってよいだろ

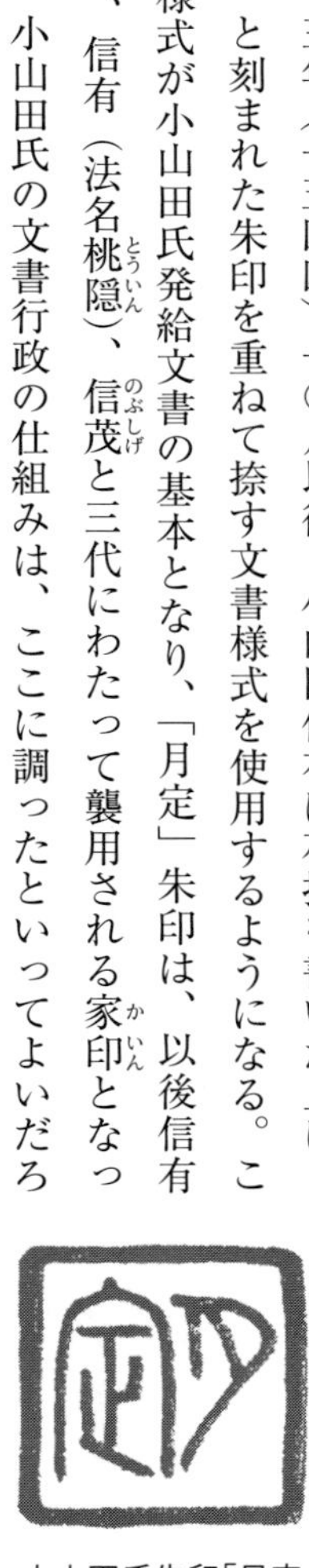
小山田氏朱印「月定」

う。

　この時、武田氏と今川氏の同盟（甲駿同盟）は成立しており、小山田領が今川氏から攻撃を受ける危険はなくなっていた。また天文一〇年（一五四一）に、武田信玄が父信虎を追放するというクーデターを起こし、同年に相模では北条氏綱（宗瑞の子）が死去して氏康が跡を嗣いだ。武田信玄・北条氏康の間では、天文一三年正月から和睦交渉がスタートしている。これを取次として仲介した人物こそ、小山田信有（契山）であり、交渉の舞台は小山田氏の本拠谷村であった。これは小山田氏が、武田氏従属以前に北条氏と関係を有していたことによる。交渉の結果同盟が成立し、小山田領も敵国に侵攻される危険がなくなった。つまり小山田氏の文書行政も、穴山氏と同様に、領国の安定を背景に本格化したものと思われる。そして朱印状の使用という点からは、やはり武田氏からの影響を読み取ることができるのである。

　こうしてみると、小山田領国そのものも、武田氏の力を背景に成立したといえるかもしれない。小山田氏は、相模奥三保（相模原市緑区津久井地区）を一時領有している。同地は相模国衆内藤氏の領国であり、武田・北条氏の戦争のなかで小山田氏が勢力を拡大していった場所と考えられる。

　小山田氏の領国については、都留郡全域に及ぶのか、岩殿城（大月市）を北限とする同郡南部に限られるのかをめぐって論争がある。都留郡南部のみという主張は、都留郡北部に小山田氏の発給文書がないことを論拠とするが、そもそも都留郡北部には武田・徳川氏も含め、中世文書そのものがほとんど残されていない。したがって小山田氏の文書がないから、支配していなかったという論法は実は成り立たない。小山田氏は「当郡主（守）護」を自称し、公家の冷泉為和も「都留郡主」と呼んでいる。客観的にみて、都留郡のかなりの範囲を領国化した権力と理解されていたとみてよいように思う。

たしかに都留郡北部には、上野原加藤氏など武田氏に直接従属していた国衆が複数存在しており、すべてを小山田領とみることも間違いであることは事実である。しかしながら、上野原加藤氏は小山田氏の相備えとされており、武田氏の命で小山田氏の軍事指揮下に属することになっていた。また小山田信茂の追善供養は、上野原に近い棡原（上野原市）の武士によって行われている。先述した相模の所領も上野原に隣接する。また都留郡北部の国衆西原武田氏当主の実名有氏は、小山田信有から偏諱を受けた可能性をうかがわせる。こうした点を踏まえれば、都留郡北部にも、小山田氏の影響力は及んでいたとみられるのである。

小山田氏も、武田氏の支援のもとで、郡内における勢力を拡大したとみるべきだろう。

忘れ去られていた当主

小山田信有（契山）は天文二一年（一五五二）正月二三日に死去し（『勝山記』）、弥三郎信有なる人物が家督を嗣いだ。実は長年にわたり、この弥三郎信有は、最後の当主小山田信茂と同一人物と考えられてきた。古文書を丹念に読むと、両者は別人だとわかるのだが、『甲陽軍鑑』や小山田氏の菩提寺長生寺の過去帳といった山梨県側の史料には、両者は同一人物と記されていたのである。

この間違いに気がついたのは一九七四年の『町田市史』で、丁寧に論証がなされているのだが、通説は揺るぐことがなかった。

事態が動いたのは、『山梨県史』の調査である。東京大学史料編纂所架蔵の高野山引導院（現持明院）供養帳（いわゆる過去帳だが、高野山のものは生前供養の記載が多いことなどから供養帳と呼んでいる）の写本に次のような記載があることが明らかにされた。

甲州鶴郡小山田出羽守殿志
長生寺殿前羽州大守契存心神儀
天文廿一年壬子正月廿三日逝去
甲州都留郡為小山田弥
桃隠宗源大禅定門霊位
三郎殿也、永禄八年八月廿日〈乙丑〉　代官春林立之、

実は小山田氏の歴代は、法名もズレて伝わってきた。ここまで信有（契山）としてきた人物の法名は「桃隠」、信有（涼苑）としてきた人物の法名は「契山」とされていたのである。この結果、弥三郎信有という人物は、小山田信茂の最初の名前ということになってしまった。

しかし右に掲げた『引導院日坏帳』の記載から、永禄八年（一五六五）八月二〇日に死去した小山田弥三郎、法名「桃隠宗源」という人物がいること、史料上「出羽守信有」と出てくる人物の法名は「契（山）存心」であることが明らかとなった。

小山田信有（契山）にはふたりの子息がおり、同い年であるという史料がある。ひとりは信有（桃隠）であり、もうひとりが小山田信茂であるとみて間違いない。この同い年というごく単純な事実が、両者を混同させてしまったのだろう。

信有（桃隠）は、富士山御師の保護政策を進めるなど、様々な事蹟を残している。しかし残念なことに、病弱であったらしい。

永禄五年（一五六二）五月、北口本宮富士浅間神社（富士吉田市）に病気平癒の祈願を行い、八ヶ条の誓約をしている。肉食をしないことや富士山登山をすることといった誓約に混じって、「先例に従い、小山田氏嫡流の者は鷹を使わないこと」などという興味深い条文も含まれている。小山田氏の当主・嫡男は、鷹狩りをしないという慣例があったらしい。

この後信有（桃隠）の病状は一時的に回復し、出陣できるまでになるが、結局永禄八年に死去してしまった。享年二六。江戸時代を通じて存在は忘れ去られ、再び認知されるには、二〇〇二年まで待たねばならなかった。

小山田氏と富士山御師

小山田領の特徴は、富士山への登山口が存在するということである。このため、吉田・川口には、富士山御師が居住し、参詣道者を富士山に導いていた。言い換えると、富士参詣道者から得られる関銭(関所の通行税)や、富士山御師の納める税金が、小山田氏の貴重な財源となっていたのである。したがって小山田氏にとって、富士参詣道者にどのような政策をとるかが、大きな意味を持った。

天文一七年(一五四八)五月二六日、信有(契山)は北口本宮富士浅間神社に対し、富士山中に勝手に新宮を設けることを禁じた。富士山の山開きは旧暦六月一日だから、五月末というのは山開き直前である。

信有がこのような通達を出したことには理由がある。富士山は、「庚申」の年に出現したという伝説があったため、申年は信仰上特に重視されていた。天文一七年は申年にあたっており、参詣道者の増加が見込まれたのである。それに乗じて、浅間神社側が新たに神社を設け、賽銭を徴収しようと目論む危険があった。もしそのようなことをすれば、一時的に神社は潤っても、長期的には参詣道者の減少につながりかねない。そのため、事前に通達を出したのである。

実際、六月の富士参詣道者は、ここ一〇年にないほど多いものであったと伝わる。信有（契山）の処置は、的確なものであったと評価できるだろう。信有（桃隠）も、富士山御師に対する法令を発している。永禄二年（一五五九）四月一四日に出された法令で、富士山御師に個別に通達された。以下に現代語訳を掲げてみよう。

（郡内においても）武田氏が定めた悪銭（あくせん）法度を踏襲するとともに、新銭（しんせん）についても使用を禁止するという通達を、先日檀那中へ伝えるよう、富士山御師に申し付けた。しかしながら、申し触れなかったと聞く。このため富士参詣の道者が悪銭を持ってきて、賽銭として神前へ投げ入れている。禰宜（ねぎ）・神主がそれを受け取っても、（価値の低い悪銭であるので）社殿造営の助けにはならない。これはひとつには神慮（しんりょ）に背く行為であり、ひとつには甲斐国で定められた法度を破る行為である。それに御師が困窮すれば、結局檀那中へ無心を請うことになるだろう。この三つの観点に鑑み、今年から新銭の使用を取り締まるため、参詣の口々に奉行（ぶぎょう）を配置することにした。（このことを）大小の檀那中へ連絡するようにしなさい。もしこの決まりに背き、新銭を持ってくる族がいたら糾明し、担当の御師を末代まで改易することとする。（このことを）詳細に申し触れるようにしなさい。

この文書を理解するには、中世におけるお金のありかたについて説明する必要がある。中世の日本は、自分で貨幣を発行するという発想がない国であった。ではどうするかというと、中国から銭を輸入してきて、銭の種類に関わりなく、銭一枚を一文（約一〇〇円）として扱っていたのである。しかし、銭というのは使われ続ければすり減ったり傷ついたりする。また、「私鋳銭」と呼ばれる粗悪な偽造貨幣も出回るようになった。こうした貨幣は見た目からして劣悪なので、一枚でも一文として扱われなくなる。このように劣化した銭を、当時「悪銭」と呼んだ。

武田氏は、悪銭を納税などの公的支払いに用いることを禁止する法令を出していた。しかしながら、既に流通に載ってしまっている以上、完全に排除することは難しい。特に賽銭になると、投げ入れられたものが悪銭なのか「精銭」（質のよい貨幣）なのかの判断をつけることは不可能である。というよりも、ここぞとばかりに悪銭を賽銭として投げ込む者が続出するのではないか。

そこで小山田信有（桃隠）は、参詣口に奉行所をもうけ、賽銭に使用する銭が悪銭でないかをチェックすることにしたというのである。その際、「新銭」と呼ばれる私鋳銭も新たに除外対象に加えた。

信有は、これを御師と富士浅間社の保護政策であると説いている。貨幣価値の低い悪銭を受け取っても、困窮するばかりだろうというのがその趣旨である。この法令を参詣道者（檀那）に通達するように命じ、それでも悪銭・新銭を持ってくるようであれば御師を改易処分とするとまで言い切った。
小山田氏にとって、富士山御師が続いてくれることこそ、財源の安定につながる。だからこそ改易までもちらつかせる厳しい態度で富士山御師に臨んだのである。これは小山田信茂も同様である。元亀三年（一五七二）三月、信茂は思いきった政策を富士山御師に通達した。

このたび武田・北条両国が和親を結んだことで、士峰参詣の道者は、きっと多くなることだろう。ひとつには神慮のため、ひとつには寛大な心をもって、今後は郡中の関所は「半関（はんぜき）」と定めることとする。その他おしなべて道者に対し、新しい名目でお金をとるようなことはあってはならない。この趣旨を、よくよく檀那へ連絡するように。

この政策は、以前も一年限定で施行されたことがあるもので、「小山田の半関」と呼ばれる。富士山参詣の道者を増やすため、関銭を半額にするというのである。その上、ここで半額にされたのは小山田氏の設置した関所の関銭だけではない。従来富士山御師は、道者からひとり二四四文を経費として徴収していた。ところが小山田氏が「半関」を申しつけたため、以後の役銭（やくせん）は一二二文になったという。
小山田氏は、参詣道者そのものを増やす方策をとることで、富士山御師の経営を守りつつ、最終的な税収そのものの底上げを図ったのである。

小山田領の裁判権

「国衆」としての小山田氏について考える上で重要になるのが、裁判権の問題である。小山田領の住人が、訴訟を小山田氏に起こすのではなく、武田氏に起こした事例があるからである。これが従来、武田信玄による小山田領への「介入」と評価されてきた。

その実態はどうだろうか。ひとつ検討を加えてみてみよう。弘治二年（一五五六）、小山田信有（桃隠）の家老小林尾張守が、知行地である上吉田（富士吉田市）で横暴な振舞を行ったという。これに怒った上吉田衆二〇人が、小山田氏の本拠である谷村に出向いて訴訟を起こした。ところが、いつまでたっても判決がでなかったため、甲府に赴いて武田信玄に訴訟することになった。裁判を受け付けた信玄は、上吉田衆の勝訴という判決を下した。小林尾張守の部下は処罰されて追放処分となり、上吉田衆は小林尾張守の寄子（よりこ）から、小山田氏の馬廻（うままわり）（直臣）に配置換えとなった。

これをみると、たしかに武田信玄が小山田領住人の訴訟を受け付け、判決を下している。一見すると「小山田領への介入」にみえるかもしれない。

しかしここで立ち止まって考える必要がある。まず、上吉田衆はいきなり信玄に訴訟を起こしたのではない。小山田信有に訴えたところ埒が明かなかったため、改めて信玄に訴訟を起こしているのである。つまり、小山田氏では判決が下せないという現実に対処するため、甲府に赴いたといえる。

それでは小山田信有はなぜ判決を下せなかったのか。それは訴えられた小林尾張守が筆頭家老であったためだろう。小山田信有（桃隠）は天文九年（一五四〇）生まれだから、この年一七歳。まだ筆頭家老に不利な判決を下せるような力関係にはなかったのではないか。つまり小山田信有は何もしなかったのではなく、何もできなかったのである。それどころか、筆頭家老小林氏を勝訴としたわけではないのだから、むしろ真面目に裁判に取り組んでいたとさえいえるかもしれない。

一方の信玄はどうだろう。信玄の判決は、信有（桃隠）では行えない上吉田衆勝訴というものである。そればかりか、上吉田衆と小林尾張守の関係を断ち切り、小山田信有直属の馬廻に配置替えとしている。

つまりこの裁許の結果、小山田氏権力は強化されているのである。したがって信玄は小山田領に「介入」したわけではない。裁判の依頼を受けたから判決を下したまでで、自発的に乗り込んだわけではないのである。

中世の訴訟というのは、もっとも判決の効力が望める権力に訴えるものである。この場合の上吉田衆は、小山田氏では利害関係・力関係から勝訴を引き出すことができないと考えた。そこでより上位の権力である戦国大名武田氏に訴え出たわけである。

このように、一見すると大名から「介入」を受けているようではあるが、小山田領はあくまで自治権を保持していた。これこそが、国衆領の特徴なのだ。

本国の国衆と分国の国衆

同じ国衆といっても、大名本国の国衆か、そうでなく占領地（他国・分国）の国衆かでは、待遇が異なる。どういうことかというと、本国の国衆は、譜代家臣化していく傾向にあるからである。武田氏の場合、穴山氏は御一門衆、小山田氏は御譜代家老衆に位置づけられていくようになる。

穴山信友は、妻に武田信虎の娘南松院殿を迎え、その間に嫡男信君が生まれた。穴山信君は穴山梅雪（梅雪斎不白）のほうが通りがよいかもしれない。「甲州崩れ」に際して謀叛し、武田氏の滅亡を決定づけた人物である。なお、「信君」という実名は「のぶきみ」と読むと思われがちだが、近年禅宗の僧侶の記録から「のぶただ」と読むことが明らかとなった。難読の部類に属するだろう。

信君も正室に武田信玄の娘見性院殿を迎えている。つまり穴山氏は二重に武田氏と姻戚関係を構築しているのである。この結果、庶流家でありながら武田苗字の使用を戦国期を通じて許された。戦国期に入ると、駿河今川氏や対馬宗氏は、庶流家に今川・宗という本家の苗字を用いることを禁じている。武田氏も同様の傾向を持ったようだが（政策として確認はされていない）、穴山氏については例外であったのである。

穴山信君像（霊泉寺蔵、静岡県立中央図書館提供）

小山田信茂は、第六章で述べたように年末の「御備えの談合」にも参加する身分であった。これまた、譜代化の一例であろう。

つまり穴山氏も小山田氏も、「国衆」と「家臣」というふたつの異なる性格を内包するようになっていくのである。

このような立場だからこそ、他大名との「外交」に際し、穴山・小山田氏は「取次」という外交官（交渉責任者）を務めることとなる。穴山氏は、古くから関係をもっていた今川氏に加え、徳川・朝倉（あさくら）・浅井（あざい）・六角（ろっかく）・本願寺・三好（みよし）氏および足利将軍家に対する取次を担当した。小山田氏は北条氏に加え、里見（さとみ）・上杉氏との交渉も担当している。これらは、穴山・小山田氏が武田氏重臣と認識されていたからこそ、任されたことといえる。

また穴山信君は、天正三年（一五七五）の長篠合戦で山県昌景（やまがたまさかげ）が討ち死にした後、駿河江尻（えじり）城代（静岡市清水区）に任じられ、東海方面の軍事を統轄した。これも、穴山氏に一門家臣という側面が生じていたからこその起用だろう。

国衆か家臣か

こうした国衆と家臣とふたつの性格を併せ持つという点は、武田氏が順風満帆であるうちは問題がなかった。しかし武田氏の勢力が衰えてくると、話が変わってくる。穴山信君にせよ、小山田信茂にせよ、本質的には国衆家の当主である。彼らに課せられた責務の第一は、自家を存続させることにあった。武田氏に従っているのは、その「軍事的安全保証体制」に包摂されることが、自家を守る上で最良の方法であったからに他ならない。

天正九年（一五八一）三月の高天神城（掛川市）失陥は、武田勝頼の凋落を武田領国に知らしめるものとなった。同城には、武田領国各地の将兵が籠城していたにもかかわらず、勝頼は援軍を送ることさえできなかったからである。勝頼の武名は地に堕ちたといってよい。長篠合戦直後には早くも駿河が徳川方の攻撃を受け、天正八年（一五八〇）には北条氏政（うじまさ）が郡内攻撃を開始していた。さらに遠江の要衝高天神城を失い、その悲報は全領国に広がった。武田氏の衰勢はもはや誰の目にも明らかであった。

穴山信君がいつから徳川家康に内通していたかは定かではない。しかし信君は、もともと徳川氏との同盟交渉を担当していたから、人的つながりはいくらでもあったと思われる。

天正一〇年（一五八二）正月、信濃国衆で勝頼の妹婿であった木曾義昌（きそよしまさ）が織田信長に寝返り、武田氏は滅亡の瀬戸際に立たされる。それにとどめを刺したのは、御一門衆筆頭格の穴山信君謀叛であった。

武田勝頼は、側近跡部勝資（あとべかつすけ）の提案を受け入れ、小山田信茂の持ち城である郡内岩殿城を目指した。そこで信茂の謀叛にあって笹子峠を封鎖され、滅亡を迎えることとなる。

近世以降の価値観からみれば、穴山信君・小山田信茂の行為は「裏切り」「謀叛」以外の何ものでもない。しかし、彼らにとっては、穴山武田氏・小山田氏を存続させ、家臣・領民を保護することこそが最大の責務であった。だから武田氏滅亡を前にして、穴山・小山田両氏は、ともに「国衆」という側面を強く出したわけである。

しかしながら、これはあくまで「内輪の論理」であった。事前に内通していた穴山信君は所領を安堵されたが、小山田信茂は織田信忠(のぶただ)によって処刑されてしまう。織田信長・信忠父子からすれば、小山田信茂は武田氏の重臣としか映らなかったのである(信長は信茂を「家老」と述べている)。外部からは、武田家臣という側面だけがみえたことになる。したがって穴山氏も、事前の内通がなければ、小山田氏と同じ扱いを受けた可能性は高い。

甲斐本国の国衆である穴山・小山田氏は、「国衆」という側面と、「家臣」という側面の双方を持つようになっていった。このふたつの側面を持つという点が、次章で扱う「先方衆(せんぽうしゅう)」とは異なるのである。

第一〇章　服属してきた外様国衆

――信濃の国衆、それぞれの命運――

「先方衆」という外様国衆

領国を拡大する過程で、従属を申し出てきた他国の国衆を、武田氏では「先方衆(せんぽう)」と呼んでいる。「先方」とは字義通り「相手方」という意味合いで、降伏してきた敵方の国衆というニュアンスとなる。当然、武田氏においては外様(とざま)待遇となり、譜代(ふだい)家臣とも、前章で述べた穴山・小山田両氏とも扱いが異なる。こうした存在を、北条氏では「他国衆」と呼んでいる。大名ごとに呼び名が異なるため、比較検討がやりづらい。そこでどの大名でも共通する一般表現として、「外様国衆」という言葉を用いることとしよう。

戦国時代の戦争というのは、常に敵方を殲滅するわけではない。落城させて撫(な)で切りにするといった戦術は、みせしめという意味合いが強い。強引な城攻めは、味方の損害も馬鹿にならないから、長期間の籠城に追い込むなどして、降伏に追い込む戦術がしばしばとられた。

戦国時代には、各地に国衆という自治領国が存在したことは既に述べた。前章で記したように、ほとんどの国衆は、近隣の戦国大名に従属している。国衆が大名に従属する理由は、強大な軍事力による保護である。逆にいえば、従属先の大名からの保護が得られなければ見放す、という選択肢を持つわけだ。だから戦国大名の領国拡大の過程においては、敵に従っている国衆を寝返らせていくという戦略が取られることが少なくなかった。これは、外様国衆の帰趨が戦国大名の領国拡大に大きな影響を与えたことを意味する。

武田氏が最初に「侵略戦争」を本格的に展開したのは、信濃諏方郡と佐久郡であった。信玄は、諏方郡の諏方頼重を降伏に追い込んだ上で自害させ、諏方領を直轄領化した。一方佐久郡では、国衆を従属させていくという方針を基本としている。

異なる方法が取られたのは、諏方郡は諏方頼重が全体を支配していたのに対し、佐久郡は中小国衆が割拠していたためだろう。多くの国衆をひとつひとつ滅ぼしていくのは効率が悪い。戦争を進めながら、圧倒的軍事力をみせつける形で、降伏に追い込もうという作戦であったと思われる。

しかしながら、佐久郡の国衆たちは容易に武田氏に服さなかった。頑強な抵抗を続けたのである。

前山伴野氏への厚遇と浮沈

佐久郡の国衆のなかで、一番武田氏と関係が深かったのは伴野氏である。伴野氏は古くから佐久郡最大の国衆岩村田大井氏と戦争を続けており、永正六年（一五〇九）に将軍足利義稙が停戦を命じたほどであった。しかし次第に大井氏の勢力が伴野氏を圧倒したらしい。大永七年（一五二七）、伴野貞慶は大井氏に敗北して武田信虎のもとに亡命し、支援を仰いだ。信虎はこれを受けて佐久郡に出陣し、貞慶を前山城（佐久市）に帰還させている。

こうした経緯があるため、武田氏の佐久郡進出に際し、前山伴野氏は早くに武田氏に従属を申し出たらしい。天文九年（一五四〇）、伴野氏の居城前山城の普請を武田信虎が行っている。つまり、前山城には武田勢が駐留していたのである。

　これにはふたつの意味がある。ひとつは、武田氏が前山城を前線拠点として活用しているということ。この時信虎は一日で三六もの城を落としたというから、これはわかりやすい。なお、三六もの城を同時に攻撃できるわけはないので、武田軍の攻勢をみて降伏を申し出てきたか、城を捨てて逃亡してしまったということだろう。これを「自落（じらく）」と呼ぶ。

　もうひとつは、前山伴野氏を敵対国衆の攻撃から保護するための駐留である。先んじて武田氏に降伏した前山伴野氏は、一度佐久郡を追われたという経緯もあり、孤立無援の状態に陥っていたのだろう。そこで武田氏の軍事支援を仰ぐことで、自家の存続を図ったものと思われる。

　天文一二年（一五四三）になると、武田信玄は前山城を拠点として、岩村田大井氏攻撃を開始した。伴野氏の宿敵大井氏との戦争だから、前山伴野氏も喜んで受け入れたことだろう。

　しかし天文一七年（一五四八）の上田原（うえだはら）合戦で、武田氏が村上義清（よしきよ）に大敗すると、様相は一変する。以後、一時的に前山城は村上方の拠点となっているのである。この間の前山伴野氏の去就はよくわからない。村上義清に従属したほうが安全と考えを改めて村上氏に寝返ったか、城を明け渡して敗走したかのいずれかだろう。

　信玄も指をくわえて事態を静観したわけではない。ただちに前山城を奪い返した。その際、伴野氏に桜井山（さくらいやま）を与えている。この解釈は難しいが、伴野氏の分家に桜井伴野氏という家があり、桜井伴野氏を伴野本家に取り立てたようだ。一連の戦争のなかで、従来の本家であった前山伴野氏が没落し、新たに桜井伴野氏が前山伴野氏を継承したという状況であったようである。伴野氏には有力分家として野沢（のざわ）伴野氏が存在するから、それを飛び越えての取り立てとなる。

　桜井伴野氏は一貫して武田氏に従属したらしい。『甲陽軍鑑』「甲州武田法性院信玄公御代惣人数事」によると、伴野氏に賦課される軍役（ぐんやく）は八〇騎だが、これは佐久郡付近で戦争が起こった場合に限られる。遠征に従軍するときは五騎でよいという特別待遇を与えられているのだ。ここで記された「〇騎」という軍役数は実際の軍役とは一致せず、家臣の知行高や国衆同士の勢力規模を比較する上での参考値にしかならない。しかしこの軍役書上は信玄晩年から勝頼初年頃の状況を反映しているとされる。この時期に、佐久郡周辺が戦場になるとは現実には考えられないから、いかに前山伴野氏が優遇されていたかがよくわかる。

　だからといって前山伴野氏は、武田「家臣」になったわけではない。自治権を保持したまま武田氏に従属した国衆なのである。武田氏との関係はあくまでも従属「契約」によるものであった。庶流の野沢伴野氏も同様で、当主信是（のぶこれ）は黒印を使用している。用い方は小山田氏に似ており、花押を据えた上に黒印を捺すというものである。

　武田氏はその後も順調に領国を拡大しており、両伴野氏は武田氏に従い

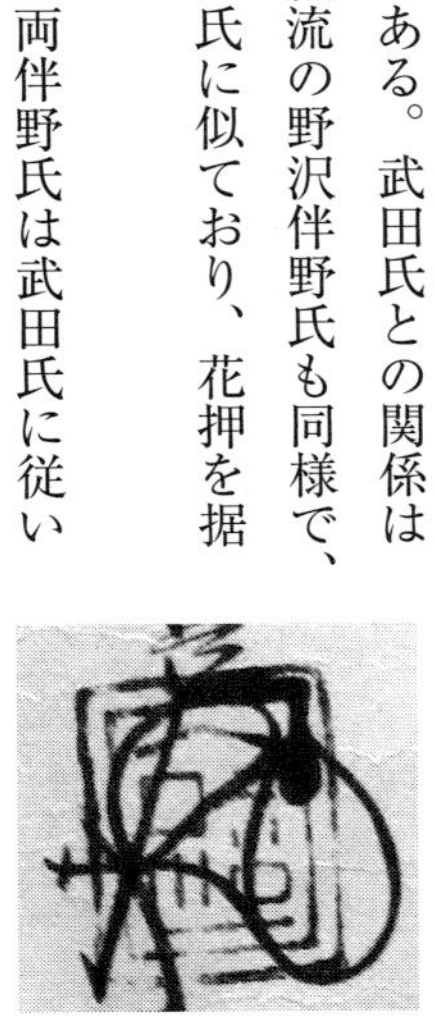

伴野信是黒印

続けた。しかし最後まで譜代家臣とはならず、外様国衆待遇であった。これが譜代化する可能性がある本国の国衆との違いである。

ところが天正一〇年（一五八二）に武田氏が滅亡してしまうと、状況は一変する。前山伴野氏は北条氏直に降伏し、今度は北条氏の「他国衆」となった。やはり、譜代家臣ではなく外様国衆待遇である。前山伴野氏か野沢伴野氏か判断がつかないが、この時は人質を提出していることが確認できる。野沢伴野信番は本領安堵と新恩宛行の約束を受けるが、その条件は北条勢の先鋒を務めるというものであった。伴野氏は、軍事的忠節をみせることで、北条氏と従属契約を結び直す必要が生じたのである。

前山城は徳川方の攻勢を受け、伴野信守は北条氏の支援を仰ごうとするが、ここで予想外の事態が起きた。天正一〇年一〇月、北条氏直と徳川家康が和睦してしまったのである。その和睦条件は、甲斐・信濃は徳川領、上野は北条領と定めるというものであった。これにより前山・野沢両伴野氏は、強制的に上野に退去させられてしまったのである。

これは、大名の命令による強制的な「転封」「国替え」であった。「転封」というと、豊臣秀吉以降の政策というイメージが強いが、戦国大名段階でも、条件が整えばあり得たのである。ただし前山伴野氏の知行高は、武田時代は三五〇〇貫文に達した。上野では、惣社（前橋市）において知行を与えられたようだが、果たして北条氏直がそれだけの替地を準備できたかは怪しい。大幅な減知であったのではないだろうか。この時関東に退去させられた国衆のなかには、自分の状況を「牢人」と称した人物もいるから、十分な知行地は与えられなかったとみるべきだろう。天正一八年（一五九〇）の北条氏滅亡後、前山伴野氏隠居の信直（讃月斎全真）が「二〇年も牢々している」と述べていることは、これを裏づける。

岩村田大井氏の「改易」

それでは、前山伴野氏のライバル岩村田大井氏の場合はどうだろうか。岩村田大井氏は、家臣の回想録によると、かつては六万貫もの所領を有し、佐久郡国衆の多くを従えた大勢力であったという。しかし一五世紀末の戦争で敗れ、本拠地岩村田（佐久市）から離れていた。戦国時代の拠点は、岩窪城（長野県長和町）と内山城（佐久市）である。

このうち岩窪城には父親の大井貞隆が、内山城にはその嫡男貞清が入っていた。天文一二年（一五四三）、信玄の攻撃によって岩窪城が落城。大井貞隆は捕らえられ、甲府に護送された。一方、貞清は天文一五年（一五四六）に内山城を明け渡して逃走し、翌一六年（一五四七）に武田氏に従属した。

その後は甲府滞在を余儀なくされ、内山城には武田氏重臣小山田虎満が入城した。天文二〇年（一五五一）に一時内山帰城を許されるが、まもなく召還され、内山城には再度小山田虎満が入った。以後、内山城は武田氏の佐久郡支配の拠点城郭となり、岩村田大井氏の手を離れてしまう。いいかえると、武田氏は佐久郡支配の拠点として内山城を確保するために、岩村田大井氏から内山領を取り上げたのである。

その後の大井氏の待遇ははっきりしない。知行地を与えられていたことは間違いないが、内山領は召し上げられていたから、国衆としての性格を喪失したことになる。これは、「減封（げんぽう）」というよりは「改易」に近いといってよいかもしれない。武田氏に抵抗を続けた末の降伏であったためか、厳しい処分となった。

大井貞清は、子息貞重（さだしげ）とともに、天正三年（一五七五）の長篠合戦で討ち死にした。したがって、軍勢を率いるだけの知行地を有していたことはわかるが、所領規模や立場はわからない。この結果、事実上岩村田大井氏は滅亡することになる。佐久郡最大の国衆岩村田大井氏のあまりにも寂しい終焉であった。

小諸大井氏の「転封」

次に、岩村田大井氏の分家小諸（こもろ）大井氏の事例をみてみたい。降伏したのは惣領（そうりょう）である岩村田大井氏よりも遅く、天文二三年（一五五四）のことであった。しかしそのまま許され、小諸在城を続けている。つまり武田氏が「減封」「改易」を命じるかどうかは、降伏時期とは関わりがなく、あくまでその時々の政治判断の結果といえる。

小諸領については、内山領ほど重要視されなかったためか、小諸大井氏は存続を許され、武田氏の従属国衆となった。これは他の佐久郡国衆もほぼ同様である。降伏した国衆を寛大に扱う姿勢を強調した方が、武田氏の領国拡大にとっては、都合がよい。降伏したら取り潰されるという噂が広まれば、誰もが徹底抗戦するだろう。岩村田大井氏については、もともとの勢力が大きかったため、解体する必要があったのかもしれない。

ただし当主大井高政（たかまさ）は一時不穏な動きをみせて所領を没収されたらしい。天正四年（一五七六）に「先非を悔いた」として子息満安（みつやす）に知行七九貫九〇〇文と籾子七四三俵八升六合が与え直されている。とはいえ、小諸大井氏クラスの国衆の知行高が約八〇貫文というのは、次に述べる軍役数からみても少なすぎ、知行地の一部を没収されていたのが返還されたのだろう。

小諸大井氏は、武田氏と軍役規定を求めて繰り返し折衝をした点が興味深い。まず永禄五年（一五六二）一〇月一〇日に、四五人の軍役を定められた。内訳は、鑓（やり）三〇本、弓五張、持鑓二丁、鉄砲一挺、甲持（かぶと）一人、小旗持一人、指物（さしもの）持一人、手明（てあき）四人である。このうち鑓（長柄（ながえ）の意であろう）五本は、高政自身が甲府に在府奉公していることを理由に免除されている。ところが一九日に、改めて四五人の軍役が定め直された。内訳は、持道具二本・弓五張・鉄砲一挺・持小旗一本・乗馬五騎・長柄三一本で、このうち長柄五本はやはり在府を理由に免除されている。人数が四五人から四

○人に軽減される一方、騎馬数が五騎と増えている。もともとこれだけの軍役人数で騎馬武者がいないというのはやや異例な印象を受ける。騎馬数が増えた方が負担が大きいと推測されるから、駆け引きのなかで、武田氏側の圧力に屈したのだろう。騎馬自体を入手して訓練をつませるのも一苦労だが（馬は基本的に音に敏感なので、戦争に慣れさせる必要がある）、馬介（うまよろい）という装飾品をまとわせることが義務であったため、その費用も要したのである。

二年後の永禄七年（一五六四）五月二八日、再度軍役が改訂された。今度は、人数が三八人と大幅に軽減されている。内訳は、持道具三本・弓四張・鉄砲一挺・乗馬四騎・持小旗一本・指物持一人・甲持一人・手明五人・長柄一八本で、引き続き在府を理由に長柄五本を免除されている。長柄の減少が顕著といえるだろうか。この間の事情はよくわからない。

少し話を横にそらす。武田氏では戦争に赴いた際、大井高政が軍役定書に記された通りの人数（三八～四五人）を率いるわけではないことが近年の研究でわかってきた。軍勢が集まった段階で、一度部隊を騎馬・長柄・鉄砲・弓などの兵科（へいか）別に分けるのである。それで馬之衆、鑓衆、鉄砲衆、弓衆という部隊を編制する。こうした編制をした上で、それぞれに部隊指揮官として諸将を配属することになる。これはよく考えれば自然なことで、「槍衾（やりぶすま）」という言葉があるが、たとえば大井高政が率いてきた一八人程度の鑓隊では何の迫力もないだろう。これは、武田・北条・上杉三氏において、少なくとも永禄初年（一五五八～）以降に確認できるものである。寄せ集めではまともな団体行動がとれるわけはないから、適宜訓練を課していたようだ。ただし当たり前だが、近代のような整然とした軍隊ではない。武田氏で馬之衆というと大規模な「武田騎馬隊」を想起する方もいるかと思うが、近代の「騎兵隊」とは規模も練度もまったく異なる。

つまり大井高政は、自分に軍役として課せられた部隊を率いるのではなく、新たに再編された部隊の一部を率いたと考えられる。上野の小幡氏など、有力国衆は例外の可能性があるが（小幡氏は赤備えという特殊な軍装を許されていた）、譜代家臣だけではなく、小諸大井氏のような中規模国衆にも適用されたのではないだろうか。なお、これとは正反対の見解を、筆者はインターネット上のコラム「風」で過去に記している。当時の最新の研究に拠ったものであったが、現在は新しい研究によって塗り替えられた。ここで簡単ながら訂正をしておきたい（本格的な訂正は、別稿を期す）。

話をもとに戻そう。大井高政・満安父子は、永禄一〇年（一五六七）末に西上野支配の拠点箕輪城（高崎市）在城を命じられた。その際、大井父子は非常に興味深い行動をとっている。それは信濃における本領、つまり小諸領を武田氏に進上するので、替地を上野で与えて欲しいと願い出たのである。自発的な「転封」願いといえるだろう。一二月二日、信玄はこれを受け入れ、「転封」が完了するまでは一六人、完了後は四〇人の軍役を務めるように申し付けている。ここでも軍役数が二人増えているが、これは箕輪在城にともなって在城料を箕輪近辺で与えられたためだろう。

なぜ大井父子はこのような行動に出たのだろう。一般に、中世武士とは「一所懸命」の存在で、本領に対する執着心が非常に強いことで知られる。これは、戦国期においても変わりはない。それにも関わらず、大井高政をして転封願いを出させた動機は何か。

この点については、ふたつの理由が考えられる。ひとつは、小諸と箕輪を往復する経費が重い負担になってのしかかってくるというものである。たしかに、小諸から箕輪に行くには碓氷峠を越える必要があり、それなりに移動距離はある。しかし武田氏は家臣や従属国衆を本領からかなり離れた城郭に配置することが多く、小諸大井氏よりもっと遠方に配属されることは珍しくない。だから大井高政が本領返上に踏み切った説明としては、不十分だろう。

そこで指摘されているのが、佐久郡を襲った不作である。永禄八～九年（一五六五～六六）、佐久郡は「田畠之作毛不熟」により「庶民令困窮」という状況にあった。これが「転封」願い直前の状況である。

つまり大井高政は、領国が荒廃し財政難に陥ったところに、箕輪在城を命じられ、思い切って収穫が安定している箕輪に「転封」してもらうことで財政難を乗り切ろうとしたのではないだろうか。

領国の荒廃という危機にさらされた大井高政にとって、「転封」はまさに奥の手であった。話を聞いた信玄も驚いたことだろう。とはいえ、このような「転封」を行えば国衆としての自律性はかなり弱まる。武田氏にとって不利益にはならないから、喜んで応じたのではないか。

ただし、小諸大井氏の替地を上野で用意するとなると、各地に散在(さんざい)したものでよいとしても、かなりの規模の領地を確保する必要がある。信玄にとっては想定外の事態であり、準備に相応の時間を要したとみてよい。「転封」完了前と完了後の軍役が示されているということは、「転封」に必要な所領を準備する期間を見込んだのだろう。

この点が、全大名が転封対象となり、「鉢植(はちうえ)大名」化が進んだ豊臣期以降とは異なるものであるだろう。戦国大名は、政治情勢に応じて「転封」を行うようになり、かつ国衆側も「転封」を望む場合があったが、国衆側の意向を尊重する傾向にあった。政権の政治判断で大名に「転封」を命じる豊臣政権以降とは、この点に相違がある。なお、織田政権も「転封」を行っているが、対象となっているのは基本的に直臣であり、従属国衆を「鉢植化」したわけではない。こちらは戦国大名と同列に論じるべきであろう。

小諸大井氏が返上した小諸には、武田親類衆下曾禰浄喜(しもそねじょうき)が城代として入部し、佐久郡司管轄外の小諸領を形成する。内山領同様、武田氏は接収した国衆領を城代領とする形で直轄領化しているのである。佐久郡司管轄下に置かなかったのは、もともと小諸領は国衆領として郡司の管轄外にあり、敢えて領域再編をする必要を感じなかったのだろう。

笠原清繁の悲劇

武田氏に抵抗して滅亡した国衆の事例もみておきたい。天文一六年（一五四七）、武田信玄は笠原清繁の籠もる志賀城（佐久市）攻めを開始した。笠原清繁は、実名からみて村上義清に従属していたと思われる。村上義清は北信濃最大の有力者であり、信玄はこの後二回にわたって苦杯をなめさせられる。

武田勢はまず援軍にきた山内上杉憲政の軍勢を、小田井原（長野県御代田町）で撃破した。ここから、戦国時代の凄惨な合戦の様子が明らかとなる。信玄は、小田井原合戦で討ち取った敵の首を、志賀城からみえる場所に晒した。援軍壊滅を知らせ、城兵の士気を落とすことが狙いである。

その上で志賀城を攻略し、城主笠原清繁を討ち取った。惨劇の幕が上がったのは、その後である。志賀城では、「乱取り」「乱妨取り」と呼ばれる略奪がはじまった。「乱取り」とは、戦場における略奪行為のことを指し、戦国時代には当たり前のように行われた。注意したいのは、略奪対象となるのが物品だけではなく、人間も連れ去られて売られてしまうという点にある。

この時も、男女が多数生け捕られて甲府に連行された。ここで信玄は、甲斐に親戚がいる場合は身代金として二〜一〇貫文で解放させるという触れを出している。身代金に開きがあるのは、性別・年齢によって差異があったためだろう。いずれにせよ、この値は安くはない。中世の一貫文を現在の貨幣価値に直すと、五万〜二〇万円に相当するから、間をとって一〇万円。二〇万円から一

○○万円を支払え、というものである。果たして解放されたものがどれだけいたか、どうか。そしてそれ以外の人々は、いわゆる奴隷身分として転売されていくことになるのである。

笠原清繁の正室も捕らえられ、小山田信有（のぶあり）（契山（けいざん））に下げ渡された。信有から駒橋（こまばし）（大月市）に屋敷を与えられて側室となったが、悲嘆にくれた余生を送ったという伝承が残っている。

木曾義昌の謀叛

ここまでみてきたように、国衆は、戦国大名に従うことでその保護を受ける。しかし大名の滅亡により状況が一変してしまうこともまたあり得た。この点は、伴野氏の項でみてきた通りである。だから大名が苦境に陥ったと判断すれば、一斉に手のひらを返すことがあり得る点は、本章冒頭でも述べた。その典型が、信濃国衆木曾（きそ）氏である。

木曾氏は源頼朝のライバル木曾義仲（よしなか）の子孫を称するが、家の由緒を飾るための自称であるとみてよい。室町期には通字（つうじ）を「家」としていたが、戦国期に「義」に改めているため、この過程で庶流家が嫡流家を滅ぼすなどの内訌（ないこう）があった可能性が高い。隣国飛驒の三木（みつき）氏（のちの姉小路（あねがこうじ）氏）とたびたび争いを繰り広げていた。村上氏・諏方氏と並んで信濃守護小笠原（おがさわら）氏の統制には復さず、独立状態を維持していた。

しかし天文二三年（一五五四）、武田信玄が隣郡下伊那郡制圧を進めると、木曾義康（よしやす）は従属を決断し、松尾小笠原氏を通じて降伏を申し入れた。喜んだ信玄は、娘の真龍院殿を義康の嫡男義昌に嫁がせると定めた。木曾義昌は天文九年（一五四〇）生まれなのでこの年一五歳。妻となる真龍院殿はまだ五歳という明確な政略結婚である。なお、『甲陽軍鑑』は降伏の年次を翌弘治元年（一五五五）とするが、同時代に成立した古記録の記述から天文二三年が正しい。木曾義康は、人質として娘の岩姫を甲府に差し出した。一方、信玄は真龍院殿の付家臣として山村・千村氏を木曾に派遣し、家老にしたというが、両名はもともと木曾氏の家老であり、明確な誤りである。山村・千村両氏は信玄・勝頼から直接文書や知行を与えられる存在だったから、『甲陽軍鑑』の編者が誤解したのだろう。

木曾義昌朱印「玄徹」

　木曾義昌は、永禄八年（一五六五）までには家督を相続している。同年のこととすると、二六歳となる。父義康（出家して聴雨斎宗春）はまだ健在であり、政務見習いという立場であったろう。この年二月には、武田氏と関係の深い禅僧天桂玄長から「玉山」の道号を与えられ、遅くとも天正六年（一五七八）には「玄徹」と刻んだ朱印を使用している。「玉山玄徹」は木曾義昌の法名であり、家督相続時点で自身の法名を定めてもらっていたことがうかがえる。同時に、武田氏から朱印を用いた領国支配を学び、かつそれを許されていたことがわかる。戦国大名は、印判状の使用を特定の一門・国衆にしか許可しなかったからである（花押代用印は別で、奉行人が使用した）。

木曾義昌像（東漸寺蔵）

永禄七年（一五六四）に甲府に参府した際には、その返礼として誰が赴くかが問題となった。信玄は、できれば自分自身が、それができなければ嫡男義信か、少なくとも四男勝頼が答礼に赴くべきだと述べ、ただ出陣の準備で慌ただしいため家臣を代参させるとしている。その上で、落ち着き次第信玄自身が木曽領のある洗馬（塩尻市）を訪ねるとしているから、木曽義昌が非常に厚遇されている様子がよくわかる。甲府に参府しただけで、これほどの騒ぎとなる国衆はなかなかいないのではないか。『甲陽軍鑑』が、「御親類衆」に含めた気持ちもわかる気がする。天正八年（一五八〇）の参府も混乱を引き起こし、訴訟処理が遅滞しているから、やはり相当な歓待を受けたのだろう。

もちろん木曽氏がこれほどの厚遇を受けたことには理由があり、美濃との国境を固める国衆だからである。それでも信玄の時代であれば、東美濃遠山氏が武田信玄と同盟国織田信長双方に従属する「両属」という形をとっていたため、東美濃に緩衝地帯が存在した。しかし勝頼期、それも天正三年（一五七五）の長篠敗戦後に美濃岩村城（恵那市）が失陥して以後は、木曽義昌が織田信長に対する最前線に位置することとなる。木曽領をめぐる情勢は急に険しいものとなった。岩村城失陥以前、勝頼は木曽義昌に「美濃制圧後に一〇〇〇貫文」という大規模な知行宛行を約束していたが、すべてが泡と消えたのである。

義昌の家老山村良利が、武田勝頼から木曽家臣団を親武田でまとめるよう求められたのも、この時である。長篠敗戦後に勝頼が出した伊那郡の防衛体制指示によると、木曾義昌は伊那郡への援軍と位置づけられるとともに、木曾谷の防衛にも配慮するよう求められた。同時に勝頼は木曾領に目付を派遣するよう指示しており、かなり神経をとがらせている様子がうかがえる。

翌天正四年（一五七六）、木曾家臣が連名で、武田勝頼・木曾義昌に忠誠を誓うという起請文を提出した。もちろん自発的に出したわけではなく、勝頼から要請されてのことである。最後の条文で、木曾家臣は「木曾義昌が勝頼に逆心を企てた場合は諫言し、それに従わなければ甲府に注進する」ことを誓っている。この手の起請文のひとつのパターンで、直接の主君が大名に背いた場合は、主君を見限って大名に従うことを誓約する（させられる）のである。ようするに、文面は武田氏側が用意したわけだ。

つまり武田氏は木曾義昌を厚遇してはいたが、場合によっては離叛するのではないかと危惧していたのである。これは当然の懸念であった。長篠敗戦・岩村落城以降、宿敵織田領と境を接する木曾領が、敵国の攻撃を受ける危険は大幅に増大した。しかも、岩村城は武田勝頼がまともな援軍を送ることができずに、落城したという経緯がある。木曾義昌の目には、武田勝頼はもはや頼りにはならないと映っただろう。

こうなると外様国衆にはふたつの選択肢が生じる。あくまで大名を支え続けることで、自領の維持を図るか。それとも、別の大名に従うことで、領国の保全を図るかである。木曾義昌が選んだのは、後者であった。

天正一〇年（一五八二）正月、武田勝頼のもとに木曾義昌謀叛の報告が届けられた。木曾義昌は、織田信長に寝返ることで自家と家臣領民を守ることを選択したのである。なお、信長の武田攻め決定は前年一二月だから、義昌からの寝返り打診は前年中で、それがきっかけとなり、出陣が決まったのだろう。

勝頼はただちに木曾攻めに出陣するが、先鋒は撃退された。一方、木曾義昌も織田信長に迅速な救援を求めた。今度は、織田信長が木曾義昌を「保護」できるかを試される番であったといえる。織田勢の援軍を得た木曾義昌に、武田勝頼はなす術を失った。

この木曾義昌謀叛をきっかけに、武田氏は滅亡することとなる。国衆は譜代家臣とは立場が異なる。ましてや、近代に「武士道」として様式美化される主従関係とはほど遠い。武田氏に従っていてもはや自領を保護してもらえない――木曾義昌はそうした判断に基づいて、自身の去就を決めたのである。

武田氏滅亡後、木曾義昌は従来の木曾郡に加え、安曇（あずみ）・筑摩郡を織田信長から与えられた。同じく内通した穴山信君（のぶただ）が本領安堵にとどまったことと比較すると、いかに多くの功績が認められたかよくわかる。

しかし六月に本能寺の変が起こると、事態は一変した。織田信長の支援を失った木曾義昌は安曇・筑摩郡の維持に失敗し、最終的に元の木曾郡のみを保持した状況で徳川家康に従属することとなる。家康の関東転封後、下総阿知戸（旭市）一万石の大名となった。文禄四年（一五九五）の義昌死去後、子息義利の代に木曾氏は改易されてしまうが、経緯はよくわかっていない。木曾氏は戦国期を生き延びることには成功したものの、近世大名への移行には失敗してしまったといえる。

国衆たちの選択

武田氏の信濃侵攻に際し、国衆達は様々な選択をして、あるいは生き残り、あるいは滅亡した。武田氏に降伏しても、本領を没収つまり改易される場合もあり、国衆として処遇されても、自発的に本領を返上することで生き残りを探る場合もあった。たどった道は様々であったといえる。

しかし本国の国衆と比べると、その自律性は高かった。武田氏の「家臣」にはならず、あくまで自治領主としての地位を維持することを基本とした。これが、身分や知行、役職の差があるとはいえ、全員が大名の家臣となる江戸時代と、戦国時代の最大の違いなのである。

第一一章　先方衆から譜代家臣へ——真田幸綱・信綱から昌幸へ——

もっとも人気のある一族

「戦国武将のなかで一番好きな人物は誰ですか」あるいは「名前を知っている戦国武将を教えて下さい」というアンケートを取った場合、普通は織田信長・豊臣秀吉・徳川家康という三人の天下人か、武田信玄・上杉謙信・伊達政宗といった大河ドラマで主役を張った戦国大名の名前が挙がるだろう。より正確にいえば、歴史好きの人でもない限り、このくらいの名前しか思い浮かばないように思う。

そのなかで、数少ない例外が真田信繁（一般には江戸時代に創作された幸村の名で知られる）ではないだろうか。真田信繁であれば、歴史愛好家でなくても「幸村」という名前を耳にしたことはあるように思う。そして大坂夏の陣で徳川家康の本陣を急襲して追い詰め、豊臣秀頼に殉じる形で討ち死にした――いかにも判官贔屓の日本人好みの人物である。

そしてより歴史に造詣の深い方ならば、その父親の真田昌幸に興味が行くかもしれない。「信玄が両眼のごとく」と呼ばれ、二度にわたる上田合戦で徳川勢を打ち破った智将である。「表裏比興者」（裏表のある油断のならない人物）という豊臣秀吉の人物評も知られている。

さらにその父幸綱（系図では幸隆とされるが誤り。出家して一徳斎と号した）も、智謀の将として名高い。武田信玄が大敗を喫した砥石城（上田市）を、調略によってあっさりと攻略した人物である。

このため、一般には「幸綱—昌幸—信繁」で真田三代と呼ばれることが多い。

しかし実際には、これは間違った数え方である。まず信繁は真田氏の家督を嗣いでいない。家督を嗣いだのは、兄信之（のぶゆき）（信幸）である。また幸綱の隠居後、家督は嫡男信綱（のぶつな）に譲られている。したがって、「幸綱—信綱—昌幸—信之（信幸）」で真田四代とするのが正しい。いくら人気があるからといって、歴史をねじ曲げてよいわけではないだろう。

由緒の主張と実際の出自

真田氏は、武田氏に仕えて信州先方（せんぽう）衆筆頭となった国衆である。しかしそこまでたどり着くには、激しい流転があった。

出自からして珍しく、本姓は源平藤橘のいずれでもない。信濃小県（ちいさがた）郡から上野吾妻（あがつま）郡に勢力をはった滋野（しげの）氏の出身である。近世真田氏の系図主張によると、真田幸綱は滋野氏嫡流海野棟綱（うんのむねつな）の直系の孫で、別家を起こして真田を称したという。しかし実際には、鎌倉初期の当主海野長氏（ながうじ）の子息真田七郎幸春（ゆきはる）が初代のようだ。その後、室町期にかすかな活動の痕跡が読み取れるが、明確になるのは戦国期に入ってからである。

真田幸綱が海野棟綱と関わりを有していたこと自体は正しい。ただし、それは幸綱の父頼昌（よりまさ）が海野棟綱の娘婿で、その間に生まれたのが幸綱であるというものである。また、幸綱自身の妻が棟綱の娘であるという説もある。どちらが正しいかの判断は難しい。幸綱の子息はいずれも真田家臣河原氏の娘が生んでいるため、一見すると前者が正しい。しかし、史料からは海野棟綱と幸綱の世代差は小さいように思われ、祖父と外孫（娘の子）という関係と捉えることもまた難しいように思われる。

いずれにせよ、頼昌・幸綱父子が、海野棟綱の力を背景にして、小県郡内で勢力を維持したことは間違いない。

幸綱の武田氏仕官

天文一〇年（一五四一）、武田信虎・村上義清・諏方頼重連合軍が小県郡を攻撃した。海野棟綱は海野平で合戦を挑むが大敗し、嫡男幸義は討ち死にしたという。これにより、海野・真田両氏は小県にとどまることができなくなり、上野に亡命した。ただし亡命先はわかれ、海野棟綱が関東管領山内上杉憲政を頼ったのに対し、幸綱は上杉氏重臣で箕輪城主（高崎市）の長野業正を頼っている。

しかし上野亡命直後、甲斐で政変が起きた。武田信玄が父信虎を駿河に追放したのである。この政変を奇貨とみた上杉憲政は、小県に軍勢を動かした。政変で混乱する武田氏は動けないと踏んだのである。ところが諏方頼重が積極的な迎撃に出たため、わずか一〇日で帰国してしまった。棟綱

真田幸綱（幸隆）像（長国寺蔵・真田宝物館提供）

の旧領復帰は夢に終わったのである。さらに変事は続く。翌天文一一年（一五四二）、武田信玄が諏方頼重を急襲し、降伏した頼重を自害に追い込んだ。ここに諏方本家は滅亡にいたる。

こうなると、武田信玄という人物を真田幸綱は見直さなくてはならなくなった。幸綱の敵である武田信虎を追放し、諏方頼重を滅ぼした人物である。信虎と違い、信玄は敵ではない――そう考えた幸綱は、武田信玄のもとに出仕した。本来は国衆であるが、旧領は村上義清の支配下にある。身ひとつでの出仕といっても差し支えないだろう。時期は確定が難しい。確実な初見は天文一八年（一五四九）だが、天文一四年（一五四五）頃にまでさかのぼる可能性が高い。

砥石城攻略と国衆としての復帰

諏方頼重を滅ぼした後、武田信玄は信濃における勢力拡大を目指していた。しかしそこに立ちふさがったのが、北信濃の村上義清である。信玄は天文一七年（一五四八）に上田原（うえだはら）合戦で大敗して板垣信方（いたがきのぶかた）・甘利虎泰（あまりとらやす）といった重臣を失い、天文一九年（一五五〇）の砥石城（上田市）攻めでは撤退中に追撃を受け足軽大将横田高松（たかとし）らを討ち死にさせた（砥石崩れ）。

砥石城という城は、真田幸綱にとって大きな意味を持った。真田氏の本拠松尾（まつお）城（上田市真田町）が、砥石城と指呼（しこ）の距離にあったためである。したがって本領復帰を果たすためには、砥石攻略が大前提であった。しかし幸綱は武力を用いた城攻めではうまくいかないと考えたらしい。調略で敵を寝返らせ、天文二〇年（一五五一）五月二六日にあっさり砥石城を乗っ取ってしまった。信玄としても驚愕したことだろう。

砥石攻略により、幸綱はついに宿願の真田郷復帰を果たした。これは同時に、真田郷における国衆の地位回復をも意味したのである。なお、砥石城はそのまま真田氏に預けられた可能性が高い。

これ以後、幸綱は東信濃・北信濃経略で活躍をみせることになる。その途上の天文二二年（一五五三）八月一〇日、子息を人質として甲府に差し出している。この子こそ、三男真田昌幸である。まだ七歳の少年であった。

上野吾妻郡攻略と岩櫃城将

川中島方面が安定した後、幸綱は上野吾妻郡の攻略に携わることとなる。吾妻郡には、幸綱と同じ滋野一族が割拠しており、同族としてのつながりを期待されたとみてよい。幸綱は、弟が養子入りしたと伝わる鎌原（かんばら）氏を支援し、羽尾（はねお）氏を支援する岩下斎藤氏と対峙した。その上で、幸綱と嫡男信綱が斎藤氏の一門を調略し、岩下城（群馬県東吾妻町）を攻略した。長篠合戦で討ち死にしたことから猛将のイメージが強いが、信綱もまた調略を得意としたのである。

武田信玄は、岩下城では充分な内政が行えないと考え、新たに岩櫃（いわびつ）城（同前）を築城させた。幸綱・信綱父子はこの岩櫃城に入り、「岩櫃城将」として吾妻郡国衆への軍事指揮権を委ねられることとなった。

ただし、ここで父子が任されたのはあくまで軍事指揮権にとどまる。幸綱は永禄一〇年（一五六七）頃に隠居し、家督を信綱に譲るが、その後もこの状況に変化はなかった。それは、真田氏が「信州先方衆」であったためである。

『甲陽軍鑑末書』は真田氏について、上野甘楽郡の国衆小幡氏と並んで「御譜代同意」つまり譜代同然であると記す。たしかに真田一門が信玄・勝頼から重用されたのは事実だが、あくまで「同意」に過ぎず、譜代として扱われたわけではない。『甲陽軍鑑』「甲州武田法性院信玄公御代惣人数事」によると、信綱は信州先方衆筆頭として騎馬二〇〇騎、弟昌輝は騎馬五〇騎の軍役を課せられたという。何度も述べてきたようにこの数字は実際の軍役高とは一致せず、目安でしかない。しかし戦時には昌輝は信綱の指揮下に入るというから、動員兵力は騎馬二五〇騎に及ぶ。これは信州先方衆として抽んでた軍役数であり、宿老たちと並ぶものである。

長篠合戦で信綱・昌輝兄弟が討ち死にした後、後を嗣いだ昌幸は兄ふたりの遺領一万五〇〇〇貫文を相続したという。これも信州先方衆どころか国衆としてもずば抜けた数字であり、真田氏が武田氏によって積極的に取り立てられた国衆であることがよくわかる。真田氏の本領は真田を中心とする七ヶ村に過ぎなかったとされ、元和八年（一六二二）段階の村高を合計しても、一六四一貫七四〇文にとどまるからだ。「御譜代同意」という表現は、このような真田氏の性格を示したもので

真田信綱像（信玄公宝物館蔵）

あったのだろう。

これだけの厚遇を受けていながら、真田父子の権限はあくまで軍事指揮権にとどまっていた。それは真田父子が先方衆、つまり外様国衆であったためである。先方衆である以上、武田氏の吏僚機構に携わることはない。幸綱・信綱は武田氏に取り立てられながら、あくまで外様扱いであるため、たとえば龍朱印状の奉者になることはなかったのである。もっとも、先方衆が一郡の軍事指揮権を委ねられただけでも、異例といえる。

武藤昌幸の誕生

しかし、武田氏から譜代家臣として扱われた人物が存在する。それが、真田昌幸であった。昌幸は七歳で信玄のもとに人質として出されたが、ただ幽居させられたわけではなかった。奥近習（おくきんじゅう）に取り立てられ、信玄の政務を身近でみて育ったのである。その後足軽大将となり、検使（けんし）（軍勢の目付役）を務めている。検使としての働きについて、「信玄が両眼のごとく」と呼ばれるほどにまで成長したことは、ここまで幾度か述べてきた通りである。この結果、国衆の三男に過ぎなかった昌幸は、武田譜代家臣として扱われることとなった。

信玄は、昌幸の才能を高く評価しており、武田庶流武藤氏を嗣がせた。武藤氏は武田庶流家だが、当主の早逝が相次ぎ、そのたびに同じ庶流家である大井氏から養子を貰っていた。大井氏は南北朝

真田昌幸像（信玄公宝物館蔵）

期に武田氏から分かれた名門であるばかりか、信玄生母の実家でもある。その大井一族を押しのける形で、信玄は昌幸を跡取りに抜擢したのである。

武藤昌幸となった以上、その家格は武田親類衆である。『甲陽軍鑑』「甲州武田法性院信玄公御代惣人数事」は御旗本足軽大将衆としているが、これはまだ家老にはなっていないというニュアンスであろう（第一三章参照）。武田氏における庶流家（親類衆）は、吏僚として龍朱印状奉者を務める地位にある。したがって昌幸も、龍朱印状の奉者として活動を開始することとなった。元亀三年（一五七二）のことである。

勝頼期のこととなるが、弟の真田昌春（まさはる）（後の真田信尹（のぶただ））も同様の処遇を受ける。昌春の場合、子息出羽（でわ）が親類衆加津野（かずの）家の家督を相続することとなった。しかしまだ元服前であるため、出羽が成人するまでの一時的処置として、昌春が「名代（みょうだい）」を務めることになったのである。やはり親類衆待遇であるため、これ以後加津野昌春も朱印状奉者としての活動を開始することになる。

長篠合戦と昌幸の家督継承の意味

元亀四年（一五七三）の信玄死去により家督を嗣いだ武田勝頼は、翌天正二年（一五七四）より積極的に軍事行動を開始する。『甲陽軍鑑』はこれを信玄の遺命に背くものとするが、情勢が刻一刻と変わっていく以上、勝頼の判断そのものは間違ってはいない。

しかし第三章で述べたように、天正三年（一五七五）の長篠合戦で大敗し、多くの宿老を失った。真田氏当主信綱も、弟昌輝とともに討ち死にした。この結果、真田氏の家督は昌幸が嗣ぐことになったのである。武藤氏の家督は、大井氏出身の三河守に譲り渡している。

その際注目したいのは、昌幸がこれまで武田氏奉行人として活動してきたという点である。武藤氏を離れたため親類衆待遇ではなくなったものの、武田氏の吏僚、つまり譜代家臣扱いを受けてきた事実は動かない。

つまり武藤昌幸が真田氏の家督を継承した結果、真田氏そのものが、信州先方衆から武田譜代家臣家へと、性格を変えることになったのである。

「北上野郡司」真田昌幸

昌幸が執念を燃やしたのが、北上野（北毛地域）の制圧であった。家督を嗣いで三年後の天正六年（一五七八）、越後で上杉謙信が病没し、跡継ぎをめぐって御家騒動が起きた（御館の乱）。謙信の甥の景勝と、北条氏から養子入りした景虎の争いである。武田勝頼は、同盟国北条氏政の要請を受けて出陣し、景虎支援に動くことになる。

そこで真田昌幸が思いも寄らない行動に出た。上野沼田城を攻撃する動きをみせたのである。ところが沼田城は景虎に味方しており、話を聞いた北条氏政は勝頼に厳重抗議をした。これを受け、勝頼も昌幸を叱責している。昌幸は、御館の乱のどさくさに紛れて沼田城を攻略してしまおうと図ったのである。

一方北進を続ける勝頼のもとには、上杉景勝から和睦要請が届いた。勝頼はこれを受け入れ、景勝・景虎の和睦仲介に転じる。しかし結局和睦は破綻し、天正七年（一五七九）三月に上杉景虎が自害して御館の乱は終結する。その後、天正七年九月に北条氏との同盟が破棄されたことは、ここまで何度か述べてきた。

状況の変化を受け、昌幸も動いた。天正八年（一五八〇）に入ると、昌幸は沼田に目付を派遣し状況を探りはじめる。昌幸も父幸綱同様、調略を得意とした。天正八年二月二四日、昌幸は小川城（群馬県みなかみ町）の小川可遊斎（かゆうさい）家臣の調略に成功。可遊斎は三月に降伏を申し出た。四月に入ると勝頼の許可を得て昌幸が陣頭指揮を執るようになり、五月六日頃には猿ヶ京（さるがきょう）城（同前）、前後して名胡桃（なぐるみ）城（同前）を攻略した。六月末、昌幸は名胡桃から沼田へ攻勢をかけ始めた。八月半ば、昌幸は沼田城将用土（ようど）新左衛門尉（のちの藤田信吉（のぶよし））と密書を交わして調略に成功した。

これにより、昌幸はついに沼田城を制圧したのである。

沼田攻略に成功したことで、昌幸は押しも押されぬ武田氏宿老（しゅくろう）となった。もはや足軽大将などではない。明確に御譜代家老衆である。

その結果、沼田のある利根（とね）郡と岩櫃のある吾妻郡および群馬郡北部において、軍事指揮権・行政権の双方を与えられることとなった。居城は従来通り岩櫃城で、沼田城には叔父の矢沢頼綱を城番として入れた。

天正九年（一五八一）六月、武田勝頼は昌幸に全一四ヶ条からなる統治指針（在城定書）を与えた。ここで昌幸は、利根・吾妻両郡にわたる城普請役の賦課権と、知行宛行方針の決定権、使者往来円滑化のための部分的な外交交渉権、沼田の有力者の統率権などが委ねられた。昌幸は、西上野郡司（箕輪城代）内藤昌月（まさあき）の管轄外である利根・吾妻両郡の軍政を担当する「北上野郡司」の地位を固めることになったのである。

武田氏の政策に学ぶ

昌幸もまた、主家である武田氏の政策に学んで領国統治を推し進めた。天正六〜七年（一五七八〜七九）にかけて、昌幸は本領真田郷周辺の検地帳を作成する。かつて『小県郡御図（みず）帳』と呼ばれたもので、近年より良質の写本がみつかり、『真田氏給人知行地検地帳』と名付けられている。

この検地帳の特徴をいくつか列記しよう。

①貫高制（かんだかせい）の採用

②上中下といった田畠（でんぱく）の等級付け

③蒔高制の採用
④前回の検地よりの増分注記

武田氏は土地の価値を計る尺度に、太閤検地以降江戸時代に広く用いられた石高制ではなく、貫高制というものを採用している。石高制が土地を米で評価するのに対し、貫高制は銭で計算するとどれだけの価値を持つかを示す。しばしば誤解されるのだが、すべての戦国大名が貫高制を採用したわけではない。地方によって貫高制を採用している大名、石高制を採用している大名、刈高制など他の基準を採用している大名とばらばらであった。場合によっては、本国は貫高制だが、新たに制圧した分国では石高制が採用されていたため、分国ではそのまま石高制を用いるということもある。ようするに、各地で従来行われていたやり方を踏襲したのである。戦国大名が貫高制を採用したとするのは、検地研究が早くから進んだ東国で、貫高制が用いられていたことから来る誤解である。

だから、貫高制そのものが石高制より遅れた制度というわけではない。本質的には、土地基準を米で評価するか銭で評価するかの違いに過ぎないのである。これは④をみれば明らかで、大幅な増税がなされている。貫高制が石高制より遅れた制度とされているのは、石高制を採用した豊臣秀吉の太閤検地が実測による検地であるのに対し、貫高制は自己申告制（「指出検地」と呼ばれた）という理解に基づく。しかし、自己申告で大幅な増税がなされることがあるだろうか。昌幸は、役人を現地に派遣して検地を行っているのである。だからこそ上中下という等級評価を行うことができたといえる。これは、武田氏も含め、他の戦国大名でも変わりはない。

③の蒔高制とは聞き慣れない言葉である。武田領で用いられた用語で、「一升蒔」とある場合、「一升の種籾をちょうどよい厚さで播くことができる面積」を意味するものだという。したがって何升蒔・何斗蒔という蒔高をみれば、その田畠の面積がおおよそ把握できるということらしい。

①②③いずれも、武田氏の政策に学んだものである。注意したいのは④で、増分記載があるのだから、検地を行ったのは昌幸が初めてではない。検地実施は家督相続の約三年後だから、代替わり検地を行い、村落といくら年貢を徴収するかの契約を結び直したのだろう。したがって、遅くとも信綱の段階で検地が行われていたことは間違いない。信綱はとかく影が薄いが、真田氏当主としての活動は着実に行っているのである。

なお、真田氏はこの貫高制による武田流の検地を豊臣政権下でも継続して行った。このため、近世上田藩（真田氏―仙石（せんごく）氏―藤井松平氏）と、石高制に改めて大増税を図るまでの沼田藩（真田氏）では、貫高制が用いられることになる。これは、仙台藩伊達氏も同様である。

真田昌幸は、武田氏従属時代は朱印の使用を許可されていなかった。現在、一部史料集に武田時代の真田昌幸朱印状が載せられているが、史料集の編者がその朱印状の年次比定を間違ったか、写を作る際の誤記である。

現在のところ、昌幸朱印「道(みち)」の一番古い用例は、天正一〇年(一五八二)六月一〇日のもので、武田氏が滅んで以後となる。この時昌幸は武田氏宿老という立場を失い、「北上野郡司」として預かっていた領域を織田政権に差し出して、小県郡の一国衆として織田信長に従属していた。

問題はこの日付が本能寺の変の八日後であるという点である。武田勝頼から与えられなかった朱印使用許可が、信長から与えられるとは考えにくい。そこでこの朱印の使い方をみると、花押の代用印であり、まだ本格的な印判状とはいえない。真田昌幸の本拠信濃小県郡および佐久郡と、昌幸が管轄していた上野は、織田信長の命で滝川一益(たきがわかずます)が治めていた。一〇日時点では、まだ一益は上野に残っている。昌幸は政変を知って、少しずつ織田政権から離叛する動きをみせており、それが「道」朱印の創出につながったのだろう。

そして天正一二年(一五八四)一二月からは、武田氏と同じ奉書式朱印状を採用するようになる。昌幸は、武田氏滅亡後も、武田氏の政策に学んだのである。

この点は、昌幸嫡男信之も同様であった。信之は昌幸から上野利根・吾妻郡(あわせて沼田領と呼称している)支配を任せられるが、そこで行った検地はやはり貫高制と蒔高制を組み合わせたものであった。そして関ヶ原合戦後、西軍について改易された昌幸の領国(上田領)を与えられた際、

真田昌幸朱印「道」

新たな役職を創出する。昌幸が徳川秀忠を翻弄した第二次上田合戦はまさに総力戦であり、上田領は荒廃して百姓の逃散が相次いでいた。そこで信之は沼田から上田に本拠を移し、戦後処理にあたった。その際、従来の利根・吾妻両郡には「沼田・吾妻職方」を設置し、重臣出浦・大熊氏を任命した。この「職方」は、警察・裁判権を担っている。これこそ、第四章で扱った武田氏の「職」の継承であろう。

武田氏の政策は、国衆から豊臣政権のもとで大名となった真田氏を通じて、その一部が近世に伝えられることになるのである。

第一二章　新設された武田水軍

——小浜・向井・伊丹氏と岡部一族——

駿河領国化と武田水軍の成立

武田氏の本国甲斐と、最初に勢力を拡大した信濃・上野は、いわゆる「海なし県」である。しかし永禄一一年（一五六八）一二月、武田信玄は今川氏真との同盟を破棄して駿河に侵攻し、同一三年（一五七〇）までに駿河を領国化した。ここに武田氏は、はじめて海に接し、湊を得ることになった。

その過程で、信玄は海賊衆、つまり水軍の編成に着手した。すでに永禄一二年（一五六九）五月、遠江懸川（掛川市）に逃れていた今川氏真は、徳川家康と和睦し、北条水軍に保護されて伊豆に入った。この時点での武田氏は、北条氏と戦争状態にあり、また徳川家康との関係も冷却しつつあった。したがって、駿河沿岸部は、いつ北条水軍・徳川水軍の攻撃を受けてもおかしくはなかったのである。実際、勝頼は徳川氏との戦争に際し、海路で駿府（静岡市）を攻撃されている。武田氏にとって、水軍を編成し、海上防備を固めることは急務であったといえるだろう。

信玄は、当初は後に駿河支配の拠点となる久能城（静岡市）に、海賊衆土屋杢左衛門尉を配置し、「海賊之奉公」にあたらせた。しかし永禄一三年に入ると、清水・江尻（静岡市清水区）の両湊を整備し、海上軍事拠点化した。清水湊には、土屋杢左衛門尉に加え、岡部貞綱も配備されている。一方の江尻城は、この後山県昌景が入り、東海方面の軍事指揮を統轄する支城となるが、城下の湊は水軍の拠点としても機能したのである。

初期の水軍は、今川旧臣を引き継いだものである。土屋杢左衛門尉・岡部貞綱に加え、駿東郡の国衆葛山氏元の被官であった三輪与兵衛も海賊衆に抜擢された。なお、岡部貞綱には武田重臣の土屋苗字が与えられ、土屋貞綱と改姓している。そして金丸虎義の子が養子入りすることになる。これが土屋昌恒で、兄昌続が長篠合戦で討ち死にしたことで、土屋本家の家督を嗣ぎ、勝頼の有力側近となるのである。

元亀二年（一五七一）になると、土屋（岡部）貞綱が伊勢から小浜景隆を招聘し、翌三年（一五七二）には朝比奈五郎兵衛がやはり伊勢から向井正重を招聘している。なお、この朝比奈五郎兵衛については、岡部五郎兵衛元信と同一人物で、文書を書写する際に苗字が書き替えられた可能性が指摘されている。こうした伊勢海賊の動向の背景には、伊勢において織田信長と結んだ九鬼嘉隆が勢力を拡大し、それに圧迫されたという事情があったらしい。小浜景隆は、小野田筑後守とともに九鬼嘉隆に敗れ、ともに武田氏に仕えることになったという。

「陸の家臣」岡部氏に委ねられた水軍編成

こうしてみると、武田水軍は、今川旧臣岡部一族の人脈によって規模を拡大したことがわかる。信玄から岡部氏の惣領と認められた岡部元信は、天正二年（一五七四）に船一艘と船方六人の諸役を免除されている。分家にあたる岡部正綱も、天正四年（一五七六）に清水湊における船一四艘の役銭を免除されており、両者とも海上交易活動を行っていたことがわかる。
しかしながら、岡部一族は今川氏時代には海賊衆として活動した徴証がないという。武田氏に従属した後に、貞綱が「海賊之奉公」を命じられて水軍の担い手となり、元信・正綱も海上交易に参画するようになったとおぼしい。なお、年代は不明だが、やはり今川旧臣の朝比奈信置・真重も船一艘の諸役免許を受けており、先述した岡部→朝比奈の苗字書き換えという仮説は誤りで、朝比奈五郎兵衛なる人物が実在したと考える余地も十分にある。

なお、武田水軍としては他に伊丹氏・間宮氏が知られる。伊丹康直は今川旧臣とされるが、同時代史料からは今川時代に海賊衆として活動した形跡はなく、同朋衆であったらしい。となると、法体で今川氏に近侍した存在となり、水軍とは縁遠い。ただし伊丹康直は岡部正綱の妹婿と伝えられるから、その縁で「海賊之奉公」をするよう信玄から命じられ、海賊衆として取り立てられたのではないか。子息虎康とともに武田水軍の一翼を担っている。

いっぽう間宮直信（武兵衛）・信高（造酒丞）兄弟は、北条水軍から武田氏に寝返ったとされるが、実際は三河渥美半島西端にある畠村（畑ヶ村、田原市）出身で、田原戸田氏に属していた可能性が高いようだ。その後、徳川家康の勢力拡大に抵抗し、武田方に奔ったのだろう。なお、元亀三年の「西上作戦」に際し、信玄は海賊衆に田原表を放火するよう要請したようで、成否の報告を三河国衆奥平道紋に求めている。奥平氏は三河北部の山間地帯の国衆だから、渥美半島の情勢報告を尋ねるに相応しい相手ではない。つまり信玄は、この田原表で活動する水軍の動向をまったく把握できていないといえる。間宮氏が同時代史料では所見がないこととあわせて考えると、武田水軍の一員として編成されたというよりは、渥美半島において徳川氏に従っていたが、武田勢侵攻を受けて挙兵した存在なのだろう。そして翌年の信玄撤退後に三河を退去し、武田水軍に加わったと考えるのが自然に思える。

以上をまとめると、武田水軍は土屋（岡部）貞綱を中心に編成され、その背後には駿河先方衆岡部元信・正綱が存在した様子がみてとれる。なお、岡部元信と武田氏を結ぶ取次（小指南、側近が務める国衆に対する取次役）は跡部勝資だが、岡部正綱・小浜景隆・向井正重の取次（小指南）は土屋昌続・昌恒兄弟であり、土屋氏―岡部氏という形で水軍統制がなされていた可能性が高い。

岡部元信の高天神城将抜擢の背景

さて、岡部氏惣領である駿河先方衆岡部元信は、天正年間（一五七三〜九二）に駿河・遠江で約二〇〇〇貫文という大規模な加増を受けている。この規模の加増は、基本的に御一門衆や信玄女婿木曾義昌に限定されるもので、異例といってよい。

元信は当初遠江小山城（静岡県吉田町）、次いで同高天神城（掛川市）に入り、武田領としてわずかに残された遠江南東部の軍事指揮権を委ねられる。先方衆でありながら、郡レベルの軍事指揮を委ねられたのは「御譜代同意」（『甲陽軍鑑末書』）といわれた信濃真田氏しかいない。この点も、異例の処遇といえるだろう。

元信の知行のうち、主要な位置を占めた勝間田（牧之原市）は、内陸に位置するものの、河川を通じて河崎湊（同）を掌握できる場所にあったという。元信は最終的に高天神城将として、小山・滝堺（牧之原市）を含めた三城を管轄する。高天神城は、菊川入江を通じて太平洋とつながっていた可能性があるといい、これは元信が武田領遠江を陸上の要衝としてだけでなく、海上軍事拠点としても掌握していたことを示唆するという。なお、元信が駿河で領有していた知行地も、他の海賊衆との相給であり、この点からも彼が海賊衆の統括者という側面を有した可能性を指摘しうるという。実際高天神には、海上交易に乗り出していた朝比奈真重の次男真定も入城しており、天正九年（一五八一）三月一二日の落城に際し、元信とともに討ち死にをしている。これらからすると、岡部元信は、海賊衆を最前線で統轄する立場で、高天神に入った可能性が高い。

末期の武田水軍

駿河国内で徳川氏に対する海上軍事拠点として取り立てられた用宗城（静岡市）には、海賊衆向井正重・正勝父子が在番した。しかし、天正七年（一五七九）九月に徳川勢の攻撃を受け、父子揃って討ち死にしている。家督は、正重次男の政綱（正綱は誤伝）が相続した。ここでは、正重の

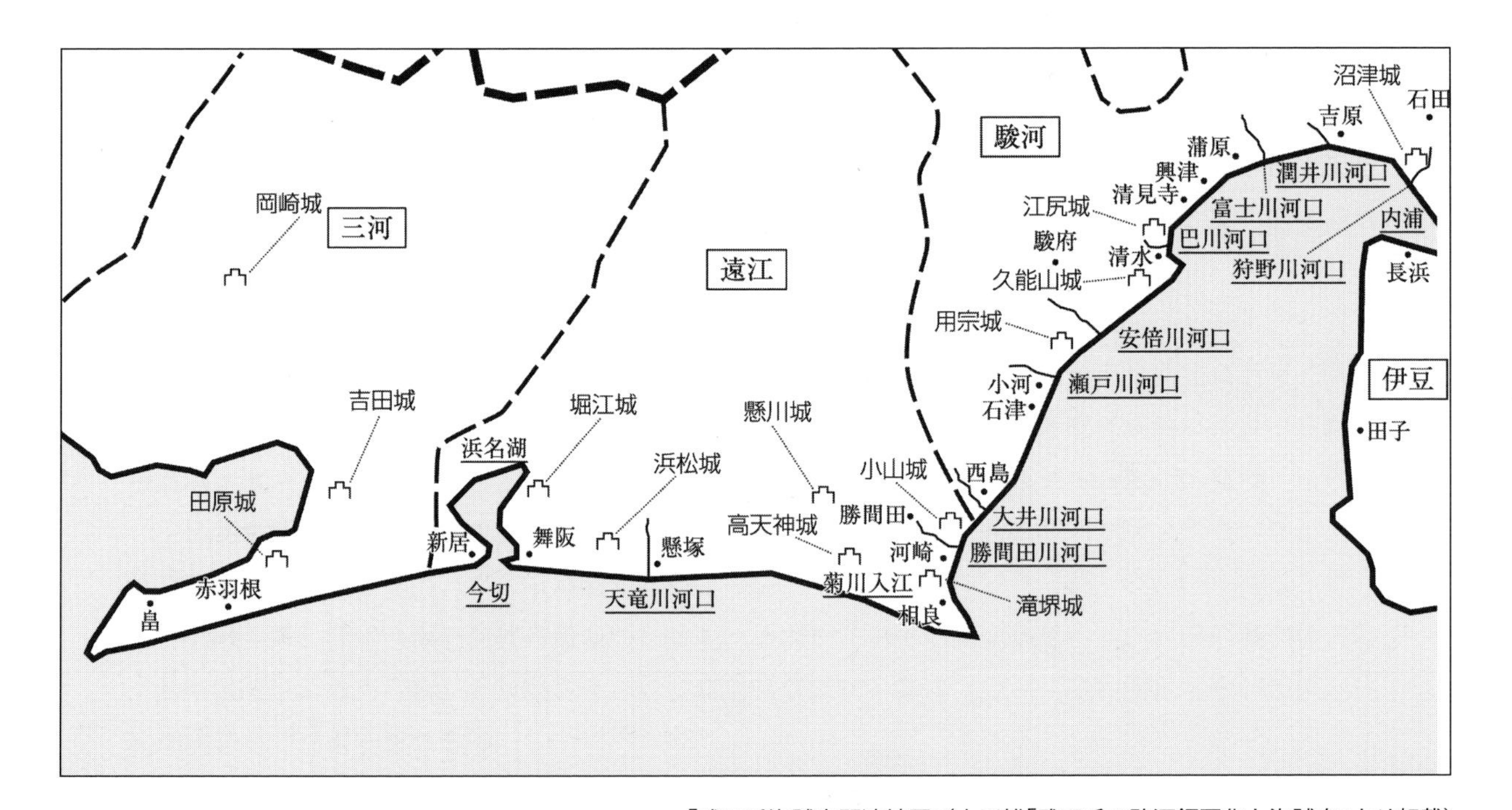

「武田氏海賊衆関連地図」（小川雄「武田氏の駿河領国化と海賊衆」より転載）

遺領が一〇〇〇貫文にも達していることに注目したい。小浜氏も同様で、招聘にあたって約束された知行は三〇〇〇貫文であり、勝頼の代に宛行が実施に移されている。海賊衆が先方衆レベルの処遇を受けていた様子がわかる。

向井父子の討ち死に後、用宗城に入ったのは朝比奈信置・信良（のぶよし）（朝比奈氏惣領）父子である。先述したように、信置も海上交易に関与しており、それを踏まえた人選であろう。武田氏滅亡時には開城勧告を一度は拒絶し、その後処刑されている。

一方向井政綱は同城を離れ、駿河三枚橋城（さんまいばし）（沼津城、沼津市）に配置替えとなったらしい。三枚橋城は、天正八年（一五八〇）に武田勝頼が築いた、北条氏に対する海上軍事拠点である。この時期の武田氏は、北条氏と戦争状態にあり、武田水軍は同城を拠点に伊豆半島南部まで水軍を出撃させていた。指揮をとったのは、小浜景隆である。天正八年四月、小浜景隆と向井政綱は北条水軍梶原（かじわら）備前守を破り、翌九年三月にも、小浜景隆が伊丹虎康・向井政綱・小野田筑後守を率い、やはり梶原に勝利している。

しかし天正一〇年（一五八二）、織田・徳川勢の侵攻を前に、武田氏はあっけない滅亡を遂げた。本能寺の変後の「天正壬午の乱」において、家康の甲斐・信濃侵攻に際し、先導役を務めて武田旧臣を糾合したひとりが、岡部正綱である。その指揮下には、小浜景隆・間宮信高が配属されており、かつて岡部元信が果たした役割を引き継いだ可能性が指摘されている。武田水軍は、その後徳川水

向井政綱木像（見桃寺蔵、三浦市教育委員会提供）

軍に編入され、特に伊勢出身の小浜・向井両氏が、江戸幕府船手頭（ふなてがしら）になっていく。

第一三章　戦巧者足軽大将

——新参者と足軽——

ふたつの意味を持つ足軽大将

『甲陽軍鑑』「甲州武田法性院信玄公御代惣人数事」には、「御旗本足軽大将衆」という家格の家臣が、「御譜代家老衆」とは別に記されている。ここに記された人物が、武田氏の足軽大将というわけだ。しかしその顔ぶれをみると、どうもふたつのグループに分かれるように思われる。ひとつは、将来家老に出世するであろうグループ。もうひとつは、足軽大将のままで生涯を終えそうなグループである。前者は武藤（真田）昌幸や長坂釣閑斎、三枝昌貞。後者は小幡昌盛・光盛（遠江出身）、大熊長秀・城景茂（越後出身）などである。

両者の違いは何かというと、前者は甲斐出身の家臣（長坂・三枝）またはそれに準じるもの（武藤昌幸）、後者は他国の牢人から取り立てられた人物とその後継者という点である。

したがって、武田氏の「足軽大将」にはふたつの意味があるようだ。ひとつは、中堅指揮官（家老よりも下）というニュアンス、もうひとつは「足軽」という集団を率いる指揮官というものである。というのも、北条氏の「諸足軽衆」は大藤政信ほか八人の統率下にある（『北条氏所領役帳〈小田原衆所領役帳〉』）。他の家臣および他国衆とは別のグループとして特記されているからには、大藤政信らが率いるのは一兵卒という意味での足軽ではないだろう。一方、武田氏の足軽大将は二一人にもなる。全員が北条氏の足軽大将大藤氏らと同じとは考えにくい。

「甲州武田法性院信玄公御代惣人数事」の記述は入り組んでおり、御親類衆（御一門衆のこと）／

城景茂像（大慈悲院蔵、椿原靖弘氏提供：慶長４年、十三回忌の作ヵ）

御譜代家老衆／先方衆／御旗本足軽大将衆という区分とは別に、「侍大将」という身分の記載もある。この侍大将には、家老である跡部勝資や御一門衆仁科信盛（盛信）も含まれている。どうも武田氏では、足軽大将より高い身分で、軍勢を率いる人物を一括して侍大将とも呼んだらしい。つまり足軽大将には、単純に侍大将よりも家格が低い部隊指揮官を指す場合もあったのではないか。

武道の儀に優れたる名人五人

『甲陽軍鑑』に、「信玄公御代、牢人衆の中にて武道の儀にすぐれたるめいぢん（名人）五人」という記述がある。そこに記されているのは、伊勢牢人横田高松・美濃牢人多田淡路・下総牢人原虎胤、遠江牢人小畠虎盛、そして三河牢人山本菅助（『甲陽軍鑑』における表記は「勘助」）である。ここでは、その子息とともに軍功が列記されている。どうもこの五人は、他の「御旗本足軽大将衆」とは立場が異なったようである。

まず確認しておきたいのは、彼らは「牢人衆」として扱われてはいない点である。牢人衆というのはこれとは別に存在し、五味宗左衛門尉・井伊弥四右衛門・名和無理助の三人が率いている。この三人を統轄したのが、信玄の弟武田信実である。横田高松のように「御旗本足軽大将衆」に登用された段階で「牢人衆」ではなくなっているわけだ。

一例として越後牢人大熊朝秀のケースをみてみよう。大熊朝秀は越後守護上杉氏の重臣であった

横田高松像（信玄公宝物館蔵）

が、守護代長尾氏の台頭に反発して謀反を起こし、武田氏のもとに亡命してきた。家格が家格なので、信玄も無下には扱えなかったのだろう。ただの「牢人衆」ではなく、山県昌景の寄騎という扱いにした。そこで軍功を立てたことで、足軽大将に出世し、改めて山県昌景の相備えになったのである。相備えというからには、自身も一軍を率いる身だが、戦時には山県昌景の指揮下に入るという形であろう。身分の高い寄騎といえる。

横田高松は、天文一六年（一五四七）の志賀城（佐久市）攻めに参加し、援軍としてやってきた山内上杉勢を打ち破ったひとりである（小田井原合戦）。同一九年（一五五〇）九月の砥石城（上田市）攻めでは撤退時に殿軍を務め、一〇月一日に討ち死にした。子息がなく、原虎胤の息子康景を養子にしている。養子康景は各地を転戦し、鉄砲の名手として知られたが、天正三年（一五七五）の長篠合戦で三人の子息とともに討ち死にした。跡は末子の尹松が嗣ぎ、武田氏滅亡後は徳川家康に仕えて使番（伝令将校）となっている。

多田三八郎も、天文一六年の小田井原合戦に参加したひとりである。『甲陽軍鑑』は淡路守の名乗りを許されたとするが、一次史料上は「三八」としかみえない。実名は満頼などと伝わるが、疑わしい。おそらく昌澄または昌利の可能性が高いが、確認できない。天文一七年（一五四八）、小笠原長時を迎撃した塩尻峠の戦いで敵を多く討ち取ったとして感状（戦功の認定書）を与えられている。永禄六年（一五六三）一二月に病死したという。後継者については諸書異なっており、よく

多田三八郎（満頼）像（信玄公宝物館蔵）

わからないというのが実情である。ただし武田氏滅亡を描いた軍記物で、比較的信頼性が高い『甲乱記』をみると、嫡男新蔵、次男久三であったようである。新蔵は長篠合戦で織田方に捕らえられて処刑され、久三は武田勝頼に最後まで従って田野（甲州市）で討ち死にしたという。

原虎胤は、下総国衆臼井原氏の一門で、父友胤とともに甲斐に身を寄せた。信玄のもとで重用され、天文二〇年（一五五一）の平瀬城（松本市）攻めに参陣し、攻略後に平瀬城在番を命じられた。行政権はなく、軍事指揮権だけをもった城将である。これは、筑摩郡における最前線の守備を任されたことを意味する。熱心な法華宗（日蓮宗）信者で、宗論に肩入れをしたことを咎められ、一時相模北条氏のもとに身を寄せたという。出家して、清岩と号しており、使用した刀が残されている。永禄七年（一五六四）に六八歳で没した。病死であることを残念がっており、遺言で「かならす身を捨て、武道をかせき候へ」と言い残したという。床の上では死ねないという戦国武士の気骨を示したものだろう。

なお、『甲陽軍鑑』は原虎胤生前は、虎胤の用いた受領名「美濃守」を名乗ることは誰にも許されなかったとする。永禄七年に虎胤が死去したことで、馬場信春が名乗るようになったというが、信春の受領名美濃守の初見は永禄二年（一五五九）であり、事実ではない。ひょっとしたら、タイミングが間違っており、虎胤が出家して清岩と称したことが契機だったのかもしれない。なお出家号「清岩」は従来『甲陽軍鑑』でしか知られていなかったが、高野山持明院の供養帳に記載があり

原虎胤像（信玄公宝物館蔵）

（『三好（吉）家過去帳』に誤って書き込まれている）、事実であることが確認できた。
　嫡男康景は横田高松の養子になっていたため、次男昌胤が家督を嗣いだ（ややこしいが、信玄側近で駿河大宮城代となった原昌胤とは別人である）。昌胤は百足の指物衆に任じられ、順調な出世ルートに乗っていた。しかし元亀元年（一五七〇）、よりにもよって武田氏本拠躑躅ケ崎館内で両角昌守（やはり百足の指物衆）と喧嘩をして刃傷沙汰を起こし、改易されてしまう。復権を願って長篠合戦に参陣したが、そこで討ち死にした。なお、武田氏滅亡後、真田氏に家老として仕えた原昌貞は虎胤─昌胤（系図上では勝胤）の子孫を称している。

　小畠虎盛は、明応九年（一五〇〇）に父日浄に連れられて武田氏に仕官した。春日虎綱の副将として、海津城（長野市）二の曲輪（二の丸）に配された。上杉謙信に対する最前線を任されたわけである。妹の小宰相は女性でありながら信玄の「出頭人」（側近中の側近）と呼ばれ、武田家臣や従属国衆間の縁組みを数多く取りまとめたばかりか、北条氏との同盟交渉にも参加したという。虎盛は娘に多く恵まれ、信濃国衆西条治部少輔、塔原中務大輔、海津城の北方に位置する拠点城郭長沼城将（長野市）原与左衛門尉、同市川等長の子平右衛門および、公事奉行桜井信忠に嫁いだという。桜井信忠を除けば、海津城の守備を固めるための要となる人物を選んで娘を嫁がせている。死の床においては、子女ばかりか娘婿たちまで呼び寄せて、「よくみのほどをしれ」という遺言を残したことで知られる。

小畠(小幡)虎盛像(信玄公宝物館蔵)

虎盛の嫡男昌盛の代から姓を「小畠」から「小幡」に改めた。これは上野最大の国衆小幡氏にあやかったものだろう。ところが、家督を嗣いだ昌盛は、海津城二の曲輪に入ることに難色を示し、直参奉公をしたいと訴えた。怒った信玄に改易されかかるが、結局同心・被官の大半を叔父の光盛に譲って海津城に入ってもらい、自身は少数の手勢で旗本になることで落着したという。たしかに『甲陽軍鑑』「甲州武田法性院信玄公御代惣人数事」をみると、「御旗本足軽大将衆」として小幡昌盛（又兵衛）、光盛（弥左衛門）が併記されている。

本章で注目したいのはまさにこの点で、「御旗本」とありながら、小幡光盛は海津城に着任しているのである。したがって「甲州武田法性院信玄公御代惣人数事」に「御旗本足軽大将衆」とあっても、甲府に詰めているとは限らないといえる。

山本菅助については、第一四章でとりあげるので、ここでは割愛する。

「足軽」とは何ものか

さて、この五人の足軽大将はどうも他の足軽大将とは立場が違いそうだ、ということを先に述べた。では、五人が率いた「足軽」とはそもそも何ものなのだろうか。

一般に足軽というと、雑兵（ぞうひょう）というイメージが強いが、むしろゲリラ戦・攪乱戦に長じた特殊部隊という側面を有した。戦働きだけではなく、交通路の封鎖や籠城時の普請など、足軽の活動範囲は戦国期を通じて膨れる一方であった。これは足軽にはあらゆる役割が「押しつけられた」といってもよいかもしれない。軽武装ではあったが、乗馬する者もおり、必ずしも歩兵とは限らなかったようである。

足軽には合戦時の先陣をきることが期待される一方、予備兵力としての側面を有した。つまり死傷する危険性が高い場所に投入されるのが足軽であり、いわば「便利使い」される存在であった。同時に、「乱取り（らんど）」「乱妨取り（らんぼうど）」と呼ばれる人や物の略奪行為に奔ったのも、この足軽が中心であったらしい。戦国大名の軍隊のなかで、もっとも荒くれ者の集団だったのだろう。

永正一七年（一五二〇）、武田信虎は国衆栗原氏の謀叛を鎮圧する際、「上意ノ足（軽）衆」を投入し、栗原氏の居城を包囲することに成功している。武田信玄がクーデターを起こし、駿河滞在中の父信虎が帰国できないよう国境を封鎖した際にも、足軽が動員された。ここからは、大名直属部隊としての足軽衆の存在が想定できる。天文一九年（一五五〇）の砥石合戦（砥石崩れ）において、足軽だけで「備（そなえ）」（部隊）が立てられたのも一例であろう。

横田高松・多田三八郎・原虎胤・小畠虎盛・山本菅助が率いたのはまさにこうした「特殊部隊」としての足軽であったと考えられる。足軽が危険な場所に投入されうるということは、その指揮官も命を危険に晒すことになる。そのため、重臣に足軽を率いさせるわけにはいかない。そこで、他国者・新参者を指揮官に抜擢することになったとみられる。

「甲州武田法性院信玄公御代惣人数事」と武田信玄陣立書

本章冒頭で、『甲陽軍鑑』「甲州武田法性院信玄公御代惣人数事」に足軽大将の名が記されていると述べた。ところで近年、武田信玄旗本の陣立書（じんだてがき）の原本が発見され、山梨県立博物館の所蔵に帰している。この史料については、ここまで何度か言及してきた。信玄の周囲を御伽（とぎ）衆とでもいうべき人物と、親類衆や近習衆が囲んでいる。

しかしその先頭には、御旗本足軽大将衆が並んでいるのである。これを、『甲陽軍鑑』の記述と比べるため、一欄表化した。なお「――」とあるのは陣立書に記載がないことを示す。

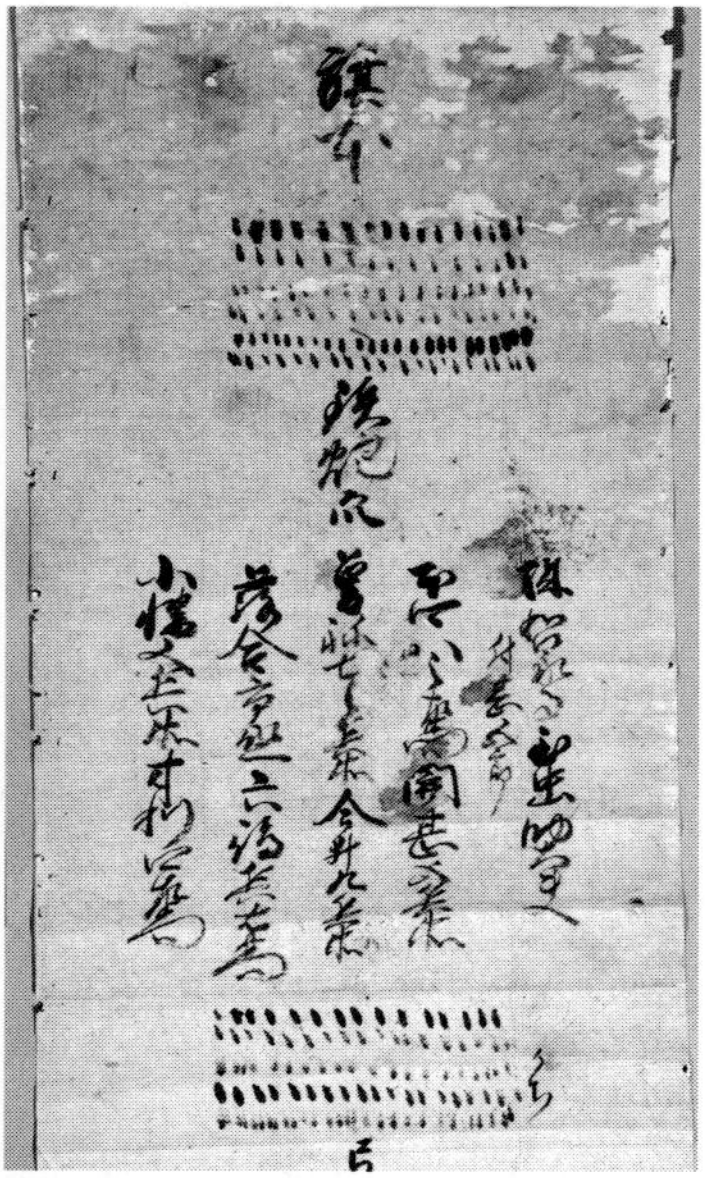

武田信玄陣立書（山梨県立博物館蔵）

表をみると、大半が鉄砲足軽の指揮官として起用されていることがわかる。三枝昌貞は弓衆の指揮官に抜擢されているが、相役は御譜代家老衆原昌胤であり、他とは異なる待遇であることがよくわかる。あわせて、『甲陽軍鑑』で同列に扱われている曾禰昌世・武藤昌幸の名が陣立書にみえない点も注意したい。彼らにとって足軽大将とは、

『甲陽軍鑑』	陣立書での身分	備考
横田康景	―	伊勢牢人横田高松養子
原与左衛門	―	信濃長沼城将
市川梅隠斎	―	信濃長沼城将
城意庵	鉄砲衆	越後牢人。実名は景茂
多田治部右衛門	―	
遠山右馬助	―	武蔵牢人
今井昌茂	鉄砲衆	
江馬右馬丞	―	飛驒先方衆からの人質
関甚五兵衛	鉄砲衆	
小幡昌盛	鉄砲衆	遠江牢人小畠虎盛の子
大熊朝秀	―	越後牢人。山県昌景相備え
三枝新十郎	―	早逝した譜代家臣三枝新十郎の子息?
長坂釣閑斎	御伽衆	小笠原慶庵と並んで記される
下曾禰浄喜	―	親類衆が正しい。小諸城代
曾禰昌世	―	
曾禰七郎兵衛	鉄砲衆	
武藤（真田）昌幸	―	真田幸綱三男。親類衆武藤氏に養子入り
三枝昌貞	弓衆	死去した跡部長与と交代
あんま	―	安馬三右衛門尉ヵ
小幡光盛	―	海津城二の曲輪配置。遠江牢人小畠虎盛の弟
上原随翁軒	―	

侍大将に出世するための通過点に過ぎなかったのだ。

鉄砲衆はこのほかに本郷八郎左衛門尉・落合市丞・玉虫定茂・六島守勝・甘利信康によって構成される。彼らの半数は、「下之郷起請文」を「鉄砲衆」として出しており（現在は「庭谷衆」と封紙が入れ違ってしまっている）、鉄砲足軽の指揮官であることは間違いない。

このうち、甘利信康は宿老甘利虎泰の次男、玉虫定茂は城景茂の次男である。越後牢人城一族が、鉄砲衆の指揮官として抜擢されたことがわかる一方、重臣中の重臣である甘利信康も同様の役割をしている。おそらく、甘利信康が旗本の鉄砲衆全体を統轄する立場にいたのではないか。

本郷八郎左衛門尉も、『甲陽軍鑑』で足軽大将として頻出する人物である。武田氏の使僧で浄土真宗本願寺派の僧侶長延寺実了師慶の弟にあたる。兄の実了師慶は信玄の妹または娘を妻に迎えたというから、武田氏とは姻戚関係にあった。しかし新参者であることには変わりはなく、足軽大将として起用されたのである。永禄一二年の薩埵山合戦で討ち死にをした。その際、北条氏は本郷八郎左衛門尉を討ち取ったという話を広く喧伝している。北条氏の勝利の証と認識されるほど、名の知れた人物であったのだろう。

このようにみてくると、『甲陽軍鑑』が「めいぢん五人」と記す足軽大将の死後、新たに足軽大将に任じられた者には、鉄砲足軽を率いるよう命じられることが多かった様子がうかがえる。同時に、やはり一定数が旗本に配属されていることもわかる。旗本は当然合戦開始時には参戦しないから、予備兵力としての活躍が期待されたと推定される。信玄・勝頼は、旗本に信頼のできる武功の士を置くことで、合戦時の決戦兵力としたのだろう。

なお、前掲の表に示した「あんま」という人物は、安馬三右衛門尉（または安間三左衛門尉）を指すと思われる。『甲陽軍鑑』に、牢人出身の足軽大将のなかで長生きした人物とあるが、出自はわからない。信玄が相論裁許の結果、「妻帯役」（結婚税）賦課を条件に、法華宗（日蓮宗）僧侶の結婚を認めた際に、妻帯役徴収代官となったという。

信玄は「甲州法度之次第」において、僧侶の結婚を禁止していたが、後にこの条文を廃止している。これは武田氏と関係の深い浄土真宗において、僧侶の結婚が認められていたためと思われ、妻帯役と引き替えに結婚を認めるという政策をとったのである。実際、本願寺派の僧侶への妻帯役賦課事例が確認でき、税が賦課されるだけではなく、普請役も含まれていた。『甲陽軍鑑』は、法華宗にも同様の措置がとられ、安馬三右衛門尉がその妻帯役徴収にあたったとするのである。もっとも、天台宗僧侶が妻帯を理由に寺領を没収された事例があるから、法華宗僧侶に妻帯役が適用されたのは例外的措置であったのだろう。

このことは、牢人出身の足軽大将であっても、行政に携わる可能性があることを示唆している。横田尹松が高天神城に目付として配置され、落城時に血路を開いて脱出して復命したのは、この一例であろう。原虎胤が一時的に「しょく」に任じられたという『甲陽軍鑑』の記述も無視できない。

牢人出身者を取り立てる道も、存在していたといえる。

第一四章　軍師はいたのか

——山本菅助——

あなどれない大河ドラマ

おそらく、武田信玄の家臣でもっとも著名な人物は、信玄の「軍師」山本勘助であるだろう。その語感から、「山勘」の語源になったとも考えられている。

勘助の知名度は江戸時代においても同様だったが、明治時代にヨーロッパの歴史学が導入されたことで、話は変わってきた。同時代の書状や日記（一次史料）と、年代がくだってから編纂された軍記物（二次史料）とでは、書かれた内容の信頼性が異なる。「史料批判」という作業を行って史料の性格を検討し、一次史料から歴史を考察していく実証主義が当たり前になったのである。山本勘助が出てくる史料は、『甲陽軍鑑』をはじめとする軍記物に限られており、確実な一次史料には見出せない。したがって『甲陽軍鑑』が創作した架空の人物ではないか、という考えが広まったのである。

ところが近年、山本勘助の実在を疑うことはなくなった。きっかけはNHK大河ドラマ「天と地と」および「風林火山」の放映である。テレビ画面に映された武田信玄の花押をみて、「家にも同じような古文書があるぞ」と公的機関に鑑定に出された。どちらも、文中に「山本菅助」の記載があり、後者にいたっては山本菅助宛の文書群であったのである。これで研究が一気に進展したといってよい。「八重の桜」でも直前に川崎尚之助（主人公八重の最初の夫）関係史料がみつかり、それまでとは尚之助像が一変した。大河ドラマの影響力は、いまなお健在といえるのかもしれない。

山本菅助（勘介）像（信玄公宝物館蔵）

さて、古文書にみえる「山本菅助」と『甲陽軍鑑』にある「山本勘助」は、同一人物を指していると考えて差し支えない。前近代社会では、音で聞いたものを文字に書き起こすから、当て字を用いることは一般的であった。場合によっては、本人が自分の名前に当て字を使うことすらある。実際、「山本菅助」の子孫に出会った武田旧臣は、「この人物は『甲陽軍鑑』に出てくる山本勘助の子孫に間違いない」と太鼓判を捺している。ただし、実在の山本菅助が、『甲陽軍鑑』の描くような八面六臂の活躍をしたかどうかは別問題であるが。

何をもって「軍師」とするか

さて、山本菅助（勘助）は実在の人物と判明した。ここまではよい。問題は彼が武田信玄の「軍師」とされていることである。実は『甲陽軍鑑』を読み進めても、軍師という言葉は出てこない。江戸時代に入って創出された言葉なのだろう。

「軍師」を辞書で調べると、「（一）大将につき従って、戦陣で、計略、作戦を考えめぐらす人。参謀。軍士。（二）計略、手段などをめぐらす人」などと記される（『日本国語大辞典〔第二版〕』小学館）。一般には、もう少し幅広い意味で用いられているようで、政治家や経営者などの知恵袋・懐刀（ふところがたな）的存在も、軍師と洒落て評論したりするのではないか。

さて、日本人はどのような人物を軍師と呼んでいるのか。

まず本章の主役である山本菅助をみてみると、甲州流軍学の祖とされる。しかしながら、『甲陽軍鑑』を通読しても、信玄に作戦を具申した記述は意外に少ない。菅助が討ち死にした第四次川中島合戦でも、重臣馬場信春と協議して作戦を具申するように命じられており、菅助単独の立案ではない。

逆にわずかな作戦具申が、江戸時代に拡大解釈され、クローズアップされたのである。では『甲陽軍鑑』において山本菅助（勘助）はどのように描かれているか。それは後述するように城取り（築城に際しての縄張設計）に秀でた足軽大将としてである。召し抱えられた理由も、城取りの腕を買われたためという。また諸国を渡り歩いた遍歴から、諸大名の事情に精通し、どの大名がどのような性格かを報告する場面も散見される。

もうひとつの特徴として、軍配者という側面も合わせ持つという。軍配者とは、合戦において戦場の気を読み、吉凶の判断をする専門家を指す。『甲陽軍鑑』の成立は、遅くても大坂落城からわずか六年後、実戦経験者は数多く存在していた。そのなかで、『甲陽軍鑑』は専門家としての軍配者を描いているのだから、当時の人にとって当たり前の存在であったことがわかる。

それでは大河ドラマでも軍師として描かれた黒田如水（官兵衛尉、孝高）はどうか。如水は、播磨国衆小寺氏の家老出身である。羽柴秀吉のもとでは、その地縁を活かして、中国地方の大名・国衆に対する「取次」（交渉責任者）を務めた。つまり、如水の役割は秀吉の対外交渉の補佐にあったのである。本能寺の変後、秀吉が列島を統一していく過程においては、九州出兵で活躍している。そこでの如水は、先陣を務めた毛利輝元勢の「検使」（目付役、近代兵制でいう「軍監」）であり、「軍法堅く申し付くべく候」という役割を期待されていた。つまり秀吉の立てた作戦を前線に伝達する役目を担ったのである。ただし、如水がこうした役割を担った背景は、毛利氏に対する取次であったという前提が存在した。ようするに如水の役割は、毛利氏担当取次から、毛利勢への検使に移行したのである。如水は、九州出兵において幅広い活躍をみせるが、その根底には先陣を任された毛利氏との人的つながりが存在したといってよい。以後の戦争において、九州出兵ほどの活動を確認できない理由は、ここにある。

　他の大名をみても、今川義元の太原崇孚（雪斎）、上杉景勝の直江兼続のようにずば抜けた信頼を受け、多くの権限を委ねられた重臣がいる場合があるが、これを軍師と呼んだわけではない。そもそも、彼らは政戦全般を補佐する役割を果したのであり、軍師の定義からかなりそれている。

軍学者たちの時代

　このように、戦国時代には軍師という存在は見出せない。ところが、江戸時代に入って、戦国時代のことを回想するようになると事情は変わってくる。そもそも、江戸時代とは、徳川幕府のもとで「平和」を創出した時代である。しかしながら支配者層は武士であり、常に戦乱に備えねばならない。実際の戦争は、寛永一四年（一六三七）から一五年（一六三八）にかけて起こった島原の乱が最後だが、武士達は戦争の知識を身につける必要があったのである。このため、戦術や戦陣の作法を教授する軍学者という職業が成立する。

その先駆けが小幡景憲（昌盛の子）であり、『甲陽軍鑑』の出版によって甲州流軍学の祖として広く知られることとなった。『甲陽軍鑑』の成立には諸説あるが、原記主とされる春日虎綱・惣二郎（虎綱の甥）も含め、武田関係者が作成した覚書のようなものが伝存しており、それを小幡が編集して世に送り出したと考えられる。

小幡景憲の元服は武田氏滅亡後であり、彼が武田氏のもとで戦争に参加した事実はない。しかし『甲陽軍鑑』の刊行によって、甲州流軍学者の祖という地位を手にしたのである。その門弟には、北条流軍学を興した北条氏長や、『甲陽軍鑑』で活躍が描かれる山本菅助自身の子孫など、著名な人物が多い。

そうした軍学者の間で、軍師という言葉が用いられるようになる。正保二年（一六四五）に小幡景憲が著した『甲陽軍鑑抜書前集』には、「一に軍法は、軍師の骨体なりと可心得」との一文がある。軍法こそが軍師の中核なのだ——軍学者達は、自身のことを軍師と呼ぶようになってきたのである。ただし、これは『甲陽軍鑑』にはみられない新しい言葉である。そこで『甲陽軍鑑抜書前集』を読み進めると、「諸葛孔明八陣」という注記が確認できる。なお『甲陽軍鑑』にも、菅助が

「諸葛孔明八陣の図」を信玄の御前で諸将に解説したという記述があり、それを発展させたものであろう。

諸葛亮（字は孔明）は、いうまでもなく『三国志演義』において活躍した軍師である。どうやら、軍師という言葉の出現には、中国の古典文学である『三国志演義』が深く関わっているらしい。

甲州流軍学に対抗して生まれた越後流軍学においても、軍師という言葉を確認できる。承応元年（一六五二）成立の『宇佐美伝記』は、「越後国主長尾景虎公之軍師宇佐美駿河守良勝」という文言からはじまる。越後流軍学の創始者として位置づけられている宇佐美駿河守が、上杉謙信の軍師と記されているのである。

ただし、皆が軍師という呼称を用いたわけではない点に注意したい。北条流軍学の書で、正保三年自序の『士鑑用法』は、筆頭が「権衡の臣」という家老からも崇敬され、「兵法に腹心」「頼て以て謀を定る」家臣であるとする。続けて「智略計策の臣」を挙げ、「武士道正法の理に徹し、遠き慮りありて思案工夫し、弁舌明かにして謀を能する臣下のことなり、兵法に通才と云……」としている。

ここでは軍師という言葉は使われておらず、また軍学者の役割をふたつに分けているようである。さらに注目されることに、軍配者について「天文者なり、星辰を見、風気をうかがひ、時風の逆順を察し、災異をかんがへ、天心去就の機をしり、吉日良辰をえらみ、吉方を取、凶方を捨る役人なり」と記し、軍学者とは明確に区別している。この役割は、『甲陽軍鑑』から明らかになる軍配者のそれと同じである。近世の軍学においては、天文学が極めて重視された。そこにおいてさえ、軍学者（一部が軍師と自称しはじめた）と軍配者は分けて認識されることがあったようである。したがって、戦国時代の軍配者とは、軍師の一形態ではない。

『三国志演義』と近松門左衛門

さて、先に『三国志演義』の存在が、軍学者の間で軍師という言葉が用いられる背景に深く関わっているらしい、と述べた。この点は、より幅広く、一般に軍師という言葉が広まっていく背景を考える上で、無視できない。

『三国志演義』が日本に入ってきたことが確実にわかるのは、江戸時代の初めである。しかし同書は漢文で記されており、当たり前だが知識人しか読めない。

それが庶民の間にまで爆発的に普及するきっかけとなったのが、元禄二年（一六八九）から五年にかけて湖南文山が翻訳した『通俗三国志』の刊行である。さらに天保七年（一八三六）から一二年にかけて、挿絵を挿入した『絵本通俗三国志』が刊行され、『通俗三国志』は『三国史演義』の日本語訳として不動の地位を獲得した。

その『三国志演義』の影響を受けているのが、近松門左衛門の浄瑠璃『信州川中島合戦』である。

初演は享保六年（一七二一）だから、『通俗三国志』刊行の約三〇年後ということになる。この作品においては、武田信玄が『三国志演義』の主人公である劉備、山本菅助（作中では勘介）が劉備の幕僚徐庶（一部諸葛亮の逸話が混ざる）、上杉輝虎（謙信）が劉備のライバル曹操、直江実綱（景綱）が曹操の幕僚程昱に擬せられている。

まず山本菅助は、「仁は玄徳（劉備の字）、智は孔明（諸葛亮）、勇は関羽に双びなき」と形容されて登場する。この菅助を、信玄は「頻繁として三度顧みるは天下の謀とかや」（杜甫の詩「三顧頻煩天下計」に基づくという）と、劉備が諸葛亮を幕僚に迎えた際の故事「三顧の礼」にならって雪中に訪問し、家臣に迎える。ここでは、山本菅助は諸葛亮に擬せられている。

その後、武田信玄との合戦に敗れた上杉謙信は、「いか成軍師が敵に組みし」このような奇計をなしたのか、と家臣に尋ねる。するとそれは山本菅助であるという。この結果、謙信は菅助を「智有軍師」と評するにいたる。ここに軍師という言葉が『三国志演義』を出典として、一般化していく様子を知る事ができる（ただし、読みは「ぐんすい」「ぐんし」が混在している）。

さて、菅助を高く評価する謙信は、何としても家臣に迎えたいと重臣直江実綱に相談する。すると実綱は「勘介幼少にて父に離れ、七十に余る老母に孝心深く」と述べて菅助の母親をまず迎えればよいと進言するのである。この背景には、直江実綱の妻が菅助の妹であるという関係があった。もちろん、史実ではなく近松の創作である。

進言を聞いた謙信は、菅助の母と菅助の妻お勝を越後に迎える。ところが丁重に迎えた菅助の母は一向に心を開こうとしない。激怒する謙信を実綱がなだめ、妻がお勝の筆跡を真似て菅助の母が重病であるという偽手紙を書き送り、菅助を越後に迎えようとした。驚いた菅助が越後に駆けつけると、母も妻もいたって元気であるという。騙されたと気づいた菅助は帰ろうとして、大混乱になる。事情を悟った菅助の母は、菅助を自由にするために、自ら進んで刃に倒れるのである。

三顧の礼と徐庶の母

これは明らかに、曹操が劉備の軍師・徐庶を幕下に迎えるために、徐庶の老母を利用し、程昱に偽手紙を書かせて呼び寄せたという『三国志演義』の逸話を下敷きにしている。

この話について、詳しく説明をしておきたい。『三国志演義』の主人公劉備は、曹操に敗れ続けていた。その結果、荊州（現在の湖北省のあたり）という地に敗走する。そこで司馬徽という知識人に出会ったところ、それは軍師がいないからだという。今まで劉備が召し抱えていた幕僚は、書生程度のものに過ぎないというのである。ここで司馬徽が推挙したのが、伏竜（諸葛亮）と鳳雛（龐統）のふたりである。ただし、ふたりの正体を明かそうとはしない。

そうしたところ、劉備の前に単福という人物が現れ、仕官をしたいと願い出た（さりげなく司馬徽が劉備への仕官を勧めていた）。曹操が家臣に荊州を攻めさせた時、この単福の智略によって劉備は大勝をおさめた。驚いた曹操が幕僚に尋ねたところ、「単福という人物が軍師についたためだ」という。さらに幕僚のひとり程昱が「単福というのは偽名で、本名は徐庶である」と説明した。

曹操としては、是非とも徐庶なる人物を配下に加えたい。すると程昱が、「徐庶は大変な親孝行者です。母親に手紙を書かせればよいでしょう」と進言した。しかし、徐庶の母は劉備の徳を讃え、悪人である曹操に手を貸せないといって断った（『三国志演義』では、曹操は悪役として描かれる）。

そこで程昱は、繰り返し徐庶の母親に贈り物をした。贈り物を受け取ったからには、礼状を書かないといけない。そうして受け取った礼状をもとに、程昱は徐庶の母親の筆跡を真似できるようになった。そして徐庶に対し、「お前が曹操のもとに来なければ、自分は殺される」という偽の手紙を送ったのである。

これに動揺した徐庶は、劉備に自分の正体を明かし、涙ながらに辞去した。その際、伏竜とは友人の諸葛亮であると説明し、諸葛亮を軍師に迎えるよう推薦している。これが、劉備が諸葛亮を三度訪問して軍師に迎える「三顧の礼」の前提となる。

ところが、母親のもとを訪ねたところ、徐庶の母は「忠節と孝行が両立しないことを知っていながら、なぜここに来たのか」と激怒した。そして怒りのあまり、自害してしまうのである。

既に指摘されているように、「信州川中島合戦」が、『三国志演義』を下敷きに創作されていることは明らかだろう。そして『三国志演義』において、「軍師」と記されるのは、基本的に劉備の幕僚である徐庶・諸葛亮・龐統の三人に限られる。このうち徐庶と龐統の活躍時期は短いから、軍師には諸葛亮のイメージが投影される。そして『三国志演義』における諸葛亮は、劉備の最高顧問、軍事参謀兼外交官として、縦横無尽の活躍をみせるのだ。

つまり日本における軍師理解の広がりとは、『三国志演義』の普及と軌を一にしているといえるのである。

三国時代の「軍師」

さて、ここでもうひとつ大きな問題がある。それは『三国志演義』という文学作品ではなく、歴史上の三国時代において、そもそも軍師は存在したのか、ということである。この点を、先学の知見を踏まえ、中国の歴史書『三国志』からひもといていこう。なお、『三国志』は劉備が建国した蜀漢の遺臣陳寿が晋王朝の家臣という立場で書いた歴史書である。立場上、触れることができた魏の書物に加え（晋は魏から禅譲を受けて建国した）、故国蜀漢の史料にも接することができた。

まず後漢末から三国時代にかけて、軍師という官職が実際に存在したという点を確認しておきたい。それは、群雄が各地の名望家知識人を軍政の顧問に迎えるために設置した私設官職であると指摘されている。彼らは地域の指導者を味方につけることで、自陣営に対する支持の拡大を狙ったのである。なお軍事参謀を意味する私設官職は、他に参軍なども存在したから、幅広い参謀のひとつに軍師があったということになる。普通名詞としての参謀は、「謀主」と呼ばれたという。

以下では、軍師の代表格である諸葛亮についてみてみたい。『三国志』「蜀書」諸葛亮伝によれば、諸葛亮は劉備から軍師中郎将という官職に任じられている。ただし、そこで任された役割は軍事参謀ではない。新たな占領地を治め、軍事費に充当するための税金を徴収することであった。

諸葛亮伝を読む限り、劉備の生前において、彼が出陣した事は一度しかない。それは益州（現在の四川省のあたり）で孤立した劉備を救うための援軍の統率者としてである。ここでも、軍事参謀としての活動はみられない。劉備の益州制圧後、諸葛亮は軍師将軍に昇格するが、その後の劉備の戦争にも参加しておらず、後方支援に専念していた。

諸葛亮が戦争に関わるようになるのは、劉備の死後、丞相つまり宰相の立場で、全軍を率いるようになってからである。つまり、諸葛亮は参謀としてではなく、総指揮官として軍事に携わっているのである。

いわゆる「天下三分の計」（中国を曹操＝魏、孫権＝呉、劉備＝蜀漢の三国鼎立状況にもっていった上で、呉と連携して魏を滅ぼし、最終的に劉備が中国を統一するという戦略）を劉備に進言したことは事実であり、政策顧問と評価できるが（それゆえの軍師中郎将なのであろう）、その実像は政治家であって、軍事参謀とはみなせない。

実際に劉備の参謀として活動したのは、龐統、次いで法正である。龐統は諸葛亮と同じ軍師中郎将になっているが、法正は当初は客分で、のちに揚武将軍の官職で軍事参謀を務めている。
そして劉備の建国した蜀漢において、軍師に任じられている人物を何人か挙げると、魏延が前軍師、楊儀が中軍師となっている。しかし魏延は叩き上げの軍人であり、参謀とは言い難い。そして楊儀にいたっては、「担当する職務はなく手持ち無沙汰」であったといい、不満をこぼして処罰されている。

つまり、軍師またはその名を冠する官職についたとしても、軍事参謀として活動するとは限らないのである。実は多くの群雄における軍師は、その名声を利用するための名誉職的色彩が強かったという。

一般の軍師のイメージに近いものとしては、曹操が後漢のもとで開いた司空府・丞相府における軍師が挙げられ、政治・軍事参謀を担っていた。その中心が、「中軍師」に任ぜられた荀攸である。しかし、魏公国建国後は、地方軍の監察を担当する監軍（いわゆる軍監）に軍師の職務は変化したという（荀攸は事実上の宰相である「尚書令」となっている）。また蜀漢における軍師は、参謀と指揮官を兼ねた武官という独自の性格が指摘されている。

このように、中国の三国時代における軍師も、職務内容が一定した官職とは言い難い。一般的な軍師のイメージは、『三国志演義』という文学作品を媒介に広まったものなのである。しかも先述したように、『三国志演義』において軍師と呼ばれるのは、ほぼ劉備の幕僚である諸葛亮・龐統・

徐庶に限られる。したがって、軍師のイメージを形作っているのは『三国志演義』上の諸葛亮の活躍といってよい。そのイメージが江戸時代に日本に輸入され、別個の文学作品に導入されて、拡大再生産されていったという経緯に、注意をする必要があるだろう。

『甲陽軍鑑』に記された菅助の仕官

横道が長くなったが、冒頭で述べたように、「山本勘助」には軍師というイメージがついてまわる。なかでも、武田方の軍記物で、甲州流軍学のテキストとなった『甲陽軍鑑』において、「山本勘助」なる人物が軍師として活躍するという先入観が学界にも存在した。

しかし、その多くは江戸時代に入って膨らんだ話で、『甲陽軍鑑』には記されていない。『甲陽軍鑑』が編纂されたのは元和七年（一六二一）以前で、武田遺臣を含め、戦乱の経験者がまだ多く残っていた。そのなかで、あり得ない話を書き記すことはなかなか難しい。たとえば実戦経験のない儒医小瀬甫庵が著した『信長記（甫庵信長記）』は、徳川家臣大久保忠教から「三分の一は実際にあったこと、三分の一は似たようなことがあったものだが、残る三分の一は跡形もない話だ」と酷評されている（『三河物語』）。

したがって「こういう話ならありえるな、あったな」と武田遺臣が考える話でなくては早い時期から批判が殺到したことであろう。山本菅助の実在については、平戸藩主松浦静山が『武功雑記』

で疑問を呈しているが、同書の成立は元禄九年（一六九六）であり、静山は戦国時代の経験から批判を述べているわけではない。

時々みられる批判として、「山本勘助」の実名「晴幸（はるゆき）」が、武田信玄から「晴」字を与えられたとされる点がある。信玄の実名晴信の「晴」字は、将軍足利義晴（よしはる）から偏諱（へんき）を受けたものである。目上から拝領した一字を家臣に与えることは、戦国社会においては異例なものであった。だからこれも「山本勘助の実在は疑わしい」という批判の材料とされたのである。しかし実は、晴幸という実名は『甲陽軍鑑』のどこを読んでも出てこない。後付けの話なのだ。

そして近年発見された史料により、正しくは「山本菅助」と書くことが明らかとなった。

それでは、『甲陽軍鑑』は山本菅助をどのように描いているのだろうか。まず、菅助の仕官経緯からみてみよう。事の発端は、敵と味方の国境に城を築く際、うまく築城をすれば、少ない軍勢で多くの敵を退けることができるという議論である。この築城技術のことを「城取り（しろとり）」と呼んでいる。そして「城取り」の名人として、山本菅助が宿老板垣信方（いたがきのぶかた）によって推挙されたのである。当時、菅助は駿河今川氏のもとで仕官活動をしていたが、上手くいかなかった。そこに降って湧いたような話が出たことになる。

板垣は続けて、四国・九州・中国・関東までも歩いて廻った勇敢な武士として知られていると菅助のことを説明した。

武田信玄が菅助を召し寄せたところ、片目が不自由で、手傷を負っているため、手足も多少不自由にみえる。さらに色黒で顔もよくない。それであるのに武名が響いているのなら、相当な侍だろう。約束した知行一〇〇貫文では少ない、二〇〇貫文を与えると即決したという。

この仕官時期について、『甲陽軍鑑』は天文一二年（一五四三）正月または三月と記すが、信玄の側近駒井高白斎が記したとされる『甲陽日記（高白斎記）』では天文一三年（一五四四）三月とある。なお、なぜ『甲陽日記』に記述があるのに、菅助の存在が無視されたかというと、同書は江戸時代に加筆がなされており、菅助関係記事も加筆箇所と考えられてきたからである。しかし、『甲陽日記』において、菅助の記述は二ヶ所しかない。加筆にしては、少なすぎるように思う。

菅助がはじめて活躍したのは、天文一七年（一五四八）の信濃伊那郡における戦争で、恩賞として甲斐黒駒関（笛吹市）の関銭（通行料）一〇〇貫文が与えられている。黒駒とはどこかというと、甲府から鎌倉街道を通り、御坂峠を越えて富士五湖方面へ抜ける場所に設置された関所である。甲斐国の大きな特徴として、富士山の登山口が存在する。このため富士参詣の登山者が黒駒を多く通過した。そこで、関所を設置し、通行税を取っていたのである。

菅助は、その関銭を宛行われたわけである。このように、土地（知行地）ではなく銭や蔵米を与えるというのは、仕官後間もない一時的な処遇としてしばしばみられる。特に関銭であれば、富士山参詣の登山者が増える六月を頂点に、万遍なく収入が得られる。菅助は秋の収穫を待たずに、税収を得て軍備を整え、信玄のために働くことができるのである。

だからこの関銭宛行は、菅助に対する最初のまとまった恩賞で、本格的な知行地を与えるまでの一時的な処置だろう。天文一三年に仕官していても、それまでは大きな知行は与えられていなかったと考えられる。このように、菅助はあくまで他国者・新参家臣であった。なお、『甲陽軍鑑』が記す知行地を二〇〇貫文与えられたという話は、後を嗣いだ娘婿十左衛門尉の知行地が九四貫文だから、誇張したものだろう。一〇〇貫文でも、この時期の武田氏においては決して少ない恩賞ではない。『甲陽軍鑑』はさらに六〇〇貫文を加増され、最終的に八〇〇貫文になったと記すが、これも事実ではあるまい。

城取りの名手と軍配者

それでは山本菅助は武田家中でどのような役割を果たしたのだろうか。『甲陽日記』をみると、菅助は諏方高島城（茅野市）で鍬立（くわだて）の儀式を行ったという。鍬立とは竣工式のことだから、築城の開始を意味する。「城取り」の名手という『甲陽軍鑑』の記述を裏づけるものだろう。『甲陽軍鑑』によると、川中島の防衛拠点海津城（長野市）の縄張りも、菅助が行ったとされる。

また『甲陽軍鑑』には、諸国の情勢を菅助が信玄に報告する場面がよく描かれる。諸国を歩いて回ったという菅助の履歴を受けた話である。

それでは、軍師と呼べるような活躍はどうか。そもそも軍師とは江戸時代に入って作られた架空の産物であるとここまで述べてきた。しかし軍事参謀と呼べるような活躍をしていれば、軍師と位置づけても差し支えないかもしれない。

しかしながら、菅助が参謀のように軍事作戦を具申した場面はほとんどない。武田信玄が村上義清（よしきよ）に大敗した「砥石（といし）崩れ」の箇所をみると、菅助が信玄から兵を借りて、村上勢を翻弄し、軍勢を立て直した様子が描かれている。この部分が、菅助の軍師としての活躍として誇張され、江戸時代の軍学書で重視される。しかし逆にいうと、この他には軍事参謀としての活躍はほとんどない。

菅助の作戦具申として著名なものは、第四次川中島合戦における「啄木鳥（きつつき）の戦法」である。これは木のうろに潜んでいる虫を食べるため、啄木鳥が反対側から木をつつき、驚いて飛び出した虫を捕らえるという習性からきたネーミングである。ただし、『甲陽軍鑑』にはこのような名称は記されていない。信玄は菅助に対し、重臣馬場信春（ばばのぶはる）と談合して作戦を具申せよと命じている。そこで菅助は、「（味方の）二万の軍勢のうち一万二〇〇〇を、上杉謙信の陣取る妻女山へ攻めかけさせ、明日卯刻（午前六時）に合戦をはじめましょう。越後の軍勢は負けても勝っても川を越えて退いて来るので、そこへ御旗本と二の備え衆（軍勢のうち第二陣）で後ろから挟み撃ちにし、討ち取られるのがよいでしょう」といったという。たしかに「啄木鳥の戦法」と同じような戦術ではある。しかし『甲陽軍鑑』で菅助が本格的に作戦を具申したのは、先述した砥石崩れとこの第四次川中島合戦程度なのである。

そこで菅助のもうひとつの側面が注目される。それは「軍配者」というものである。先述したように、軍配者とは、合戦において戦場の気を読み、開戦の日取りなどの吉凶の判断をする専門家を指す。

戦国大名が吉凶を気にしていたというと意外な感じがあるが、以下に実例を挙げてみたい。

天正一三年（一五八五）八月、薩摩島津氏に従属していた肥後国衆阿蘇氏が大友氏に内応して島津氏を離反した。当然島津氏はこれに激怒し、阿蘇領の南端堅志田（熊本県美里町）を攻撃することとなった。

堅志田攻略の準備を進めていた閏八月一二日、島津氏の軍配者川田義朗から、「明日から悪日が続くので、出陣は控えるべき」という進言がなされた。川田の見解は、敵に奪われた花之山（島津氏が堅志田城を攻めるために築いた付城だが、阿蘇方に占領されていた）に「改軍」つまり転進するのがよいというものである。この進言は島津氏当主義久に伝わり、「改軍之法」など聞いたことがないとしつつも、なんとしても「川田軍神之御祈念」に従うことが肝要という意向を示した。いかに軍配者が戦国大名から尊重されていたかを示すものといえる。大名の軍事方針を転換する程のものであったのである。

川田義朗の進言は、花之山失陥後、同城の方面で屈強な敵六〇余人を討ち取ったという背景があったことも手伝って、時宜に叶ったものと捉えられた。天道が「改軍」をなさるべきといわれているからには、それに従うほかない、というのが島津義久の上意だった。

ここで面白いのは、血気にはやる若手である。彼らにとって、軍配者の進言などまどろっこしいものであったらしい。翌一三日、諸勢の若衆が命令も待たずに勝手に堅志田へ攻めかかってしまった。驚いた上層部はこれを止めることができず、引きずられる形で開戦したところ、あっさり勝利してしまったというのがことの顛末である。川田の進言は外れたわけだが、あくまで占いなのだから、どのような結果がもたらされるかはわからない。

また開戦に際しては、敵地に弓矢を打ち込むという呪術的行為も行われたらしい。これは島津氏と大友氏の開戦に際して確認ができる。川田義朗は、島津氏に開戦をするに相応しい吉日を進言した。しかしすぐに開戦ができないため、調伏（ちょうぶく）（呪い）の矢を打ち込むことになり、川田がその矢を準備することになったという。この調伏の矢は、その後大友領豊後に射かけられている。天文一九年（一五五〇）の砥石攻めで、信玄が砥石城を検分した直後に「矢入レ始ル」と記録されているのも、これかもしれない。

山本菅助が関与したのは、こういった呪術的行為であったのだろう。

ところが、江戸時代の軍学者はこの軍配者という役割と、軍師を結びつけるようになる。先述した砥石崩れに際して菅助が用いた戦術が、軍配者として天体の運行を占った上でのものとされたのである。もちろん、これは牽強付会としかいいようがない。しかしながら、軍師と軍配者を同列に扱う議論は、現在も根強く続いている。戦国時代における軍師とは架空の存在であり、軍配者とはまったく違うことを、再確認しておきたい。

山本菅助の実像とは

それでは、古文書から明らかとなった山本菅助の実像をみてみたい。菅助は、弘治年間（一五五五〜五八）を中心に、北信濃川中島一帯で活躍している。特に活躍が目立つのは、使者としての往来である。使者というと「使い走り」と誤解されそうだが、戦国時代の書状は一般的に短い。使者が口頭で説明する内容こそ、重要なものであった。書状は、使者が正式な大名の使いであり、その話す内容が大名の意思であることを証明するものといっては極言だろうか。いずれにせよ、相当優秀な人物でないと務まらない役割であったのである。

永禄元年（一五五八）、武田信玄は菅助に対し、川中島での軍事行動を話し合った上で、東条（ひがしじょう）尼飾城（あまかざり）（長野市）にいる小山田虎満（とらみつ）の病状をしっかりみてくるように指示をした。小山田虎満は、武田信玄から「当州宿老（しゅくろう）」とまで呼ばれた重臣で、川中島防衛拠点の東条尼飾城将の任にあった。しかしこの年春に腫れ物を患い、歩行も困難な状態になっていたのである。

虎満は川中島防衛の中心人物だから、これはただの病気見舞いではない。虎満と軍事面での打ち合わせをしろ、という含意が籠められたものとみるべきだろう。また虎満の病状によっては、交代要員を準備しなくてはならない。菅助には、その見極めが求められたのである。

この永禄元年という年は、第三次川中島合戦が行われた翌年にあたる。その点を考えると、菅助の立場がよりよくわかってくる。

弘治三年（一五五七）六月二三日、信玄は菅助を北信濃野沢温泉（長野県野沢温泉村）一帯を支配する国衆市川藤若（信房）のもとに派遣した。これが最初に発見された「市川家文書」である。菅助が務めたのはただの使者ではない。信玄が犯した、重大な失態を謝罪するものであった。

これに先立ち、市川藤若は、野沢に布陣した長尾景虎（上杉謙信）から繰り返し降伏勧告を受けていた。しかし頑としてそれに応じず、信玄に援軍を求めた。信玄は要請に応じたものの、なんと上野（群馬県）に出陣中の家臣を呼び寄せて、援軍を編制したのである。これは明らかな判断ミスとしかいいようがない。ようやく援軍が到着した時には、長尾景虎は既に撤退した後だった。

市川氏は、一年前に武田信玄に従属したばかりである上、当時の当主孫三郎が死去してしまい、まだ元服もしていない藤若が家督を嗣いでいた。ようするに、いつ景虎に寝返っても不思議ではなかったのである。景虎の圧力を撥ねのけ、武田氏に従い続けてくれたことは、いくら感謝してもしたりない。

そこで信玄は、援軍派遣システムの改革を行った。市川藤若から援軍要請が来た場合は、いちいち甲府にいる信玄の許可をとらずに、川中島の軍事を管掌していた塩田城代（上田市）飯富虎昌の独断で軍勢を動かしてもよいと定めたのである。信玄としては、ひたすら誠意を示すしかなかったのだろう。

このような書状を携える使者が、身分の低い人物でよいはずはない。市川氏に信玄の誠意を示すことができる人物でなければならなかった。そこで選ばれたのが、山本菅助だったのである。菅助は、市川氏にも名が知られた著名な家臣であったといえるのだ。

こうした背景のもと、弘治三年から永禄元年にかけて、信玄は川中島防備体制の改革を行った。その中心人物が、飯富虎昌と小山田虎満であった。虎満の病状が深刻な問題と懸念され、菅助が見舞いに派遣された背景には、このような事情があったのである。

菅助は、この両名と関わりを持つ立場にいた。つまり第三次川中島合戦期の菅助は、川中島防衛を担う家臣のひとりであったのである。その身分は、前章で述べた「足軽大将」で、なかでもゲリラ部隊の指揮官であったと思われる。

『甲陽軍鑑』が、東条尼飾城に代わる川中島の防衛拠点海津城の縄張りを菅助が行ったと記述する意味もここにある。山本菅助とは、川中島防衛で活躍した足軽大将であった。

永禄四年（一五六一）の第四次川中島合戦において作戦を具申したとされるのも、菅助が川中島の地理に精通していたからではないか。菅助はこの合戦で討ち死にした。享年は六二または六九。

『甲陽軍鑑』にある出家号道鬼は実際に称した可能性が高い。
嫡男菅助はまだ九歳であったため、娘婿十左衛門尉が一時的に家督を代行した。永禄一一年（一五六八）に二代目菅助が一六歳になったため、家督を返されたが、天正三年（一五七五）の長篠合戦で討ち死にしてしまう。このため、十左衛門尉が跡を嗣ぎ、勝頼の旗本（足軽大将）となっている。

山本菅助と「山本勘助」

ここまでみてきたような山本菅助の実像は、天文～弘治年間の武田家臣として一般的なものである。築城の名手という側面と、軍配者という側面が加わっているが、同様の家臣は他大名にも存在する。

しかしながら『甲陽軍鑑』において「山本勘助」がめざましい活躍をしていることは事実として動かない。これは、どういうことなのだろうか。

『甲陽軍鑑』自体に記された執筆目的は、宿老春日（香坂）虎綱（高坂弾正と誤記され、『甲陽軍鑑末書』では高坂昌信と実名も誤る。どうして原記主の名前が誤っているかが『甲陽軍鑑』の史料的価値を考える上で問題となっている）が、勝頼側近の跡部勝資・長坂釣閑斎を諫めるためであったという。春日虎綱は信玄に抜擢された宿老であり、跡部・長坂は家老といっても吏僚である。ようするに『甲陽軍鑑』が描いているのは、叩き上げの武断派宿老による文治派の古参吏僚批判なのである。

そう考えた際、『甲陽軍鑑』に信玄初期の吏僚層の姿がまったく見出せないことに気づく。特に信玄初期の側近として、板垣信方に次ぐ活動をした駒井高白斎（『甲陽日記』の記主とされる）の記述がまったくみられないことは、理解に苦しむ。高白斎は、「甲州法度之次第（こうしゅうはっとのしだい）」の起草者であるからだ。ところが『甲陽軍鑑』には、「甲州法度之次第」は菅助の進言によって制定されたとある。高白斎は菅助に最大の功績を横取りされた形となっているのだ。

これから先は想像だが、吏僚系の跡部・長坂を批判する際に、輝かしい活躍をした吏僚駒井高白斎の存在は、都合が悪かったのではないだろうか。『甲陽軍鑑』で讃えられている人物は基本的に軍功をあげた者で、特に足軽大将層に顕著である。そうしてみると、他国者として低い身分から出発し、軍功を積み重ねた山本菅助は、スポットライトを浴びせるのに適した存在であった。その結果、「山本勘助」に、多くの人物の活躍を集約したのではないか。だからこそ『甲陽軍鑑』は、武田遺臣にもすんなり受け入れられたと考えたい。

終　章　戦国大名と家臣団

家臣の変遷と忠誠心

ここまで全一四章にわたって、武田氏の歴史とその家臣団についてみてきた。全般的にいえるのは、戦国大名武田氏の家臣団は、守護時代のそれを引き継いだものではなく、信虎・信玄・勝頼の三代にわたって取り立てられ、成立したものということである。武田氏の場合、信玄が郡司（ぐんじ）・城代クラスの宿老を低い身分から抜擢し、子弟を「御一門衆」として育成したことが、特徴的である。

しかし代替わりごとに、家臣団のあり方には微妙な差異が生じている。特に顕著なのが側近層で、大名が交替すると側近の顔ぶれも一変することが多い。側近とは主君の個人的信任によって引き立てられた存在だから、当然といえるだろう。

第一部で整理したように、武田氏の歴史は、内訌の連続であった。信昌（のぶまさ）と信縄（のぶつな）の対立、信虎と油（あぶら）川信恵（かわのぶよし）の対立、信虎と信玄の対立、信玄と義信の対立と四回も家督をめぐる衝突がある。そのたびに家臣団に摩擦が生じたのは、やむをえないことであろう。この結果、信玄は次弟信繁（のぶしげ）と姉婿穴山信友を除き、ほとんど御一門衆を起用することはしなかった。より厳密にいえば、起用することは難しかった。内訌の結果、成人した一門がほとんど存在しなかったためである。この状況に変化が生じるのが勝頼期で、長篠合戦で宿老層（しゅくろう）が多く討ち死にしたこともあり、成人した御一門衆を起用するようになっていく。

この結果、北条氏の領域支配と、武田氏の領域支配には差異が生じている。北条氏の場合、御一家衆と呼ばれた一門が支城領主・支城主に任じられ、領域支配の権限を大幅に委譲された。特に北条氏照・氏邦といった氏康の子息たちは「支城領」そのものを知行することを許され、北条政権下の「大名」＝支城領主という地位を与えられた。さらに、彼らは北条家朱印状の奉者（案件担当者）を務めることがあり、北条氏の領国支配そのものにも関与したのである。

これに対し、武田氏では支城領を任せたのは宿老クラスが基本であり、その権限も北条氏で定義されている支城主ほど大きなものではない。郡司に任じられた宿老の権限も、北条氏で定義されている城代よりもやや大きなものに過ぎない。この点は、北条氏でも松田氏・大道寺氏・遠山氏といった宿老クラスは、基本的に城代・城将にしか任じられなかったのと軌を一にしている。

これを踏まえた上で、織田信長を比較の遡上に載せたい。信長は柴田勝家・明智光秀・羽柴秀吉といった家臣を登用し、支城領支配を任せている。信長の特徴は、支城領支配が安定すると、口を挟まなくなる点にある。つまり柴田勝家らは、北条氏でいうところの支城領主に相当する地位に就いたことになる。織田政権下での大名＝織田大名というわけである。このうち柴田勝家は信長に敵対して殺害された弟信勝（一般には信行の名で知られるが誤伝）の家老、明智光秀は幕臣細川家の中間（身分の低い奉公人）から足利義昭の足軽衆に抜擢された人物、羽柴秀吉は尾張の百姓（おそらくは豪農か地侍）の出身である。つまり武田信玄が郡司・城代として抜擢した人物と同様の顔ぶれを、支城領主＝大名に取り立てたのである。これは信長が「天下人」として一段高い位置についたことが関係しているのかもしれないが、武田・北条両氏との明確な差異といえる。ただし、嫡男信忠を岐阜城主とし、本国である尾張・美濃を与えるなど、一門を厚遇したことには変わりはない。

話を武田氏に戻そう。武田氏においては、御一門衆・親類衆を地方行政に登用することは少なかった。その原因は既にいくつか述べたが、「義信事件」が与えた影響は看過できない。義信の廃嫡とその死去により、高遠諏方氏を嗣いでいた勝頼が後継者の座についた。しかし信玄は将軍足利義昭に対し、勝頼に官位と偏諱を与えるよう要請した以外は、誰の眼にも後継者とわかる形で勝頼を処遇することはしていない。戦争に際しても、一部将として扱ったし、年末の「御備えの談合」への参加も許さなかった。その上、義昭に要請した官位授与と偏諱は実現しなかったのである。勝頼は家督相続後、信玄と同じ「大膳大夫」を名乗り、信長に追放された足利義昭からは追認されるが、正式な任官ではない。彼はあくまで「武田四郎」のままだったのである。もちろん、当時の官位は実質を伴ったものではないが、東国最大の戦国大名武田氏の当主が無位無官というのは、威厳を欠いたといわざるを得ないだろう。

『甲陽軍鑑』が、勝頼はあくまで「陣代」（「名代」）に過ぎず、本当の後継者は勝頼嫡男信勝である、と述べていることは事実ではない。しかし信玄以来の宿老たちは、今まで轡を並べてきた勝頼を、突然主君として仰ぐことに戸惑いを感じざるをえなかったのではないか。

この結果、勝頼は戦争に勝ち続けることで実力を示し、自分が武田氏当主であることを家臣に納得させようとしたのだろう。そこで生じたのが、長篠合戦である。あくまで強気な勝頼とそれを支持する側近層に対し、信玄が取り立てた歴戦の宿老たちが撤退を主張するという対立構造は、信玄が残した負の遺産である。第三章で述べたように勝頼はこの合戦に大敗し、兵卒から宿老層に至るまで、多くの戦死者を出した。敗戦を契機に、織田・徳川勢が反撃に出たため、三河・東美濃は失陥し、遠江も過半を失った。

しかし信玄以来の宿老層は、勝頼にとっては煙たい存在でもあったのだろう。勝頼は長篠敗戦後、内政面で新しい政策を次々と打ち出し、外交関係の再編も図っている。宿老たちの討ち死には、皮肉なことに勝頼が独自路線を打ち出す土壌を用意したのである。長篠の敗戦から武田氏滅亡までは、七年の時間がある。勝頼はその間、上野や越後において領国を拡大している。ただ結果論からいえば、勝頼が新たな体制を構築しきる前に、織田信長の全面攻勢を招き、滅亡の時を迎えてしまった。与えられた時間が短すぎたといえる。

そのターニングポイントが、天正九年（一五八一）三月の遠江高天神城（掛川市）落城（「高天神崩れ」）である。遠江に残された数少ない拠点である高天神城を、勝頼は重視していた。全領国から将卒を集め、外様（とざま）である岡部元信（おかべもとのぶ）を城将に抜擢して、遠江における軍事を任せたことこそ、その証拠である。これは幸綱（ゆきつな）・信綱（のぶつな）時代の真田氏を除けば、異例の措置である。しかし勝頼は、高天神に援軍を送る余力を失っていた。その結果、「勝頼が高天神城を見殺しにした」という宣伝を織田信長が行った時、武田領国全体に衝撃が走り、勝頼は戦国大名としての軍事的信頼を失ったのである。翌年に信長が信濃に侵攻した際、南信濃の城郭は、勝頼実弟仁科信盛が守る高遠城（伊那市）を除き、なんの抵抗もせずに開城した。既に家臣・国衆の心は、勝頼から離れていたといえる。

このことは、戦国大名に対する家臣の忠誠心は、「自分を守ってくれる」という信頼関係に基づくものであったことを意味する。鎌倉幕府成立期の内乱（いわゆる源平合戦）を描いた軍記物『源平盛衰記』に「恩こそ主よ」（恩賞を与えてくれる人物が主君だ）という大庭景親の発言があるが、契約に基づく主従関係という性格は、戦国大名と家臣の間でもまだ続いていたのである。儒教道徳に基づく君臣関係が強調されていく近世主従制と、中世の主従制の最大の違いがここにある。

家臣に奉戴される大名

本書では、武田信玄・勝頼が、家臣を起用していく様をみてきた。御一門衆は信玄によって大名子弟を処遇する家格として整えられたものであったし、各地の郡司・城代には低い身分から抜擢された者が多かった。武田氏自体、家宰跡部氏を武田信昌が排除したことを契機に、戦国大名化していった権力である。信玄も、筆頭家老のような立場にあった板垣氏を粛清して甘利氏を新たに取り立て、「筆頭家老」をコントロール下においた。

偶然ではあるが、信玄が抜擢した甘利信忠が急逝する一年前に、信玄は「奉書式朱印状」という担当家臣（奉者）の名前を明記した文書様式を導入している。同盟国北条氏にならったものである。また同じ頃、郡司の担当領域内の御料所を管理する役人を配置し、郡司の恣意的な所領宛行を抑制するための方策を打ち出している。つまり武田氏は、永禄後期に新たな政治体制を整えたと評価できる。また甘利信忠死後は、複数の家老に権限が分散する体制へと移行したように思われる。ここに「筆頭家老」は、名目的な存在となったのである。

以上からすれば、大名と家臣の関係は、大名側に主導権があるようにみえる。もちろん、戦国大名はあくまで「専制君主」なのだから、上から命じる動きが少なくないことは間違いない。これは、議論の大前提となる。

しかし果たしてそうした視点だけでみてよいだろうか。「はじめに」において、「家臣団から考える戦国大名像」を描きたいと述べた。そうした観点からみた場合、注目されるのが大名の出す外交書状には交渉の「取次」を務めた家臣の副状が必ず付されたという事実である。この点は拙著『戦国大名の「外交」』で論じたので、詳細はそちらをご参照願いたいが、武田氏や北条氏の場合、一門・宿老層と側近層がペアを組む形で副状を出している。こうした副状が必要になった理由はいくつかあるが、大名書状の内容を、取次が保証するという側面があったことは無視できない。取次副状の文面も、大名と協議して決められることが少なくなかった。つまり戦国大名は、自身の発言は家臣団の支持を得ている、というアピールを対外的に行ったのである。特に一門・宿老層の副状が必要となった背景には、こうした理由が大きい。家中（かちゅう）＝家臣団に重きをなす一門・宿老層が大名発言を保証することで、書状を受け取った大名は、外交相手の大名の意向と家臣のそれが一致していると認識し、安心して外交交渉を進めることができたのである。

また第七章で述べたように、戦国大名という権力は、そもそも広域裁判権や軍事的保護を期待されて生み出された存在であった。

たしかに戦国大名は、みずからの手で新たな家臣団を組織した。しかし同時に、その家臣団によって支持されていると、内外にアピールした権力でもあったのである。そしてそれは、単なるアピールではなかった。武田氏の場合、「高天神崩れ」が戦国大名としての信頼性を失墜させ、滅亡のきっかけとなっている。それは、家臣の支持を失ったからに他ならない。したがって戦国大名を強大な権力をもった「専制君主」とのみ評価するのは、一面的な理解といえるのである。

外様国衆という存在

「はじめに」においても述べたが、戦国大名の家臣団を考える上で重要なのは、「国衆」という自治的な領域権力を従えているという点にある。戦国大名の家臣団のことを、「家中」と呼ぶ。当時の読みは「けちゅう」が正しいようだが、学界では慣習的に「かちゅう」と読んでいる。戦国大名

武田氏家臣団概要図

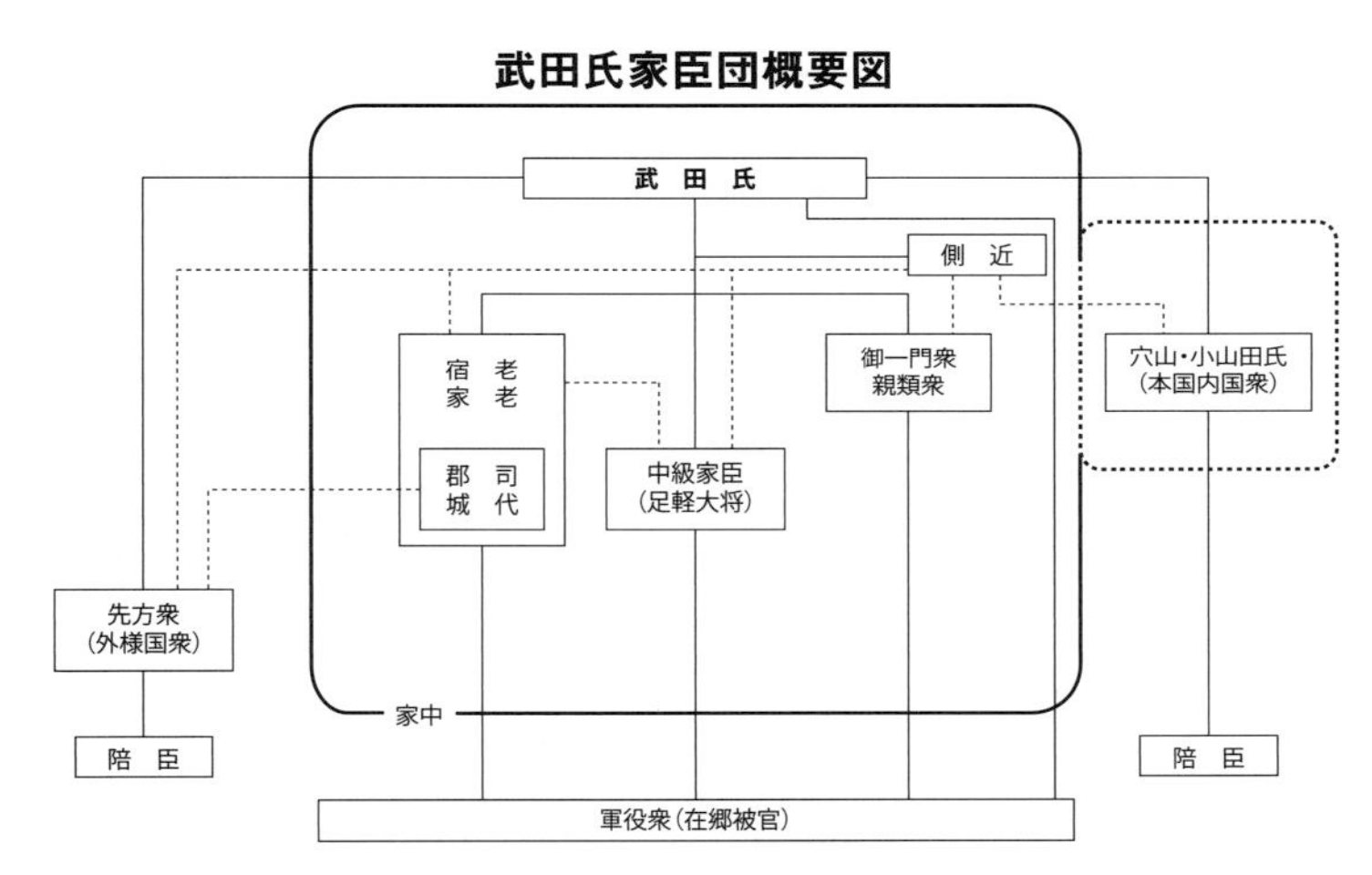

※実線は主従関係、破線は寄親寄子および取次関係（意思伝達経路）を示す。御一門衆は、基本的に「家中」に属さないと思われるが、作図の都合上、家中に含めた。　穴山・小山田氏は本来的には「家中」に属さない存在だが、譜代的な性格も持つようになっていく。各国衆は、それぞれ独自の「家中」を形成しているが、ここでは省略した。

の家中には、国衆（と有力一門）は含まれないことが基本であった。国衆は、「家中」に含まれない「外様」の存在で、大名の軍事的保護を期待して服属しているにすぎない。だから国衆のことを大名の「家臣」と呼ぶのは正確な表現ではない。大名に従っている存在は多様なものであり、大名領国も直轄領（直接支配領域と重臣に支配を委ねた間接支配領域）だけで構成されてはおらず、内部に国衆自治領を抱え込んでいるというのも、戦国大名の特徴である。

国衆は自治権を保持したまま大名に従っており、大名はその内政には不干渉の姿勢をとることが基本であった。逆に、国衆が大名行政に関与することもない。それが譜代家臣との違いである。国衆が大名に従属する経緯は、攻撃に耐えかねて降伏に追い込まれる場合が少なくない。

しかしその本質は、戦国大名の軍事力という「傘」に守ってもらう道を選んだ点にある。だから近隣に強大な大名権力が出現した場合、自発的に服属を申し出ることも少なくなかった。

したがって他大名への降伏は、今まで従属していた大名からの援軍を望むことができないため、別の大名に鞍替えするという側面を有した。ようするに、軍事的保護契約の不履行による離叛である。今川・朝倉・武田のような有力戦国大名があっけない滅亡を迎えたのは、国衆から見放され、国衆が敵方に寝返った結果、まるでオセロゲームのように大名領国が縮小していった結果といえる。このことは、国衆の帰趨が戦国大名の存立を左右したことを意味する。

国衆のような存在が列島に幅広くみられるのは、戦国時代特有のものである。豊臣政権下において、国衆は①独立大名に格上げされる、②従属先大名の家臣扱いとなる、③改易されるかに分かれた。ここに大名が従えている被官は、身分や役職、知行の多寡こそ異なるものの、一律に「家臣」と扱われる方向に進む。

したがって、国衆という存在は戦国時代・戦国大名権力を考える上で、ひとつの大きなカギとなる。しかしここで議論を止めてしまうのはあまりにもったいない。国衆のような存在が、江戸時代に消滅したわけではないからである。同様の立場に立たされた存在として、「外様大名」を指摘できる。彼らは「譜代大名」とは明確に異なる処遇を受け、たとえば老中(ろうじゅう)になって幕政に関与することはなかった。しかし江戸幕府が衰退した際、「外様」の雄藩の動向が政治のカギを握るようになり、最終的に明治維新へと行き着く。

つまり戦国大名と国衆の関係について考えることは、江戸幕府と近世大名の関係を検討する上でも参考となるのである。これは戦国時代と近世の関係をどのように把握するかという時代区分論と関わる大きなテーマとなるだろう。この点については、また機会を改めて論じることとしたい。

あとがき

本書の執筆を誘われたのは、平成二五年（二〇一三）一月のことであった。当時、博士論文の公刊である論文集『戦国大名武田氏の権力構造』（思文閣出版）の第一部「戦国大名間外交と取次」をもとにした一般書を、講談社より『戦国大名の「外交」』として出版することが決まっており、執筆に取り組んでいた。したがって、第二部「大名家中の権力構造と領域支配」をベースにしましょうということで、お引き受けした。

ところが、同年中は『戦国大名の「外交」』（講談社選書メチエ）、『郡内小山田氏―武田二十四将の系譜―』（戎光祥出版）の執筆で手一杯で、なかなか執筆に取り組めずにいた。続けて、再録論文集の編者として『信濃真田氏』『真田氏一門と家臣』（岩田書院）をまとめる必要があった。そして両書を刊行して、ようやく本書を書き始めようとしたところ、ＮＨＫが大河ドラマ「真田丸」製作を発表し、その時代考証に加えていただくことになった。誠に申し訳ないことだが、関連書籍として『図説真田一族』（戎光祥出版）、『真田四代と信繁』（平凡社新書）、『真田一族と家臣団のすべて』（KADOKAWA新人物文庫）の執筆が入り、そちらを優先せざるを得なくなった。

つまり本書は、本来なら私の三冊目の一般書となる予定であったが、このような事情を説明して長くお待ち頂くこととなったのである。

その間、改めて本書の内容について考えたところ、『戦国大名武田氏の権力構造』第二部全体の議論は、一冊にまとめることが難しいと考えるようになった。おりしも、編者のひとりとして『武田氏家臣団人名辞典』（東京堂出版）を執筆していたこともあり、「戦国大名の家臣団論」という形で企画を出し直すこととした。

これは私の生い立ちも関わっている。私は企業経営者の直系の孫として生まれた。様々な事情により、企業経営には携わらなかったが、「会社は社員の方がいなければ動かない」という考えが発想の根っこにある。だから戦国大名論に取り組むと、どうしても家臣の役割に眼がいく。これが私の研究姿勢の背景にあることは間違いない。

ようやく他の書籍の執筆を終え、本書の執筆を始めたところ、「欲」が出てしまった。平成二六年（二〇一四）に武田氏の領域支配に関する論文二本を公刊したこともあり、単なる家臣団論ではなく、領域支配論（具体的には郡司による地方行政論）を組み込みたくなったのである。ただそうなると、本書全体の構成をまたしても練り直す必要が出てきた。というのも、構想中の第二論文集の内容と直接関わってくるからである。本書の内容が、第二論文集で論じる内容と齟齬が生じては困る。その点を詰めるため、再度お時間を頂戴せざるを得なかった。結果として本書の一部は、第二論文集で論じる予定の内容を先取りしたものとなっている。

本書も含め、このところ一般書を立て続けに出している。研究者の役割のひとつとして、研究成果の社会還元があることは間違いない。しかしあくまでその本分は研究にある。この間、論文執筆を疎かにしていたつもりはないが、いささか偏りすぎたという反省はある。平成二八年（二〇一六）は、第一論文集を公刊してから五年後になる。第二論文集を公刊するには、ちょうどよい時期であろう。ようやく一般書のほとんどが手を離れたこともあり、その準備に取り組んでいる。それを新年の公約として、擱筆したい。

平成二八年四月一一日

丸島和洋

【主要参考文献】 ※穴山・小山田氏の研究は膨大にあるため、最新のものに限った

秋山敬　『甲斐武田氏と国人―戦国大名成立過程の研究』（高志書院、二〇〇三年）
同　「府中今井氏の消長」（『武田氏研究』四〇号、二〇〇九年）
同　『甲斐武田氏と国人の中世』（岩田書院、二〇一四年）
網野善彦『無縁・公界・楽―日本中世の自由と平和』（平凡社ライブラリー、一九九六年）
荒上和人「武田氏の領国支配構造―駿河・遠江における国衆統制より―」（『武田氏研究』二八号、二〇〇三年）
有光友學編『戦国期　印章・印判状の研究』（岩田書院、二〇〇六年）
家永遵嗣「甲斐・信濃における「戦国」状況の起点―秋山敬氏の業績に学ぶ―」（『武田氏研究』四八号、二〇一三年）
生島足島神社・東信史学会・塩田文化財研究所編『信玄武将の起請文―重要文化財・生島足島神社文書―』（信毎書籍出版センター、一九八八年）
石井仁　「参軍事考―六朝軍府僚属の起源をめぐって―」（『文化』五一巻三・四合併号、一九八八年）
同　「諸葛亮・北伐軍団の組織と編制について―蜀漢における軍府の発展形態―」（『東北大学東洋史論集』四集、一九九〇年）
同　「軍師考」（『東北大学日本文化研究所研究報告』二七集、一九九一年）
磯貝富士男『中世の農業と気候―水田二毛作の展開―』（吉川弘文館、二〇〇二年）
磯貝正義『定本　武田信玄』（新人物往来社、一九七七年）

同編　『武田信玄のすべて』(新人物往来社、一九七八年)
同　『甲斐源氏と武田信玄』(岩田書院、二〇〇二年)
磯貝正義先生追悼論文集刊行会編『戦国大名武田氏と甲斐の中世』(岩田書院、二〇一一年)
上野晴朗『甲斐武田氏』(新人物往来社、一九七二年)
同　『定本武田勝頼』(新人物往来社、一九七八年)
上野晴朗・萩原三雄編『山本勘助のすべて』(新人物往来社、二〇〇六年)
NHK・NHKプロモーション編『風林火山　信玄・謙信、そして伝説の軍師』(図録、二〇〇七年)
海老沼真治編著『山本菅助の実像を探る』(戎光祥出版、二〇一三年)
遠藤珠紀「織田信長子息と武田信玄息女の婚姻」(『戦国史研究』六二号、二〇一一年)
大橋正叔「『信州川中島合戦』―勘介の母の死―」(『新日本古典文学大系92　近松浄瑠璃集　下』、岩波書店、一九九五年)
小笠原春香「武田・織田間の抗争と東美濃―元亀・天正年間を中心に―」(『武田氏研究』五三号、二〇一六年)
小川隆司「穴山信君の「江尻領」支配について」(『武田氏研究』二三号、二〇〇一年)
同　「武田氏の駿遠支配と国衆統制」(静岡県地域史研究会編『戦国期静岡の研究』清文堂出版、二〇〇一年)
小川剛生『武士はなぜ歌を詠むか―鎌倉将軍から戦国大名まで』(角川学芸出版、二〇〇八年)
小川雄　「武田氏海賊衆における向井氏の動向」(『武田氏研究』四三号、二〇一一年)
同　「一五五〇年代の東美濃・奥三河情勢―武田氏・今川氏・織田氏・斎藤氏の関係を中心として―」(『武田氏研究』四七号、二〇一三年)
同　「武田氏の駿河領国化と海賊衆」(小笠原春香・小川雄・小佐野浅子・長谷川幸一著『戦国大名武田氏

と地域社会』岩田書院、二〇一四年）
奥野高広『人物叢書　武田信玄』（吉川弘文館、一九五九年）
同　「武田信玄二度の西上作戦」（『日本歴史』三六八号、一九七九年）
同　「武田信玄の最後の作戦」（『日本歴史』三九三号、一九八一年）
片桐昭彦「上杉謙信の家督継承と家格秩序の創出」（『上越市史研究』一〇号、二〇〇四年）
勝俣鎮夫『戦国法成立史論』（東京大学出版会、一九七九年）
同　『中世社会の基層をさぐる』（山川出版社、二〇一一年）
鴨川達夫『武田信玄と勝頼―文書にみる戦国大名の実像―』（岩波新書、二〇〇七年）
鴨志田智啓「武田信玄呼称の初見文書について」（『戦国史研究』六〇号、二〇一〇年）
川村弘『すはせの里―北須田の郷土史―』（私家版、二〇〇四年）
久保健一郎「支城制と領国支配体制」（藤木久志・黒田基樹編『定本・北条氏康』、高志書院、二〇〇四年）
栗原修『戦国期上杉・武田氏の上野支配』（岩田書院、二〇一〇年）
黒田日出男『『甲陽軍鑑』の史料論―武田信玄の国家構想―』（校倉書房、二〇一五年）
黒田基樹「親族衆武田信豊の研究」（『甲斐路』六一号、一九八七年）
同　『戦国大名北条氏の領国支配』（岩田書院、一九九五年）
同　『戦国大名領国の支配構造』（岩田書院、一九九七年）
同　『戦国期東国の大名と国衆』（岩田書院、二〇〇一年）
同　「小山田備中守（虎満・昌成）について」（『戦国遺文武田氏編』月報一、二〇〇二年）
同　「秋山伯耆守虎繁について」（『戦国遺文武田氏編』月報二、二〇〇二年）

同　『中近世移行期の大名権力と村落』（校倉書房、二〇〇三年）
同　「小山田備中守続考」（『戦国遺文武田氏編』月報四、二〇〇三年）
同　「武田氏一門衆」（『別冊歴史読本』七四〇号、二〇〇六年）
同　『百姓から見た戦国大名』（ちくま新書、二〇〇六年）
同　『戦国期領域権力と地域社会』（岩田書院、二〇〇九年）
同　『戦国大名　政策・統治・戦争』（平凡社新書、二〇一四年）
同監修『別冊太陽　戦国大名』（平凡社、二〇一〇年）
同　『増補改訂　戦国大名と外様国衆』（戎光祥出版、二〇一五年）
小林計一郎編『真田昌幸のすべて』（新人物往来社、一九九九年）
酒井憲二編『甲陽軍鑑大成』第四巻研究篇（汲古書院、一九九五年）
笹本正治『戦国大名の日常生活―信虎・信玄・勝頼―』（講談社選書メチエ、二〇〇〇年）
笹本正治・萩原三雄編『定本・武田信玄―21世紀の戦国大名論―』（高志書院、二〇〇二年）
佐藤八郎『武田信玄とその周辺』（新人物往来社、一九七九年）
柴辻俊六『戦国大名領の研究―甲斐武田氏領の展開―』（名著出版、一九八一年）
同　編『戦国大名論集10　武田氏の研究』（吉川弘文館、一九八四年）
同　『戦国大名武田氏領の支配構造』（名著出版、一九九一年）
同　『人物叢書　真田昌幸』（吉川弘文館、一九九六年）
同　『戦国期武田氏領の展開』（岩田書院、二〇〇一年）
同　『武田勝頼』（新人物往来社、二〇〇三年）

同　　『戦国期武田氏領の形成』(校倉書房、二〇〇七年)
同　編『武田信虎のすべて』(新人物往来社、二〇〇七年)
柴辻俊六・平山優編『武田勝頼のすべて』(新人物往来社、二〇〇七年)
柴辻俊六編『新編　武田信玄のすべて』(新人物往来社、二〇〇八年)
同　編『戦国大名武田氏の役と家臣』(岩田書院、二〇一一年)
同　　『戦国期武田氏領の地域支配』(岩田書院、二〇一三年)
柴辻俊六・平山優・黒田基樹・丸島和洋編『武田氏家臣団人名辞典』(東京堂出版、二〇一五年)
柴裕之　『戦国・織豊期大名徳川氏の領国支配』(岩田書院、二〇一四年)
清水克行『日本神判史　盟神探湯・湯起請・鉄火起請』(中公新書、二〇一〇年)
鈴木かほる「戦国期武田水軍向井氏について—新出「清和源氏向系図」の紹介—」(『神奈川地域史研究』一六号、一九九八年)
鈴木将典編『論集戦国大名と国衆8　遠江天野氏・奥山氏』(岩田書院、二〇一二年)
同　　「豊臣政権下の真田氏と上野沼田領検地—天正・文禄期『下河田検地帳』の分析を中心に—」(『信濃』六六巻二号、二〇一四年)
同　　『戦国大名武田氏の領国支配』(岩田書院、二〇一五年)
須藤茂樹「武田逍遥軒信綱考」(『甲府市史研究』八号、一九九〇年)
同　　「信濃仁科氏の武田氏被官化と仁科盛信」(『甲斐路』八五号、一九九六年)
同　　「穴山信君と畿内諸勢力—武田外交の一断面・史料紹介を兼ねて—」(『武田氏研究』四六号、二〇一二

年）
戦国史研究会編『織田権力の領域支配』（岩田書院、二〇一一年）
高橋修　『【異説】もうひとつの川中島合戦　紀州本「川中島合戦図屏風」の発見』（洋泉社歴史新書y、二〇〇七年）
高橋正徳「戦国大名武田氏の権力機構における家臣の役割─山県昌景・原昌胤を中心に─」（『駒沢大学史学論集』三三号、二〇〇三年）
太川茂　「武田の外交僧─長延寺編年雑記」（『甲斐路』六三号、一九八八年）
武田氏研究会編『武田氏年表　信虎・信玄・勝頼』（高志書院、二〇一〇年）
田中加恵「史料紹介　川合（羽田）家史料─北条家印判状他について─」（『松代』二五号、二〇一二年）
田中尚子『三国志享受史論考』（汲古書院、二〇〇七年）
千々和到「戦国期の庚申待」（『山梨県史研究』九号、二〇〇一年）
椿原靖弘「城景茂肖像画について」（『静岡県博物館協会研究紀要』三五号、二〇一二年）
鳥居フミ子「中国的素材の日本演劇化─『三国志演義』と浄瑠璃─」（『東京女子大学比較文化研究所紀要』五九巻、一九九八年）
長尾直茂「近世における『三国志演義』─その翻訳と本邦への伝播をめぐって」（『国文学　解釈と教材の研究』四六巻七号、二〇〇一年）
同　「中世禅林における諸葛孔明像」（『漢文学解釈与研究』六号、二〇〇三年）
西股総生『戦国の軍隊─現代軍事学から見た戦国大名の軍勢』（学研パブリッシング、二〇一二年）

則竹雄一「戦国大名北条氏の軍隊構成と兵農分離」（木村茂光編『日本中世の権力と地域社会』、吉川弘文館、二〇〇七年）
同　「戦国大名武田氏の軍役定書・軍法と軍隊構成」（『獨協中学校・高等学校研究紀要』二四号、二〇一〇年）
同　「戦国大名上杉氏の軍役帳・軍役覚と軍隊構成」（『獨協中学校・高等学校研究紀要』二五号、二〇一一年）
服部治則「近世初頭武士集団における親族関係（六〜九）―海津城二の曲輪（その一〜四）―」（『山梨大学教育学部研究報告』二一〜二四号、一九七〇年〜七三年）
同　『農村社会の研究―山梨県下における親分子分慣行―』（御茶の水書房、一九八〇年）
同　「「武田家家臣の系譜」の研究について」（『武田氏研究』一〇号、一九九三年）
同　『武田家臣団の系譜』、岩田書院（二〇〇七年）
平山優　「戦国大名武田氏の領国支配機構の形成と展開―川中島四郡支配を事例として―」（『山梨県史研究』二号、一九九四年）
同　「戦国大名武田氏の海津領支配について―城代春日虎綱の動向を中心に―」（『甲斐路』八〇号、一九九四年）
同　「戦国大名武田氏の筑摩・安曇郡支配について」（『武田氏研究』一五号、一九九五年）
同　『戦国大名領国の基礎構造』（校倉書房、一九九九年）
同　「駒井高白斎の政治的地位」（『戦国史研究』三九号、二〇〇〇年）

同　「武田勝頼の再評価―勝頼はなぜ滅亡に追い込まれたのか―」（網野善彦監修・山梨県韮崎市教育委員会編『新府城と武田勝頼』、新人物往来社、二〇〇一年）
同　『川中島の戦い』上・下（学研M文庫、二〇〇二年）
同　「一通の某起請文に関する一考察―武田氏と木曾氏に関するおぼえがき―」（『武田氏研究』二七号、二〇〇三年）
同　『武田信玄』（吉川弘文館歴史文化ライブラリー、二〇〇六年）
同　『山本勘助』（講談社現代新書、二〇〇六年）
同　「長閑斎考」（『戦国史研究』五八号、二〇〇九年）
同　『新編武田二十四将　正伝』（武田神社、二〇〇九年）
同　『中世武士選書5　穴山武田氏』（戎光祥出版、二〇一一年）
同　「「駿河富士大宮浅間神社神馬奉納記」考」（『武田氏研究』四五号、二〇一二年）
同　『敗者の日本史9　長篠合戦と武田勝頼』（吉川弘文館、二〇一四年）
同　『検証長篠合戦』（吉川弘文館歴史文化ライブラリー、二〇一四年）
深沢修平「戦国大名武田氏の先方衆統制―取次と縁戚の役割分担―」（『戦国史研究』六三号、二〇一二年）
同　「長篠合戦後における武田氏の側近取次―土屋右衛門尉昌恒を中心に―」（『武田氏研究』五二号、二〇一五年）
藤木久志『【新版】雑兵たちの戦場　中世の傭兵と奴隷狩り』（朝日選書、二〇〇五年）
藤本正行『信長の戦争―『信長公記』に見る戦国軍事学―』（講談社学術文庫、二〇〇三年）
同　『長篠の戦い　信長の勝因・勝頼の敗因』（洋泉社歴史新書y、二〇一〇年）

松平乗道「武田氏家臣組織小考」(『甲斐史学』四号、一九五八年)
丸島和洋「高野山成慶院『甲斐国供養帳』―『過去帳(甲州月牌帳)』―」(『武田氏研究』三四号、二〇〇六年)
同　「戦国期信濃伴野氏の基礎的考察」(『信濃』六〇巻一〇号、二〇〇八年)
同　『戦国大名武田氏の権力構造』(思文閣出版、二〇一一年)
同　編『論集戦国大名と国衆5　甲斐小山田氏』(岩田書院、二〇一一年)
同　「戦国時代に「軍師」はいたのか?」(『歴史読本』二〇一三年五月号、二〇一三年)
同　「色川三中旧蔵本『甲乱記』の紹介と史料的検討」(『武田氏研究』四八号、二〇一三年)
同　「戦国大名武田氏と従属国衆」(四国中世史研究会・戦国史研究会編『四国と戦国世界』岩田書院、二〇一三年)
同　『戦国大名の「外交」』(講談社選書メチエ、二〇一三年)
同　『中世武士選書19　郡内小山田氏―武田二十四将の系譜―』(戎光祥出版、二〇一三年)
同　編『論集戦国大名と国衆13　信濃真田氏』(岩田書院、二〇一四年)
同　編『論集戦国大名と国衆14　真田氏一門と家臣』(岩田書院、二〇一四年)
同　「戦国大名武田氏の西上野支配と箕輪城代―内藤昌月宛「在城定書」の検討を中心に―」(『地方史研究』三六九号、二〇一四年)
同　「武田家臣「三郎殿」考」(『年報三田中世史研究』二一号、二〇一四年)
同　「戦国大名武田氏の佐久郡支配―内山城代小山田虎満・昌成を中心に―」(『信濃』六六巻一二号、二〇一四年)

同　『真田四代と信繁』（平凡社新書、二〇一五年）
同　「武田氏から見た今川氏の外交」（『静岡県地域史研究』五号、二〇一五年）
同　「武田・毛利同盟の成立過程と足利義昭の「甲相越三和」調停―すれ違う使者と書状群―」（『武田氏研究』五三号、二〇一六年）
峰岸純夫『中世　災害・戦乱の社会史』（吉川弘文館、二〇〇一年）
村井祐樹「幻の信長上洛作戦―出せなかった書状／新出「米田文書」の紹介をかねて―」（『古文書研究』七八号、二〇一四年）
村田精悦「戦国期における軍事的「境目」の考察―相模国津久井「敵知行半所務」について―」（『戦国史研究』六二号、二〇一一年）
桃裕行　「『武田信繁家訓』について」（『桃裕行著作集第三巻　武家家訓の研究』、思文閣出版、一九八八年。初出一九七七年）
矢田俊文『日本中世戦国期権力構造の研究』（塙書房、一九九八年）
山梨県編『山梨県史』通史編2中世（山梨県刊、二〇〇七年）
山梨県立博物館編『実在した山本菅助』（図録、二〇一〇年）
同　編『武田二十四将―信玄を支えた家臣たちの姿―』（図録、二〇一六年）
横山住雄『中世武士選書6　武田信玄と快川和尚』（戎光祥出版、二〇一一年）

〈著者略歴〉

丸島和洋（まるしま　かずひろ）

1977年大阪府生まれ。2000年、慶應義塾大学文学部史学科卒業。2005年、同大学大学院文学研究科後期博士課程単位取得退学。2008年、「戦国期武田氏権力の研究―取次論の視座から」で博士（史学）。専門は戦国大名論。国文学研究資料館研究部特任助教などを経て、現在国文学研究資料館研究部特定研究員・慶應義塾大学文学部非常勤講師。著書に『戦国大名の「外交」』（講談社選書メチエ）、『図説真田一族』（戎光祥出版）、編著に『論集戦国大名と国衆13 信濃真田氏』『同14 真田氏一門と家臣』（ともに岩田書院）、共編著に『武田氏家臣団人名辞典』（東京堂出版）など多数。

戦国大名武田氏の家臣団
――信玄・勝頼を支えた家臣たち――

二〇一六年六月二十三日　初版第一刷発行
二〇一八年一月十一日　初版第三刷発行

著　者　丸島和洋

発行者　阿部黄瀬
発行所　株式会社　教育評論社
〒一〇三－〇〇〇一
東京都中央区日本橋小伝馬町一番五号
PMO日本橋江戸通
TEL〇三－三六六四－五八五一
FAX〇三－三六六四－五八一六
http://www.kyohyo.co.jp

印刷製本　萩原印刷株式会社

定価はカバーに表示してあります。
落丁本・乱丁本はお取り替え致します。

ISBN 978-4-86624-001-5